KB126205

파워블로거가 알려주는
성공적인 블로그 관리 노하우!

파워블로거가 알려주는

성공적인 블로그 관리 노하우!

blog

- 맛집, 교육 상위 노출
- 애드포스트 수익 창출
- 뷰 누락 저품질 탈출

김중진 지음

블로그라는 게 무조건 정보만 제공해야
한다는 생각을 버려야 하고, 나에게 일어
나는 모든 일이 좋은 포스팅으로 거듭날
수 있다는 점을 명심해야 한다.

POWER

BLOG

좋은땅

목차

이 책의 모든 사진 출처: 네이버(https://www.naver.com) 화면 캡처, 서울기상센터 블로그(https://jungjinkim97.blog.me) 캡처

1

누가 이 책을 읽었으면 좋겠는가?

이미 여러 서점에는 블로그를 시작하는 법과 블로그를 꾸미는 법 등이 소개되어 있다. 그러나 블로그를 이미 시작한 블로거들에게 그 책은 적합하지 않는다고 생각을 하였다. 본 글쓴이도 블로그를 처음 만들었을 당시 시중에 판매되고 있는 블로그 입문서의 도움 없이 스스로 거의 5년이라는 시간에 걸쳐서 가꾸어 왔는데, 어떻게 하면 스스로의 힘으로 최적화된 파워블로그를 운영할 수 있는지 그 노하우를 전수하고자 발간을 계획하였다.

본 책은 블로그를 처음 시작하고자 하는 사람보다는 이미 블로그를 만들고 다 꾸민 상태에서 어떻게 글을 쓰면 최적화 블로그가 될 수 있는지, 그리고 내가 열심히 작성한 글을 어떻게 하면 네이버 모바일 통합 검색(줄여서 모통검 View 혹은 뷰탭)에 노출시킬 수 있는지에 대해서 궁금한 사람들을 위한 책으로, 입문서가 아님을 유의하여야 한다.

이 책에서는 아이디를 처음 만들어서 밑바닥 상태였던 블로그를 얼마

만에 최적화시켜서 투데이 수가 1만을 넘겼는지, 어떤 방법으로 '~맛집', '~고깃집' 같은 메인 키워드를 모바일 통합 검색(모바일 View 탭)에 노출을 시켰는지, 그리고 뷰 누락이라는 무서운 현상은 무엇이며 어떻게 극복했고, 얼마의 기간이 소요되었는지에 대해서 자세히 알려 주고자 한다.

이 책은 글쓴이가 블로그를 처음 만들었을 때부터 현재의 파워블로그가 되기까지의 과정을 연대기 형태로 나열하는 양식으로 써서, 블로그를 제대로 하고 싶은 분들에게 제대로 된 노하우를 주고자 한다.

2

글쓴이가 운영한 블로그는 무엇인가?

2011년 9월, 당시 미성년자였고 해외 거주 중이었기에 한국에서는 아직 개인 휴대폰을 개통하지 않았던 상태였다. 때문에 부모님의 아이디로 블로그의 세계에 입문을 하였다. 그때 내가 지었던 이름은 '날씨를 이해해요, 대련기상청'이라는 블로그로, 중국 다롄시에 거주하면서 거기서 찍은 다양한 기상현상 사진을 포함하여 대학 진학을 위해 가고자 하는 전공에 대한 글을 몇 번 썼었다.

대련기상청 블로그, https://jmkim715.blog.me

그러나 아쉽게도 당시 블로그의 세계에 대해서 잘 알지 못했기에 눈이 오는 날 사진만 몇 장 올렸을 뿐 사실상 2015년 8월까지는 유령 블로그로 방치했었다. 그러다 2015년 8월에 무심코 태풍이 북상한다는 정보를 포스팅하였더니 4년 동안 많아야 10명 내외였던 투데이 수가 최대 6천 8백 명 이상으로 증가하는 것을 보고 그때서야 블로그의 재미를 느끼기 시작하여, 제대로 시작하였다.

하지만 2016년에 고등학교를 졸업하고 대학 진학을 위해 귀국하여 '날씨를 이해해요, 대련기상청' 블로그는 활동을 영구 중지하였고, 귀국한 날에 번호 인증을 하고 새롭게 아이디를 발급받았다.

발급받은 아이디로 가장 처음 만든 블로그의 이름은 '부산 기상대'였다. 부산대학교 대기 환경과학과에 진학하였기 때문에 부산이라는 지명을 사용, 우리나라에는 이미 기상청이라는 국가기관이 있기 때문에 기상대라는 명칭을 사용하였다.

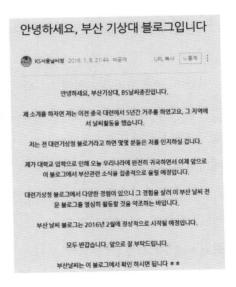

'부산기상대'라는 이름으로 블로그를 하였으나 밑바닥에서 시작하는 단계였기 때문에 최적화가 전혀 안 된 상태여서 글을 써도 네이버 검색어

에서 절대로 찾아 볼 수가 없었다.

투데이 수도 당연히 100명
대를 겨우 넘었기 때문에 동
기들도 "열심히 해 봐라~^^"
라며 비꼬는 식의 응원을 했
지만 꿋꿋이 하루에 3~5개씩
포스팅을 하며 글 수를 늘려
갔다.

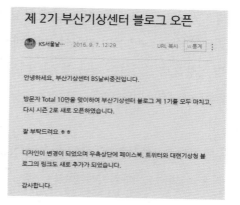

그 후 기상대라는 명칭이 너무 없어 보인다는 당시 글쓴이의 마음으로
그해 9월 '부산기상센터'로 이름을 바꾸었다.

시간이 지나 2016년 12월에
방학을 맞아 서울로 돌아왔는
데, '방학 동안에도 블로그는
해야겠지?'라는 생각으로 '서
울기상센터'로 이름을 변경하
였다. 이후 추가적인 개명은
없었고 이때 개명한 '서울기
상센터'라는 이름으로 지금도
운영하고 있다.

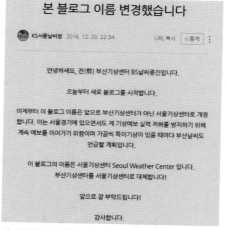

서울기상센터 블로그, 닉네임: KS서울날씨청,
https://jungjinkim97.blog.me

3

블로그를 최적화시키는 데까지의 과정

결론부터 말하자면 처음 시작하고 1년 후부터 점차 검색어에 반영이 되기 시작하였고, 2년 차부터 투데이 수 증가 및 상위 노출이 시작되었다.

블로그를 처음 만들었을 때는 아무리 좋은 글을 써도 네이버 상위에 노출되는 경우는 거의 불가능하다고 볼 수 있다. 물론 내가 쓴 글이 네이버 전체에 단 1~2개밖에 없는 주제(예를 들어 엄청나게 높은 난이도의 전공 관련 포스팅)이면 노출이 될 수 있지만, 갓 개설한 블로그는 지수가 매우 낮기 때문에 '~맛집', '~술집', '~하는 법'과 같은 메인 키워드는 노출이 되지 않거나 순위가 100등 내외로 매우 낮다.

글쓴이는 이전에 운영했던 대련기상청 블로그 때의 습관이 있어서 그런지 하루에 1개씩은 꼭 포스팅하는 습관을 길러 왔다. 아주 초창기였던 때는 쓸 만한 글이 너무 없었기 때문에 네이버 실시간 검색어에 있는 주제를 가지고 글을 쓰고, 혹은 네이버에 있는 뉴스 기사를 일부 인용하여

(출처는 반드시 작성해야 한다!) 어떻게 해서든 사람들을 끌어모으려고 애를 썼다. 하지만 그래 봐야 투데이 수 300명에 그쳤다.

아마 많은 블로그 입문자들은 초창기, 즉 열정이 불타오르고 있을 때 글을 하루에 몇 개씩 써도 투데이 수는 오르지 않고, 게다가 네이버에 제목 그대로를 입력했을 때를 제외하고 메인 키워드로는 본인 글을 찾을 수 없어서 포기하는 경우가 많았을 것이다. 초반에는 네이버 로봇도 내가 만든 블로그가 너무 초기여서 신뢰성을 보장할 수 없기 때문에 상위 노출을 못 시켜 주는 것이니, 낙담하지 말고 '앞으로 오를 거야'라는 마음가짐을 가지며 투데이 수 및 조회수에 연연하지 말고 계속해서 포스팅하는 것이 좋다. 즉 블로그의 첫 마음가짐은, '인내력'이라는 점을 명심하길 바란다.

글쓴이는 16년도 초반에는 하루에 한 편씩 대학교에서 배운 내용을 가지고 기상학 혹은 기초 과학 관련 포스팅을 하였다.

위와 같이 당시는 대학교에 갓 들어간 시기였으므로 기상학 지식에 대해서 아는 내용이 기초적인 것밖에 없었다. 그래서 쉬운 것이라도 쓰면서

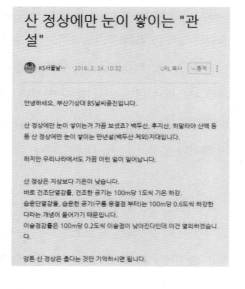

글쓰기 실력을 향상시켰고, 동시에 블로그에도 포스팅을 하였다.

블로그라는 것은 어떻게 보면 나의 복습장이라고도 볼 수 있다.

물론 기상학만 올리는 것은 아니었다. 글쓴이는 나에게 일어난 일 하나하나가 다 아이템거리라고 생각을 하였기 때문에, 가족여행을 가거나 친구들과 함께 맛집을 가거나(식사비는 제공받지 않고), 기억에 남을 만한 전시회(코엑스, 벡스코 등)에

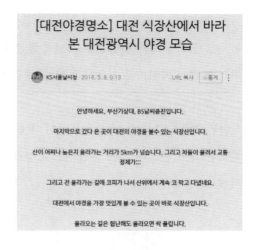

가면 꼭 사진을 찍었고 매일 밤마다 일기 형식이나 정보 제공 형식으로 느낀 점을 서술하기도 하였다.

블로그라는 게 무조건 정보만 제공해야 한다는 생각을 버려야 하고, 나에게 일어나는 모든 일이 좋은 포스팅으로 거듭날 수 있다는 점을 명심해야 한다.

그렇게 매일 하루에 한 편씩 포스팅을 하는 게 반복되고 2017년이 되어서야 비로소 식당 이름을 네이버에 검색하면 상위권에 노출되기 시작하였다. 물론 현재는 네이버 로직 변동으로 인해 그 시기가 앞당겨졌지만

당시에는 1년이 되어서야 비로소 네이버 검색어에 '강남역 ○○○집'을 치면 1~3위를 하게 되었다. 네이버 화면에 내 블로그가 보일 때, 그 기분은 이루 말할 수 없다.

2017년부터 2018년도까지는 식당 이름을 쳤을 때 네이버 1페이지에 내 블로그가 노출되는 것만으로도 만족했었다. 그러다 2018년에 들어서야 비로소 메인 키워드를 검색했을 때도 내 글이 노출되기 시작하였다.

한편 2018년 5월에 서울에 우박이 내렸을 때, 그 원인을 기상학적으로 해석한 게 있었는데 그때 순간적으로 방문자 수가 1초당 7명씩 늘어나면서 5,600명을 넘겼다.

서울기상센터 블로그는 맛집만 소개하는 블로그가 아니라 기상학을 베이스로 하는 블로그였기 때문에 17년도부터는 우리나라에 특이한 날씨가 발생할 때마다 곧바로 일기도 분석을 통하여 해석을 하는 글을 올리

파워블로거가 알려주는 성공적인 블로그 관리 노하우!

곤 했었다. 그때마다 투데이 수가 일시적으로 천 단위까지 가기는 하였지만 이슈성 글이었기 때문에 오래가지는 못하였다.

2018년 8월에도 태풍 솔릭이 우리나라로 올 때 태풍 경로에 대한 포스팅을 하였더니 곧바로 투데이 수가 1만을 넘으면서 준파워블로그가 되었다.

현재는 네이버에서 파워블로그를 지정하지 않고 있는데 통상적으로 하루 방문자 수가 1만이 넘으면 준파워블로그로 칭하고 있다. 그렇지만 투데이 수가 많다고 해서 모두 다 최적화된 블로그는 아니라는 걸 알아야 한다.

투데이 수가 1만을 넘고 나서 2018년 9월부터 '~맛집', '~술집'과 같은 메인 키워드가 모바일 뷰 탭에 노출이 되기 시작하였다.

서울기상센터 블로그는 블로그를 처음 만든 2016년 1월에 시작해서 2018년 8월 말~9월 초, 즉 2년 8개월이 지나서야 최적화가 되었다고 볼 수 있다.

본 블로그는 100% 맛집 소개 위주가 아니라 기상학과 같은 교육형(정보 제공형), 신기한 기상현상을 포착하면 찍어 올리는 일기형, 말 그대로 내가 밥 먹으러 간 식당의 음식 사진을 찍어 올리는 리뷰형, 쓸 게 없을 때 뉴스 기사를 인용해서 작성한 이슈형 등이 섞여 있었기 때문에 시간이 걸린 것으로 보이고, 실제로 다른 것 없이 맛집과 일상 글만 올렸을 경우에는 1년 내외면 충분히 최적화 블로그가 될 것이다.

4

최적화 블로그가 되기 위해 중요한 점

4.1. 인내심

목차 3번을 쭉 읽었다면 짐작이 되겠지만, 뻔할 수 있어도 가장 중요한 덕목은 '인내심'이다. 어차피 블로그를 만들고 난 직후에는 논문 수준의 글을 적는다 하더라도 그게 경쟁이 강한 키워드이면 절대로 노출이 되지 않는다. 따라서 그때는 절대로 좌절하지 말고 어차피 최적화가 된 다음에는 자동으로 그때 쓴 포스팅도 순위가 알아서 모바일 통합 검색 수준까지 올라가기 때문에 침착하게 인내심을 가지며 하루하루 글을 써 나가야한다.

4.2. 이슈를 쫓지 말아야 한다

눈앞에서 빨리 블로그가 크는 것을 보고 싶어서 정치성 글이나 연예인 등과 같이 네이버 실시간 검색어에 뜬 키워드를 남발하여 글을 적는 경우가 허다한데 그건 매우 잘못된 방법이다. 물론 그날은 투데이 수가 평소보다 몇 배 뛰어올라서 "역시! 이제 좀 블로그가 커졌네!"라고 생각하겠지만, 그 이슈가 끝나면 블로그 역시 끝이 나 버린다.

어차피 이슈성 글을 써서 투데이 수가 하루에 5~20만 명까지 가는 일도 최적화된 블로그들만 가능한 것이기 때문에, 블로그 입문자들이 아무리 이슈를 쫓아 글을 써도 결국 투데이 수는 천 단위에서 그칠 것이므로 하지 않는 게 좋다. 이슈를 쫓을 시간에 네이버에서 배달하는 '블로그씨'라든가 혹은 하루를 정리하는 입장에서 하루 동안 찍어 놓은 사진을 올리며 일기를 쓰거나 혹은 내가 다녀온 식당에 대한 리뷰 글을 한 편이라도 더 적는 게 장기적으로는 이득이다.

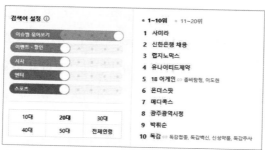

네이버 메인 화면 검색창, https://www.naver.com

** 이슈성 글로 투데이 수가 5만을 넘기는 것도 최적화되고 나서야 가능하기에, 그 전까지는 천천히 때를 기다리는 게 좋다.

누구에게는 제일 쉬울 수도 있고, 누구에게는 가장 어려운 노하우일 수도 있다. 하루에 한 편씩 컴퓨터에 앉아서 글을 쓰라니…. 바쁜 직장인들에게는 실감되지 않는 노하우이다. 그러나 크게 부담을 가질 필요는 없다. 쓸 게 없으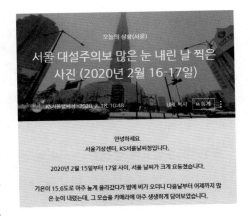면 그냥 블로그씨 질문 답변을 짧게 포스팅하거나 하다못해 "직장 상사에게 혼났다 ㅠㅠ"라는 글을 써서라도 네이버 블로그 글쓰기란에 '발행' 버튼 한 번만 누르면 된다. 무조건 메인 키워드 글만 적을 필요 없이 너무 쓸 게 없으면 셀카나 주변 풍경 사진을 찍어서 올리는 것도 나쁘지 않다.

** 글 주제에 대한 정답은 나 자신이 갖고 있음을 명심하면 된다.

4.4. 블로그 이웃과의 소통 중요!

블로그가 단지 내 글만 적는 곳이라고 생각하면 큰 오산이다. 블로그라는 것은 공개 범위에서 '비공개'를 하지 않는 이상 전국민이 볼 수 있다(서로이웃 공개, 이웃 공개 제외). 그 말은 내 글을 본 누군가는 반드시 읽고

난 후의 느낀 점이나 본인의 생각을 덧글을 통해 서술할 수 있다.

그때 나의 누추한 블로그를 방문해 준 고마운 누리꾼을 위해 재댓글을 달아 주면 블로그 지수 향상에 큰 도움이 된다. 비록 해당 포스팅의 공감 개수 및 덧글 개수 자체가 그 글의 순위를 올려 주는 건 아니지만, 차후 블로그 지수를 향상시키는 데 큰 도움을 주어서 최적화에 기여한다.

또한 내 블로그에 방문하는 사람만 챙기지 말고 스스로 본인이 검색해서 찾아 들어간 블로그에도 덧글을 남기거나 혹은 이웃을 늘리면 늘릴수록 최적화에 도움이 된다.

최근에 "지수가 낮은 블로그와 이웃을 맺으면 내 블로그의 지수가 떨어진다"라는 정보가 돈 적이 있는데 그건 틀린 정보이다. 네이버에는 질 떨어지는 블로그의 기준도 없고, 그렇게 따지면 네이버 아이디만 있고 블로그를 운영하지 않은 누리꾼

은 블로그 지수가 0점일 텐데, 그 사람들이 이웃을 신청하면 나의 블로그가 나빠질까? 절대로 아니다!

4.5. 블로그씨 질문 답변

네이버 모바일 앱에서 종 모양을 누르면 그 위로 블로그씨 질문 답변

이라고 해서 매일 주제를 배달해 준다. 정말 쓸 게 너무 없을 때는 1일 1포스팅을 위해서라면 블로그씨만큼 좋은 아이템은 없을 것이다. 게다가 네이버에서 기획하는 것이고 어차피 블로그도 네이버 것이므로, 네이버가 준 걸 적극적으로 활용하면 최적화에 약간의 도움은 될 것으로 보인다.

글쓴이 역시 학업적인 이유로 인해 정보형이라든가 리뷰형 글을 쓸 시간이 도저히 없을 때는 자정이 넘어가기 직전에라도 블로그씨 질문·답변을 올려 1일 1포스팅을 지켰다. 이는 최적화가 된 이후에도 중요한 부분이라고 생각한다.

4.6. 글을 짧은 시간에 너무 많이 쓰지 말 것

초반에 열정이 너무 넘치는 나머지, 하루에 10개 이상 포스팅을 하는 사람도 있을 것이다. "너무 과하면 아니 한 것보다도 못하다"라는 속담이 있듯이 블로그 역시 최적화를 빨리 하고 싶어서 한꺼번에 너무 많이 적으면 좋지 않다. 발행 간격은 3~5시간 사이가 좋으며, 하루에 1~3편까지가 경험상 좋았던 것으로 기억한다. 하루에 5개 이상 포스팅을 하게 될 경우 오히려 검색 순위가 한두 칸씩 떨어졌던 것을 경험해 봤는데, 네이버 로봇이 '어뷰징'으로 간주하여 지수를 깎는 것 같았다.

특히 타이핑 속도(타자 속도)가 빠른 사람은 10분 만에 엄청나게 긴 글을 작성할 수 있는데, 그렇다고 해서 바로 발행하기보다는 최소 30분은 글쓰기 창을 열어 두는 게 좋다. 그래야 네이버 로봇도 "신중을 기하고, 성의를 보이며, 정성스럽게 썼구나"라고 인식을 할 수 있기 때문이다. 타자 속도가 너무 빨라서 몇 분 간격으로 글을 막 쓰다 보면 오히려 검색 순위에 지장을 주어서 안 쓴 것보다 못하게 되니 반드시 하루에 1~3편, 그리고 3~4시간 간격이 좋음을 명심하자(경험에 바탕하여 쓴 글).

4.7. 유사 문서로 분류되면 매우 위험한 징조!

보통 이슈형 글을 쓰고 있을 때 주로 나타나는 경우인데, 이슈가 터지게 되면 수많은 블로거들이 뉴스나 유튜브에 올라온 사진을 캡처해서 블로그로 작성하는 일이 허다하다. 그렇게 되면 본의 아니게 다른 블로그와 말투라든지 문장이 상당히 비슷해지는데, 그러면 네이버 로봇이 중복되는 글로 오해를 하여 유사 문서로 분류할 수 있다.

유사 문서로 분류되면 우선 내가 쓴 글은 절대로 노출되지 않으며 검색 설정에서 '유사 문서 포함'을 클릭해야만 볼 수 있다. 그 말은 네이버 로봇이 나의 블로그를 남의 것을 베끼는 짝퉁 블로그로 낙인을 찍었다는 얘기이기에 반드시 조심해야 한다.

네이버 '기상학' 검색 화면,
https://search.naver.com/search.naver?where=post&sm=tab_jum&query=%EA%B8%B0%EC%83%81%ED%95%99

** 위와 같이 유사 문서를 제외해도 검색이 되어야 정상이다.

 유사 문서를 제외하면 검색 순위에 안 보이고, 포함할 때 보인다면 이는 네이버 로봇이 어뷰징으로 판단한 것이기에 해당 글은 삭제하고 다시는 남의 글을 베끼거나 비슷한 사진을 따와서 붙이면 안 된다!

4.8. 글이 너무 짧으면 안 되고 사진은 반드시 필요하다

 이게 가장 중요한 점일 수 있다. 본격적으로 나의 블로그를 최적화시키고 제대로 키우고자 한다면 글을 한 번 쓸 때마다 노력을 해야 한다. 앞에서 언급한 대로 개설 직후 최소 1년 동안은 상위 노출을 하기 어렵지만, 최적화 전까지 계속해서 2천 자 이상의 글과 10장 내외의 사진을 함께 포스팅한다면 최적화되는 기간이 늦어지지는 않을 것이다.

그리고 초반에는 순위가 낮아서 내 글이 안 보여도 실망하지 말자. 어차피 추후 최적화되어서 파워블로그가 되고 나면 예전에 쓴 글도 자동적으로 순위가 올라가기 때문에 당장 눈앞의 지수를 생각하지 말고 멀리 내다보며 글을 써 나가야 한다.

기본적으로 사진이 있어야만 검색 순위에도(최적화 이후에도) 도움을 주고, 글이 2천 자는 되어서 어떤 주제에 대한 설명을 명확히 해야 네이버 로봇도 좋은 글로 인식할 것이다.

글쓴이는 아무리 짧은 글이어도 사진을 최소 한 장씩은 꼭 첨부하고 있다(위 포스팅은 검색에 연연하지 않은 평범한 일상 글).

5

네이버 로직 이해하기

그냥 본인의 일기장으로만 블로그를 활용하는 분들이라면 크게 신경을 안 써도 되는 부분이다. 그러나 사람들이 내 블로그를 많이 찾아 주었으면 하고, 또한 미래에 맛집이라든지 교육 분야에서 모바일 View 탭 상위 노출을 통하여 수익도 벌고 싶은 사람들이라면 반드시 이해하고 넘어가야 하는 부분이다.

2018년 6월 12일에 네이버 블로그는 검색 엔진을 기존 C-Rank에서 DIA로 변경하였는데, 물론 지금도 C-Rank랑 DIA를 병행하고 있어서 기존의 C-Rank는 사라지지 않았다.

5.1. C-Rank 로직

이 로직은 작성자의 전문성이나 신뢰성, 인기도에 초점을 맞추어서 글을 평가하여 검색 순위를 반영해 주는 검색 엔진이라고 보면 된다. 여기서 '인기도'라는 것이 사실상 블로그 지수로 블로그가 얼마나 사람들에게 잘 알려졌는지를 말한다.

쉽게 얘기하면 C-Rank는 주로 블로그가 해당 분야에 대해서 얼마나 전문성이 깊은지(그 글을 얼마나 오랜 시간 정성 들여 작성해 왔는지), 게시글의 품질은 어떠한지(육두문자가 없고, 서론-본론-결론이 얼마나 깔끔한지 등), 그리고 평소 이웃들과 얼마나 많이 소통하고 사람들이 그 글을 스크랩했는지(몇 사람들에게 도움이 되어 그 글이 공유되었는지)를 종합적으로 따져서 순위를 매기는 방식이다.

그런데 여기서 문제가 생기는 것이, 해당 블로그가 C-Rank 검색 엔진으로부터 인정을 받게 되면 추후 관련 분야에 대해서 내용이 부실하거나 대충 적더라도 검색 엔진은 블로그의 과거를 믿고, 대충 썼던 글까지 상위에 노출시켜서, 정작 블로그 지수는 낮은 초보 블로거가 며칠 혹은 몇 시간 동안 정성 들여 쓴 글을 밀어낸다는 점이다. 쉽게 말하면 C-Rank는 한 주제에 대해서 오래 쓴 블로그만 상위 노출을 시켜 주는, 즉 블로그 글도 보지만 그건 비중이 작고, 블로그 자체의 품질만 믿고 올려 주는 다소 편파적인 알고리즘이라고 볼 수 있다.

** 초보 블로거가 정말 논문급 글을 써도, C-Rank는 "너는 아직 초보라서 못 믿어!"라며 노출 자체를 안 시키고, 블로그를 오래 한 사람이 대충 써도 "음… 오래 했으니 그래도 좋은 글일 거야"라며 상위 노출을 시키는 거라고 이해하면 된다.

기존의 C-Rank가 아무리 게시된 글의 품질과 블로그 지수를 따진다고 해도 결국 게시된 글 자체를 보는 비중이 적기에 전문적인 글을 작성한 초보 블로거들의 불만이 많아서 이를 보완하고자 도입된 알고리즘이라고 이해하면 편하다.

DIA 로직은 블로그의 지수만을 따지는 게 아니라 게시글의 만족도, 신뢰도, 적합성 등을 따져서 검색 순위를 정하는 것으로 글 하나하나에 초점을 맞추어서 평가한다고 볼 수 있다.

쉽게 말하면 C-Rank 시절에는 논문급 글 2편을 쓴 3개월 차 블로그와 5줄짜리 글을 쓴 5년 차 블로그가 있을 때, 후자가 상위 노출을 한다고 하면, DIA 로직에서는 전자의 경우에도 상위 노출이 될 기회가 어느 정도 높아진 거라고 이해하면 편하다.

2018년 6월, DIA 로직이 새로 도입되면서 네이버 모바일 검색창은 기존에 '통합, 블로그, 뉴스, 카페' 이렇게 분리가 되었던 것이 '통합, View, 뉴스…'로 바뀌었다(2020년 10월 29일, 모바일과 PC 화면이 통합되었다).

물론 블로그를 시작한 지 3~8개월밖에 안 된 초보 블로그가 곧바로 상위 노출이 되는 건 아니지만, 그래도 과거에는 최적화되려면 1~2년은 지나야 C-Rank에게 인정받고 상위 노출되던 것이 이제는 열심히만 한다면

1년 내외로도 모바일 View 상위 노출을 할 수 있다는 것이어서, 블로그 입문자들에게는 오히려 최적화 기간 단축의 기회가 된 셈이다.

5.3. 구로직 vs 신로직

블로그를 하다 보면 "신로직입니다~" 혹은 "구로직입니다~"라는 말을 자주 듣게 될 것이다. 그런데 블로그를 좀 하던 사람들도 C-Rank는 무엇이며 DIA 로직은 무엇인지 헷갈리는데 여기에 구로직과 신로직이라는 단어까지 추가되니 초보자들은 블로그를 시작하기 두려워지기도 한다.

구로직과 신로직의 차이는 쉽게 얘기해서 해당 키워드 노출 순위가 C-Rank에 기반하여 반영된 것인지 아니면 DIA 로직에 기반하여 반영된 것인지가 전부이다.

쉽게 그 차이를 알 수 있도록 예를 들어 보겠다.

네이버 검색어에 '강남역 맛집'이라고 검색을 해 보았다.

그러면 위와 같은 화면을 보게 될 것인데, 여기서 주목해야 할 부분은 바로 밑에 블로그/리뷰가 동시에 나온다는 것이다. 이때 블로그를 선택한 것과 리뷰를 선택한 것의 블로그 순위가 서로 상이한 것을 알 수 있는데 이는 서로 간의 로직이 다르다는 뜻이다.

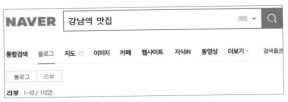

네이버 '강남역 맛집' PC 검색창,
https://search.naver.com/search.naver?where=review&query=%EA%B0%95
%EB%82%A8%EC%97%AD+%EB%A7%9B%EC%A7%91&sm=tab_btn

여기서 블로그를 눌러서 나오는 게 C-Rank라고 해서 구로직, 리뷰를 눌러서 노출되는 것은 DIA의 신로직이다. 둘의 순위가 같을 수도 있고 혹은 다를 수도 있다.

모바일은 기본적으로 신로직으로 되어 있어서 만일 DIA 로직과 맞지 않는 글이라면 모바일에서는 노출이 안 된다.

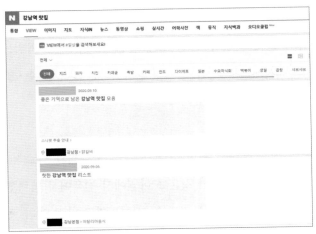

네이버 '강남역 맛집' 모바일 검색 화면,
https://m.search.naver.com/search.naver?where=review&query=%EA%B0%95%EB
%82%A8%EC%97%AD+%EB%A7%9B%EC%A7%91&sm=tab_btn

똑같은 검색어를 모바일로 본 모습이다. 신로직의 대표적인 특징은 모바일 화면에서 보면 하단에 지도가 표시된다는 것이다. 저렇게 하단에 지도가 나오는 검색어는 신로직이라고 보면 된다.

반면 구로직의 경우, '잠실 롯데백화점 카페'라는 검색어를 예로 들면,

네이버 '잠실 롯데백화점 카페' PC 검색 화면,
https://search.naver.com/search.naver?sm=tab_hty.top&where=post&query
=%EC%9E%A0%EC%8B%A4+%EB%A1%AF%EB%8D%B0%EB%B0%B1%
ED%99%94%EC%A0%90+%EC%B9%B4%ED%8E%98&oquery=%EA%B0
%95%EB%82%A8%EC%97%AD+%EB%A7%9B%EC%A7%91&tqi=UG%2F-
WPdp0J1ZssF2rEtZsssssstxV-244703

PC에서도 블로그/리뷰 선택 자체가 없다. 즉 해당 키워드는 순수 C-Rank 알고리즘을 바탕으로 검색이 반영된다는 것을 알 수 있다.
모바일로 보게 될 경우에도,

위와 같이 지도 표시가 전혀 없다. 따라서 구로직과 신로직의 차이를 가장 빠르게 이해할 수 있는 것은 모바일에서 검색어를 입력했을 때(맛집 같은 리뷰성 글 기준) 지도가 있는지 없는지로 바로 알 수 있으며, 구로직은 C-Rank 기반의 알고리즘으로 반영된 검색 순위, 신로직은 DIA 기반으로 반영된 것이다.

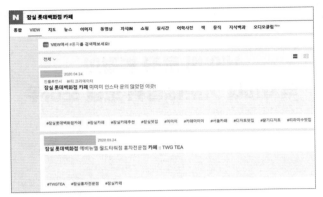

네이버 '잠실 롯데백화점 카페' 모바일 검색 화면,

https://m.search.naver.com/search.naver?sm=tab_hty.top&where=post&query=
%EC%9E%A0%EC%8B%A4+%EB%A1%AF%EB%8D%B0%EB%B0%B1%ED%
99%94%EC%A0%90+%EC%B9%B4%ED%8E%98&oquery=%EA%B0%95%EB
%82%A8%EC%97%AD+%EB%A7%9B%EC%A7%91&tqi=UG%2FWPdp0J1Zss-
F2rEtZssssstxV-244703

6

네이버 로직 변경의
역사(DIA 기준)&상위 노출 노하우

우선 네이버 로직이 바뀌었다는 말은 쉽게 얘기하면 상위 노출을 시키는 방법에 약간의 차이가 발생했다는 것이다. 블로그 지수는 변함이 없는데 어느 날 갑자기 내가 쓴 글의 순위가 예고도 없이 올라갔거나 혹은 반대로 순위가 하락했을 경우, 또한 나의 블로그뿐만 아니라 네이버 모바일 View 순위 전체에서 변동이 발생했을 경우, 네이버 로직 변동이 있었음을 짐작할 수 있다.

이때 많은 블로거들이 "내 블로그에 문제가 생겼구나"라며 순간적으로 당황하고 겁을 먹을 수 있는데, 이것은 네이버 알고리즘 변화의 문제이지, 블로거 개개인의 문제는 전혀 아니기 때문에 당황하지 말고 어떻게 바뀌었는지 분석에 들어가야 한다.

우선 대표적인 사례는 네이버가 처음으로 DIA를 도입한 2018년 6월 12일이다. 기존에는 검색창에서 블로그와 카페가 별개로 노출이 되었지만 6월 12일 이후에는 View로 통합이 되면서 하나의 목록에 카페와 블로그가 동시에 노출되는 대변동이 발생하였다.

어느 블로그는 View 탭 자체에 노출이 되지 않아서 누락되는 경우가 허다했는데, 그 이유는 View 탭은 상위 150등까지만 노출이 되기 때문에 그 안에 들지 못한 비최적화 블로그들은 순위권 밖이어서 노출 자체가 안 된 것이다.

네이버 로직 언제 바뀌었나요?

2018년 6월 12일: DIA 알고리즘 도입 → View 탭 생김

2019년 10월 26일 16시

2020년 8월 20일 17시

1) 2018년 6월 12일~2019년 10월

상위 노출 방법: 글자 수 4천~6천 자 혹은 그 이상, 사진 35~50장, 동영상 1개 이상 필수(리뷰형 기준), 본문에 키워드 수 13~15개
글자 수 1만 5천~2만 자, 사진 30장 이상, 동영상 1개 필수(교육 및 법조계)

이때는 글자 수가 많으면 노출이 잘될 확률이 높은 경우였다. 맛집의 경우 글자 수를 최소 4천 자 이상 작성하고 사진 역시 35~50장 정도 첨부해야만 노출이 되었는데, 이는 굉장한 노동이었다. 4천~5천 자라고 하는 분량은 A4 용지 12pt 기준으로 4~5장에 해당된다.

즉 2018년도와 2019년 중반까지 우리는 상위 노출을 시키기 위해서 정말 글자 수를 늘리고자 머리를 쥐어짜 내야 했고, 글 작성 시간도 기본 30~40분이어서(한컴 타자 150~200타 기준) 하루에 글을 몇 편씩 쓰는 사람은 블로그를 하다가 다른 일을 하지 못 하는 실정이었다. 심지어 이 시간은 글을 타이핑하는 기준이지 네이버 블로그 이미지 편집기에서 사진을 편집하고(워터마크 삽입 및 모자이크 등) 동영상을 만들며, 발행하는 데까지 걸린 기타 시간은 제외한 것이다.

특히 법조계 분야 및 교육 분야는 상황이 훨씬 더 좋지 않았는데, 법조계 및 교육 분야에서는 최소 1만 5천~2만 자는 작성해야만 View 탭에서 상위권을 할 수 있었기 때문에 사실상 포스팅 한 편 올리려고 하면 3시간 이상이 소요되었다고 한다.

그 후 2019년 10월 26일 오후 4시에 또 한 차례 로직 대변동이 있었다.

2) 2019년 10월 26일 ~ 2020년 8월 20일

상위 노출 방법: 글자 수 1,800~2,500자, 사진 25~35장, 동영상 1개, 본문에 키워드 수 최대 7개

2019년 10월 말에 갑작스럽게 예고도 없이 기존에 쓰던 모든 리뷰형 포스팅의 순위가 급추락을 하였다. 처음에는 블로그 지수에 문제가 생겨서 그런 걸로 오해를 하였는데, 순위가 크게 바뀐 키워드를 들여다보니 기존에 보였던 파워블로그들이 다 사라지고 처음 보는 블로그들이 올라가 있어서 로직 변동임을 알 수 있었다.

로직이 변동된 후에 상위 노출을 한 블로그의 여러 글들을 정독해 본 결과, 글자 수가 적고 사진도 많지 않다는 점을 찾아내었다. 이에 따라 지푸라기 잡는 심정으로 순위가 크게 내려간 포스팅들의 글자 수를 2,000~2,200자 내외로 줄이고 사진도 불필요한 것들을 삭제하였더니 곧바로 1~3위 순위를 탈환하였다. 동영상은 필수로 1개는 있어야 한다는 점은 동일하였지만, 대신 동영상이 많이 필요 없이 1개만 있어도 상위 노출에 아무런 지장이 없었다.

과거에는 리뷰 하나 쓰려고 4천~5천 자 이상의 글을 채우기 위해 40분 내외의 시간이 걸렸는데, 사진도 적어지고 글자 수도 2천 자 내외로 간소화되었기 때문에 오히려 시간도 절약하고 힘도 좀 뺄 수 있어서 좋은 기회로 작용하였다고 볼 수 있다.

따라서 당시에는 글을 다 쓰고 나서 네이버 글자 수 세기로 들어가서 일일이 내가 작성한 글자 수가 몇 자인지 체크하였고 2,200자 내외여야 발행하는 습관까지 생겼었다.

특히 가장 중요한 것은 바로 메인 키워드를 본문에 몇 번 삽입해야 하는지이다. 과거 4천~5천 자일 때는 13번 이상을 넣어도 상관없었지만, 2019년 10월 로직 변경 이후에는 글자 수가 줄어들면서 본문에 삽입해야 하는 키워드 개수 역시 감소하였다. 경험적으로 서론에 1개, 본론에 5개, 결론에 1개 넣어서 총 7개로 맞추는 것이 가장 알맞았다.

그렇게 간소화된 로직에 따라 한동안 포스팅을 하던 어느 날인 2020년 8월 20일 오후 5시, 또다시 로직에 변동이 발생하였다.

3) 2020년 8월 20일~현재

상위 노출 방법: 글자 수 2,200자 내외, 사진 25~35장, 동영상 1개, 본문에 키워드 수 6~7개, **인용구 삽입(리스트 형식)**

전체적인 글자 수와 키워드 개수 부분에는 변화가 일어나지 않았다. 그러나 글을 쓰는 문법과 형식에서 변화가 발생하였는데, 바로 인용구를 삽입하거나 혹은 리스트 형식으로 하나의 포스팅에 여러 곳의 정보를 담는 형태로 바뀌었다.

기존에는 포스팅 하나에 식당 정보 한 개가 들어갔다면 현재는 글 하나에 여러 곳의 정보가 동시에 들어가서, 누리꾼이 보다 효율적으로 근처 맛집 정보 및 디저트 정보를 알 수 있도록 해야 하는 것으로 바뀌었다.

대신 작성하는 우리 입장에서는 상당히 번거로운 면이 있다. 기존에는 그냥 2천 자 내외로 글을 적으면 끝이었지만 현재는 내가 방문한 업체에 대한 포스팅 하단에 추가로 주변에 디저트를 먹기 좋은 곳이나 카페, 혹은 Plan B로 갈 만한(내가 작성한 리뷰를 보고 다른 곳을 알아보려고 하는 누리꾼들을 위해) 곳을 찾아서 일일이 업체명을 적어 줘야 하니 약간 복잡해졌다.

또한 네이버 로직 중에 어떤 키워드는 위에 언급한 대로 포스팅 하단에 업체명을 여러 개 적어야 하는 것도 있지만, 특정 키워드 중에서는 글 중간중간에 마치 소제목을 달아 놓듯이 적어야 하는 것도 있다.

따라서 어떤 건 하단에 리스트, 또 어디는 소제목처럼 써야 하는지에 대해서는 글을 적기 전에 내가 작성하고자 하는 메인 키워드를 검색해서 상위로 노출된 블로그들을 보면서 "아! 이런 형식으로 썼구나"를 파악하고 작성해야 한다.

2020년 8월 20일 이후의 네이버 상위 노출 로직에 대해서 요약하자면,

2019년 10월 26일~2020년 8월 20일 때와 같이 글자 수 및 사진 개수와 동영상 유무에서는 큰 차이가 없고 인용구를 삽입해야 한다는 점이 달라졌다고 이해하면 된다.

!! 로직 별 상위 노출 방법 !!

2018년 6월 12일 ~ 2019년 10월 26일	2018년 10월 26일 ~ 2020년 8월 20일	2020년 8월 20일 ~ 현재
		인용구 (리스트 형식) 필수!
글자수: 4천자~ 6천자	글자수: 1800~2500자	글자수: 1800~2500자
사진 개수: 35~50장	사진 개수: 25~35장	사진 개수: 25~35장
동영상: 1개 혹은 이상	동영상: 1개	동영상: 1개
본문 안에 키워드 개수: 8~12회	본문 안에 키워드 개수: 최대 7회	본문 안에 키워드 개수: 최대 7회

7

글 발행 후 검색 반영이
되기까지의 시간 과정

블로그를 이미 해 본 사람이라면 당연히 알겠지만 글을 다 쓰고 '발행' 버튼을 누르면 곧바로 검색에 반영되는 것이 아니다. 네이버 DIA 로봇 혹은 C-Rank 로봇이 내가 쓴 글을 먼저 읽고 AI로 분석한 후에 나의 블로그 지수와 신뢰도 및 여러 점수들을 종합하여 순위에 반영하는데, 이에 걸리는 시간은 맛집의 경우 경험상 평균 1시간 45분~2시간이었다. 즉 글을 발행하고 1시간 동안은 검색이 되지 않다가 1시간 40분 정도 지나고 나서야 나의 순위를 확인할 수 있다는 것이다. 특히 여기서 중요한 점은 바로 1차 반영과 2차 반영이 있다는 것이다.

1차 반영이란, 말 그대로 가장 먼저 나의 글을 사람들이 읽을 수 있도록 검색에 반영을 할지 말지를 결정하는 것으로 이때는 순위가 95~100위가량에 위치하여 우리 눈으로는 확인을 거의 할 수 없고, 내 글 순위를 알려주는 어플을 통해서만 볼 수 있다.

그 후 다시 시간이 지나면 95~100위에 있던 글이 사라지고 20~30분 후 최종적으로 모바일 통합 검색 혹은 View 탭 10위 부근에서 확인을 할 수 있는데 그게 바로 2차 반영이다.

사실상 우리는 2차 반영 때의 순위만 봐도 내 글이 어디에 있는지 확인을 할 수 있기 때문에 모바일 통합 검색 라인에 들었다면 더 이상 신경을 쓰지 않아도 되지만 간혹 아깝게 8위를 하거나 혹은 10위권을 하면 아쉬운 마음이 들기도 한다.

특정 키워드 혹은 네이버 로직이 불안정할 때에는 내가 쓴 글이 15~30위 부근에 정체되어 있기도 하는데 그건 나의 블로그 문제가 아니라 일시적으로 로직이 나의 글을 제대로 파악하지 못하여 거기에 반영시킨 것이므로 제목이나 원고를 한번 수정하거나 비공개 후 다시 공개로 전환(비공개했을 때 검색창에 글이 안 보일 때까지)하면 비로소 순위가 변동이 되어 올라갈 수 있을 것이다(평소에 상위 노출이 잘 되었던 블로그 기준).

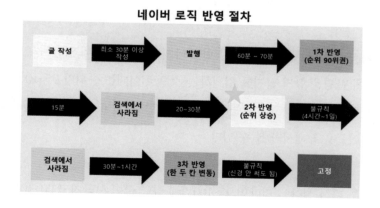

네이버 로직 반영 절차

2차 반영이 되고 나면 어느 순간 글이 사라졌다가 다시 노출되고 그때 순위가 한두 칸씩 올라가거나 내려가기도 하는데 그건 네이버 로봇이 다시금 나의 글을 보면서 평가를 한 차례 더 했기 때문으로 해석하면 된다. 어차피 2차 반영 때의 순위가 최종이나 다름없기 때문에 그 후에는 신경을 쓰지 않아도 무방하다.

8

상위 노출을 위한 키워드 위치 정리!

상위 노출을 위해서는 글자 수 및 본문 안에 있는 키워드 개수도 물론 중요하지만, 더 중요한 것은 키워드를 어디에 둘 것인지다.

만일 키워드를 7개 삽입한다고 했을 때 한 문장에 넣는 게 좋을지, 아니면 분산되게 넣는 게 좋을지 궁금할 것이다. 실제로 경험해 본 결과, 후자의 방법이 상위 노출에 효과적이었다.

글쓴이의 경우, 서론에 1번, 본문에 5번, 결론에 1번씩 넣어서 포스팅을 작성하였는데 이때 메인 키워드가 들어가는 문장의 구조도 자연스러워야 한다. 일부러 그 위치에 넣으려고 "오늘 스트레스 풀러 갔던 강남역 맛집 정을 느꼈다" 이렇게 적을 경우 읽는 사람도 독해력에 순간적으로 문제가 생겼나 싶을 정도로 흐름이 매끄럽지 않다고 느낄 것이고, 실제 글을 평가하는 DIA 로직 AI 역시 문장 구조가 자연스럽지 않다는 이유로 상위 노출을 시켜 주지 않을 것이다.

따라서 메인 키워드를 넣을 때 우선 읽는 사람으로 하여금 매끄러운 문장을 쓴다면 필시 AI도 좋게 인식을 해 줄 것이다.

제목: 잘 먹고 온 강남역 맛집

서론: 인사말 → 메인 키워드 삽입
예) 안녕하세요~ ··· 어제 친구들이랑 강남역 맛집에 방문하여 ···

본론: 키워드 4~5번 삽입
예) 와! 이게 바로 강남역 맛집 클라스~
예) 이렇게 맛있으니 사람들 사이에서 강남역 맛집으로 칭하나 봅니다!
예) 그럼 자세한 강남역 맛집 (업체명) 메뉴는,

결론: 마무리 글 → 메인 키워드 삽입 (여기 갔더니 좋았네요!)
예) 서울 역삼에서 맛난 (음식) 을 드시고 싶으면 강남역 맛집 (업체명) 으로 오세요!

그럼 여기서 제목은 어떻게 다는 게 좋을까?

나의 경우 제목에 업체명을 항상 넣어 작성했지만, 현재는 제목을 간결하게 쓸수록 상위 노출이 잘 될 확률이 높다(사실 그건 2018년도에도 마찬가지였지만 당시엔 그걸 몰라서 업체명을 계속 넣었다). 그러나 업체명을 제목에 넣을 경우 광고를 하는 느낌이 더더욱 강하기 때문에 요즘은 이 맛집이 어떤 느낌으로 맛집이었는지를 간략하게 설명하는 식으로 제목을 선정하는 편이다.

예를 들어서 내가 간 레스토랑이 분위기가 좋으면 '분위기 갑인 ○ ○ ○

맛집', 혹은 내가 방문한 곳이 기억에 남을 정도로 맛있었다면 '기억에 남는 ○○○ 맛집' 이렇게 선정을 하여서 검색하는 사람들에게 '지금 내가 찾고자 하는 지역에 이런 느낌의 맛집이 있구나'를 어필해 주어야 한다. 어차피 식당 이름 및 위치는 신로직의 경우 제목 하단에 같이 첨부되어 있기 때문에 검색하는 누리꾼의 입장에서는 제목을 통해 그 식당의 분위기나 느낌, 그리고 지도를 통해 위치도 한 번에 알 수 있다.

과거에는 제목을 앞에 쓰고 추가적인 단어를 뒤에 넣는 방식이었는데 현재는 제목을 문장 앞에 넣든 맨 뒤에 넣거나 큰 차이가 없다.

2020년 8월 20일 17시 이후에 로직이 또 한 차례 바뀌었는데, 이전과 가장 큰 차이점은 스토리텔링 형식으로 쓰거나 하나의 포스팅에 여러 곳의 맛집 정보를 넣어서 보다 효율적인 포스팅을 하는 쪽이 되었다.

따라서 이전에는 식당 혹은 카페 한 곳에 대한 리뷰만 적었다면 이제는 글 하단에 내가 간 식당 혹은 카페 주변에 또 다른 괜찮은 맛집이나 술집, 카페가 무엇이 있는지 그 업체명을 인용구를 통해 써 주어야 한다.

또는 식당 한 곳에 대해서 소개를 할 때 마치 소제목 형태로 풀어 나가야 한다. 예를 들면 아래와 같다.

제목: 괜찮았던 강남역 맛집 리스트

서론: 인사말 → 메인 키워드 삽입 (동일)

예) 안녕하세요~ ··· 어제 친구들이랑 강남역 맛집에 방문하여 ···

본론: 키워드 4~5번 삽입

예) 와! 이게 바로 강남역 맛집 클라스~

본론 2: 리스트 (인용구 삽입)

1. 00 카페: (업체명), (업체명), (업체명)
2. 00 고깃집: (업체명), (업체명), (업체명)

(총 4개의 인용구 & 3 곳의 업체명이 적당하다)

결론: 마무리 글 → 메인 키워드 삽입 (여기 갔더니 좋았네요!)

예) 서울 역삼에서 맛난 (음식) 을 드시고 싶으면 강남역 맛집 (업체명) 으로 오세요!

위와 같이 서론과 본론, 결론을 쓰고 글자 수가 2,000~2,200자 내외인 것은 이전이랑 유사하지만 글 중간에 본론 2라고 해서 리스트를 넣어야 한다.

1. 글을 쓰는 중간에 내가 간 곳 주변의 고깃집이나 카페, 술집 등을 추가로 검색

2. 네이버 블로그 스마트 에디터 글쓰기 카테고리를 보면 '인용구'가 있는데 여기서 '버티컬 라인'을 사용

3. 버티컬 라인에 '숫자+○○○ 맛집(술집, 고깃집, 카페 등)'을 쓰고 하단에 업체명을 3곳 정도 쓰기

네이버의 의도는 잘 모르겠지만 저렇게 결론을 쓰기 전(동영상을 첨부하고 그 밑에) 4개의 인용구와 함께 각각 3곳의 업체명을 넣은 결과 상위 노출이 잘 되었다.

또 다른 방법은 아까 위에서 언급했듯이 소제목 형식으로 쓰는 건데,

제목: 잘 먹고 온 강남역 맛집

서론: 인사말 → 메인 키워드 삽입

인용구 1: (지역명 + 업체명) 위치

예) 안녕하세요~ … 어제 친구들이랑 강남역 맛집에 방문했고~ 위치 (플레이스 첨부)

인용구 2: 요리 1

예) 이 요리1은 맛이 상당히 단짠단짠 합니다.

인용구 3: 메인 요리

예) 짠! 여러분은 지금 강남역 맛집 (업체명)의 맛난 메인 요리를 보고 계십니다.

인용구 4: 마지막 요리

결론

예) 서울 역삼에서 맛난 (음식) 을 드시고 싶으면 강남역 맛집 (업체명) 으로 오세요!

위와 같이 본문 중간중간에 마치 소제목 형식으로 인용구를 삽입하는 것이다. 저러한 형태는 카페나 술집과 같은 서브 키워드에서 훨씬 더 잘 먹히는 경향이 있는데, 글을 쓰기 전에 내가 올리고자 하는 메인 키워드를 먼저 검색한 후 상위 노출된 글들의 인용구가 전자처럼 글 마지막에 업체명을 나열하는 방식인지 아니면 후자처럼 소제목 형식인지 미리 확인하면 된다.

위 형식의 예시는 다음 페이지 48쪽과 같다.

48쪽에 있는 사진처럼 글쓴이는 '강남 떡볶이'라는 서브 키워드를 리뷰한 적이 있었는데, 해당 글은 소제목 형식으로 소개(위치 및 외관과 내부 등), 메뉴, 메인 메뉴 형식으로 나열하였다.

1. 업체명 소개

그러면 서울 논현 무한리필 집 리뷰를 시작합니다.

2. 떡볶이 메뉴

그럼 자세한 강남 떡볶이 메뉴는,

3. 메인 메뉴 등장

© KS서울날씨청

짠!

여러분은 지금 강남 ㅁ **업체명** 맛난 곱창 떡볶이를 보고 계십니다.

파워블로거가 알려주는 성공적인 블로그 관리 노하우!

9

실제 상위 노출했던 포스팅의 예

9.1. 키워드: '신사동 맛집'(당시 2위)

이 포스팅은 2018년 6월 12일 DIA 로직 첫 도입 이후 해당 로직으로 작성된 글이다(당시 4천~6천 자 이상의 글을 작성해야 했다).

제목: 신사동 맛집 (업체명) 삼겹살과 빠쉐 즐기기!

안녕하세요.

서울기상센터, KS서울날씨청입니다.

2일 전인 목요일, 저는 부산에서 서울로 올라왔습니다. 이번에도 어김없이 비행기를 타고 부산에서 서울로 올라왔는데,

(사진 1, 2: 부산 김해 공항&하늘 사진 ➜ 스토리텔링 or 글자 수 늘리기)

3만 원 조금 넘는 가격으로 제주항공을 타고 올라왔습니다. 원래
는 15분 일찍 출발하면서 1만 원 더 비싼 대한항공을 처음에 예
약했다가 그냥 1만 원 더 싼 제주항공으로 끊었는데 아이러니하
게도 대한항공은 지연되면서 저는 되려 1만 원도 벌고 시간도 절
약하는 해프닝이 있었습니다.

그렇게 저는 당초 4시 55분인데 5분 일찍 출발한 4시 50분에 비
행기가 출발하였고 여유롭게 서울에 도착하였습니다.

(사진 3: 비행기가 서울에 착륙하는 모습 ➜ 단순 광고가 아니라 일상형 리뷰로
접근)

이륙하고 30분 만에 서울에 도착하였고, 저는 엄마하고 막내 여
동생을 만나기 위해 강남 가로수길로 이동하였습니다.

그렇게 가족들을 만나고 나서 막내 여동생이 배가 고프다고 했
는데 신사동 일대에 맛있는 게 뭐가 있는지 알아보니 삼겹살은
물론이고 파스타랑 빠쉐가 맛있다는 레스토랑이 있다고 해서 거
기로 갔습니다.

우리가 간 곳은 신사동 맛집 (업체명)입니다.

(사진 4: 대문 사진)

방문일: 2019년 9월 26일

방문 장소: 서울 강남구 신사동 (업체명)

작성일: 2019년 9월 28일

작성 장소: 서울 강남구 삼성동 코엑스

서울 강남 신사동 (업체명) 리뷰를 시작합니다.

(사진 5: 외관 사진)

먼저 신사동 (업체명) 외관입니다. 그냥 네이버에서 검색도 해 보고 여러 곳을 돌아다니다가 알게 된 건데 우리가 결정적으로 여기를 정한 이유는 바로 사람들이 줄을 섰기 때문입니다.

보통은 줄이 길면 다른 곳으로 갈 텐데 저는 주로 줄이 긴 곳이 진정한 이 일대, 즉 신사동 맛집이라고 생각하여 맛있다는 것을 확신하고 5분 정도 기다렸습니다.

그럼 자세한 위치를 알려 드리자면,

(지도 플레이스 삽입)

지하철 3호선 신사역 8번 출구로 나와서 2번째 골목으로 좌회전한 후 삼거리 나오기 직전에 다시 왼쪽으로 돌면 바로 나옵니다.

가로수길에 있는 건 아니었습니다. 역세권이어서 접근성이 매우 용이합니다.

그럼 자세한 신사동 (업체명) 내부는,

(사진 6: 내부 사진)

여기는 깜짝 놀랐던 게 바로 규모가 크다는 점입니다. 지금 저기는 1층 모습인데 1층의 분위기는 뭔가 이국적이고 유럽에 온 느낌입니다.

천장이 마치 유럽에 온 것과 같은 분위기를 부각시키고 내부 역시 다양한 초상화와 액자가 있어서 사진만 봐서는 서울 강남인지 아니면 유럽 대륙인지 분간이 안 갈 정도로 독특한 분위기였습니다.

(사진 7, 8: 내부 사진 계속)

그리고 지하 1층입니다. 지하 역시 상당히 크고 테이블이 많아서 많은 사람들을 수용할 수 있습니다. 그리고 조명도 은은한 데다가 빨간색인데 중국풍보다는 유럽풍의 빨간색이어서 이국적인 건 여전했습니다.

4인석이 잘 되어 있어서 저희처럼 가족 단위로 오는 것도 좋아 보이고 커플들이 와서 오붓하게 식사하는 것도 나쁘지 않아 보입니다.

그럼 자세한 신사동 맛집 메뉴는,

(사진 9, 10: 메뉴판 사진)

일단 메뉴판이 잘 안 보여서 불빛을 비추면서 찍어 보았습니다.
왼쪽이 메인 요리인데,
버라이어티 삼겹살과 오감만족 삼겹살은 33,200원입니다.
그리고 오리지널 그랜드 삼겹살은 17,000원입니다.
그리고 가벼운 요리 중에서,
순두부 그라탕은 13,200원, 코코넛 오일 감자전은 12,900원입니다.

그리고 파스타 중에서,
오리엔탈 허브 봉골레는 15,300원, 트러플 리조또는 13,900원,
갈릭 트러플 파스타와 비프&포크크림 라구는 16,800원입니다.
빠쉐는 18,300원이고 디저트는 5,000원입니다.

우리는 버라이어티 삼겹살과 오리엔탈 허브 봉골레, 비프&포크 크림 라구, 빠쉐, 디저트를 주문하였습니다.

(사진 11, 12: 메뉴판 사진 계속)

한편 이거는 막걸리하고 음료입니다.

여기는 들어 보니까 막걸리가 유명하다고 합니다. 일단 가격은 12,000원인데 저희는 술을 먹지 않아서 시키지 않았습니다. 한편 콜라나 사이다와 같은 음료는 3,000원이었습니다.

(사진 13: 식전 샐러드)

이거는 식전에 나오는 샐러드인데 흑임자가 들어간 샐러드라고 합니다. 제가 부산에서부터 아침만 좀 늦게 먹고 점심을 먹지 못한 채 강남으로 왔는데 그래서인지 이상하게도 배가 고팠는지 샐러드조차도 맛있게 느껴졌습니다.

우선 흑임자 소스가 되게 맛있었는데 샐러드의 야채가 엄청나게 신선했는지 굉장히 빳빳하였습니다. 그리고 아몬드도 있어서 식감도 우수!

(사진 14: 콜라 or 음료)

우리가 주문한 콜라입니다. 콜라가 캔이 아니라 병으로 나와서 오히려 더 나았던 것 같고 3,000원이기는 하지만 그래도 원래 이 동네 물가가 그러니 그러려니 했습니다~

우리는 술을 먹지 않아서 콜라를 주문한 건데 역시 맛있는 파스타나 빠쉐 등등에는 청량한 탄산음료가 최고인 것 같습니다 :)

주문한 지 11분 만에 음식들이 모두 나왔습니다.

(사진 15: 음식 사진)

크~ 그렇게 맛난 한 상이 완성되었습니다. 정말 푸짐하지 않나요? ㅎ

빠쉐부터 시작해서 봉골레 파스타, 삼겹살, 라구, 치즈맛 음료까지 한 상 가득 메뉴가 나왔는데 지금 보기만 해도 엄청 푸짐하군요.

부산에서 서울로 올라오길 잘했다는 생각이 들었고(사실 3일 만에 온 거라고 한다) 전날 부산에서는 광안리에서 대게를 먹었었는데, 그날의 기억은 신사동에서의 맛난 레스토랑 음식들 덕분에 싹 잊혀졌습니다 ㅎㅎ

그럼 뭔지 하나하나 알아볼까요?

(사진 16: 메인 요리 등장)

짠!

여러분은 지금 신사동 맛집 (업체명)의 메인 요리라고 할 수 있는 버라이어티 삼겹살을 보고 계십니다.

비록 비프이면 소고기인데 우리는 삼겹살이라고 하는 돼지고기를 메인으로 주문해서 약간 앞뒤가 안 맞긴 하지만 그래도 저는 소고기보다는 돼지고기를 좀 더 선호하는 입장이어서 되려 더 좋았던 것 같습니다.

보시면 마치 호텔에서나 볼 법한 그릇에다가 고기가 마치 스테이크 썰린 것처럼 나오고 그 옆으로는 샐러드가 있습니다.

(사진 17, 18: 음식 사진 계속)

와우… 그냥 갤럭시 S10+ 카메라로 찍었는데 화질이 완전 대박이지 않나요? ㅎ

왼쪽은 삼겹살이고 오른쪽은 버섯이랑 샐러드인데 둘이 조합이 굉장히 좋았던 것 같습니다.

비록 막내 여동생은 버섯을 매우 싫어해서 걔는 오른쪽 거는 손을 대지도 않았지만 저와 엄마는 삼겹살이랑 송이버섯을 함께 먹었는데 버섯이 어찌나 빳빳하고 질이 좋은지 좋은 재료를 쓴다는 것을 알 수 있었습니다.

(사진 19, 20: 음식 사진 계속)

그리고 삼겹살의 경우 그냥 먹어도 맛있는데 여기는 뭔가 노란색 치즈도 있었습니다.

그리고 아래에는 촛불을 켜면서 삼겹살이 식지 않게 따뜻하게 보온을 시켜 주었던 점도 좋았고 삼겹살의 맛은 신기했습니다.

그동안 삼겹살을 굉장히 많이 먹었는데 여기서는 잡내는 물론이고 탄내 전혀 없이 잘 구워진 삼겹살을 먹었는데 어디 소금인지는 모르지만 소금 간도 되어 있어서 그런지 삼겹살 맛도 훌륭하였고 특히 위에서 보여 드린 송이버섯하고 치즈랑 같이 먹어 주니까 그야말로 최고였습니다. 삼겹살이 이리도 맛있을 수 있다니! ㄷㄷ

(동영상 1: 고기 자르는 모습 → 실제 동영상으로 해야 직접 방문했다는 점을 어필할 수 있다)

그래서 이거는 제가 찍어 본 동영상입니다. 맛있는 버라이어티 삼겹살을 시작으로 그 외 빠쉐나 라구 등등 다양한 메뉴들을 찍어 보았습니다.

전에는 그냥 음식 사진들을 동영상으로 만들었는데 그런 거보다는 이렇게 생생한 게 더 나은 거 같습니다 :)

(사진 21: 음식 사진 2)

이거는 오리엔탈 허브 봉골레인데 그냥 쉽게 말해서 오일 봉골레 파스타인데 거기다가 허브가 들어간 거라고 이해하시면 될 것 같습니다.

생각보다 오일이 많이 없어서 느끼하지도 않았고 게다가 허브가 있어서 그런지 미약하게나마 화사한 그 향기와 느낌이 인상적이었고 시원해서 개운했습니다.

(사진 22, 23: 음식 사진 2 계속)

일단 파스타 안에 구성을 보시면 조개하고 마늘 등등이 있습니다. 특히 저는 구운 마늘을 정말 좋아하는데 마늘이랑 파스타 면이 굉장히 궁합이 잘 맞았고, 조개랑 같이 해서 먹으면 바다 내음도 간접적으로 느낄 수 있었습니다.

오일이 별로 없어서 촉촉함이 없었지만 저는 되려 느끼하지 않아서 좋았던 것 같고 아까도 얘기했는데 허브가 있어서 그런지 전체적으로 개운하고 시원해서 파스타 중에서 가장 나은 거라고 생각합니다. 15,300원이 전혀 아깝지 않아서 엄마와 막내 여동생도 만족스럽게 잘 먹었다고 합니다.

(사진 24, 25: 음식 사진 2 계속)

그래서 파스타를 그냥 먹어도 맛있는데 저는 새우랑도 같이 먹었습니다. 새우가 통통하고 살이 많아서 그런지 입 안에 넣을 때 씹는 맛이 일품이었고 새우의 향기가 또 만나니까 봉골레 파스타로서의 본분을 다해 주었습니다.

그리고 사진에는 없지만 마늘하고 조개 속 알이랑도 같이 먹어주면 조개 특유의 향기하고 마늘의 달달한 향기가 만나면서 풍미가 가득했습니다.

(사진 26: 음식 사진 2 계속)

이거는 인스타그램에 올리려고 찍은 건데 정말 잘 나오지 않았나요?

보기만 해도 군침이 돈는 사진입니다.

조개하고 마늘, 그리고 잘 삶아진 면발이 핵심인데, 특히 면발도 잘 삶아졌는지 호로록 넘기는 목 넘김 및 식감이 훌륭하였고 탱탱해서 아주 만족스러웠습니다.

(사진 27: 음식 사진 3)

그리고 이거는 신사동 맛집 (업체명)의 빠쉐입니다. 빠쉐라고 하면 토마토 전골 혹은 토마토 스프에다가 해산물이 가득 들어 있는 해산물 스프라고 보시면 됩니다.

영어는 아닌 거 같고 어디 언어이지…? 암튼 비주얼은 마치 옛날 중세시대 유럽에서 벽난로에다가 냄비를 올려놓고 음식을 해 먹는 거 같은 모습인데, 마치 겨울에나 먹을 법한 모습입니다.

냄비도 그렇고 (업체명) 안에 내부도 그렇고 디테일하게 이국적인 게 인상적이었고, 해외여행 한번 가고 싶어지게 합니다 ㅠㅠ

(사진 28, 29: 음식 사진 3 계속)

안에 보시면 오징어부터 시작해서 꽃게랑 주꾸미 등등 다양한 해산물들이 많이 있습니다. 비록 저기 가기 하루 전날이었던 수요일에 부산 광안리에서 대게 및 랍스타를 먹었는데, 바로 다음 날에 또 해산물을 먹었지만 질리지 않았습니다.

토마토를 베이스로 해서 그런지 국물이 되게 진하고 풍미가 있었는데 그 안에 꽃게부터 시작해서 오징어와 주꾸미가 있으니까 중독성이 매우 강했습니다.

(사진 30, 31: 음식 사진 3 계속)

와… 안에 푸짐한 거 보이시나요? 18,000원이 비싼 게 아니었고 생각보다 양이 많고 뜨거우면서도 국물이 푸짐해서 들이켜는 맛도 일품이었습니다.

국자로 풀 때마다 다양한 해산물들이 건져 올려졌는데 뭐부터 먹을지 고민을 해야 할 정도였고 재료를 아끼지 않는다는 생각이 들어서 고객 입장에서는 만족이었습니다.

내 돈 주고 먹는 건데 이왕 먹는 거 양이 많으면 기분 좋겠죠? ㅎㅎ

저도 사람이니 어쩔 수 없나 봅니다 하하

(사진 32: 음식 사진 4)

이번에는 비프&포크크림 라구입니다.

처음에는 라구가 뭔지 몰랐는데 약간 파스타인데 면이 좀 더 얇고 크림이 들어간 요리라고 생각하면 되고 네이버에 검색을 해 보니 북유럽에서 파스타와 함께 고기 소스랑 나오는 요리라고 합니다.

뭔가 비주얼이 신기하지 않나요?

(사진 33, 34: 음식 사진 4 계속)

이거는 딱 먹어 보는 순간 고기를 베이스로 한 크림이라 그런지 되게 담백했습니다. 다만 한 가지 단점이 있다면 나오는 즉시 먹어야 합니다.

라구에 들어가는 파스타가 일반 파스타와는 달리 좀 잘 풀어지기 때문에 시간이 지나면 면발이 흐물흐물해지고 서로 붙고 엉키고 풀어지기에 나오자마자 바로 먼저 드셔야만 최고의 신사동 맛집 클라스를 음미할 수 있습니다.

우선 저의 솔직 후기는 되게 고소하고 담백했으며 면발이 후루룩 넘어가는 게 아니라 씹어야 하는 거라서 그런지 고기의 소스가 입 안에 오래도록 각인되는 거 같았던 것 같습니다.

(사진 35: 디저트)

마지막으로 나온 건 디저트인데 우유는 우유인데 좀 숙성을 시켜서 치즈화된 우유라고 보시면 됩니다.

일단 딱 마시는 순간 어릴 때 마셔 본 맛이어서 되게 감회가 새로웠는데, 어디서 마셨는지 기억이 안 나서 약간 고민을 좀 했었던 것 같습니다 ㅎㅎ

일단 어렴풋이 기억나는데 11년 전에 내몽고 여행 갔을 때 초원에서 먹어 본 치즈의 맛? 이라고 해야 하나 그거랑 많이 유사했습니다.

덕분에 추억도 떠오르고 되게 신기한 우유 치즈 맛이라서 동생도 되게 좋아했습니다. 디저트까지 완벽한 신사동 (업체명)였습니다.

(사진 36: 영수증 ➜ 당시 사진 개수 늘리고자 삽입)

그렇게 3명이서 총 91,600원이 나왔습니다.

삼겹살부터 시작해서 빠쉐에다가 파스타, 라구, 디저트까지 해서 10만 원 이하면 생각보다 무난한 거고(강남 물가에 비하면…ㅎ) 양도 아주 푸짐해서 되게 배가 불렀습니다.

덕분에 저도 부산에서부터 시작된 허기짐을 서울에서 풀 수 있었습니다 :)

(사진 37: 와이파이 속도 ➡ 당시 사진 개수 늘리고자 삽입)

마지막으로 와이파이입니다.

신사동 (업체명) 전체에 와이파이가 터지고 위와 같이 기가인터넷이 지원되면서 업로드가 무려 246mbps라는 우수한 무선인터넷 속도를 보여주었습니다.

서울 강남에서 맛있는 삼겹살과 함께 파스타도 드시고 싶다면 신사동 맛집 (업체명)로 오세요!

(사진 38: 메인 사진)

감사합니다.

(사진 39: 언제 작성했는지 명시)

원고가 아니라 직접 레스토랑에서 먹고 쓴 일상 글임을 알려 드립니다.

사진 속 손은 저 본인 및 엄마 손이 맞습니다.

(사진 40: 명함 ➜ 이것은 필수가 아니다)

2018년 6월 12일~2019년 10월 26일까지는 글자 수가 많고, 사진 개수가 많을수록 상위 노출에 유리하였기 때문에 영수증 및 와이파이 혹은 메뉴판 사진도 상당히 많이 첨부를 하였다.

또한 2019년 당시에는 매주 서울과 부산을 왕복하며 생활을 하였는데, 매번 주 초반에는 부산에서, 주 후반에는 서울에서의 리뷰 글을 올리면 네이버 로봇이 지역명이 계속 바뀐다는 이유로 어뷰징으로 인식할 수 있기 때문에 매번 비행기를 타며 올라오는 사진 등을 첨부하고 본 블로그에 올라가는 모든 글을 시간순으로 전개하여 스토리텔링 형식으로 이어 나갔다. 사진 개수 역시 40장 내외로 올려서 가능한 한 많이 첨부하였다.

9.2. 키워드: '부산 광안리 맛집'(당시 1위) & '광안리 맛집'(당시 2위)

해당 포스팅은 2019년 10월 26일 로직 변경 이후에 작성된 글이다.

제목: 반해 버린 부산 광안리 맛집

안녕하세요.

서울기상센터, KS서울날씨청입니다.

저번 주 목요일이었던 9일, 저는 정말 오랜만에 같은 학과 동기 형들을 만났습니다. 제가 올 2월에 졸업을 하고 서울에 아예 올라가면서 보기 힘들었는데, 마침 이번에

(사진 1: 해운대 벡스코 전경)

해운대 벡스코에서 기후예측워크숍이 있던 덕분에 오랜만에 같은 학과 대기과 동기형들을 만날 수 있었습니다.

부산 하면 떠오르는 광안대교도 보고 싶었고, 이왕 온 김에 해산물도 먹고 싶어서 간 곳은 바로 부산 광안리 맛집 (업체명)입니다.

(사진 2: 대표글)

방문일: 2020년 7월 9일
방문 장소: 부산 수영구 광안리 (업체명)
작성일: 2020년 7월 13일
작성 장소: 서울 서초구 방배동
부산 광안리 해산물 집 리뷰를 시작합니다.

(사진 3: 식당 외관)

먼저 외관입니다.

여기는 제가 서울에서 자주 갔던 곳인데, 부산에도 있다길래 채택하였습니다.

그럼 자세한 위치는,

(지도 플레이스 첨부)

부산 지하철 2호선 광안역 5번 출구로 나와서 해수욕장을 따라 걷다가 오른쪽으로 간 후 다시 골목으로 들어오면 바로 나옵니다. 바다 바로 앞이어서 접근성이 매우 용이합니다.

그럼 자세한 식당 내부는,

(사진 4: 식당 내부)

우선 여기는 체인점이기 때문에 똑같습니다.
대신 바다를 볼 수 있는 자리가 있다는 게 장점이고, 창문도 넓어서 비록 저희가 간 날은 비가 왔지만 맑은 날은 운치 있어 보입니다.

(사진 5, 6: 식당 내부)

테이블이 많아서 많은 사람들을 수용할 수 있습니다.
6인석도 있으니 회식하기에도 좋아 보였고 저희처럼 동기형이나
친구들끼리 와서 식사하기에 아주 좋아 보였습니다.

그럼 자세한 부산 광안리 맛집 메뉴는,

(사진 7: 메뉴판)

우선 여기는 조갈찜이 대표적입니다.
가격은 59,000원부터 시작하고 랍스터는 89,000원부터 시작합니다.

저희는 4명이기 때문에 랍스터 조갈찜 B로 주문하였습니다.

(사진 8: 반찬)

이건 여기서 기본적으로 나오는 반찬입니다.

시간이 7시가 넘어서 그런지 모두 배가 고파서 샐러드를 많이 먹었습니다 ㅎ

주문한 지 10분 만에 음식이 나왔습니다.

(사진 9: 메인 메뉴)

짠!

여러분은 지금 부산 광안리 맛집 (업체명)의 맛난 조갈찜을 보고
계십니다!

(사진 10: 셀카 ➜ 직접 와서 경험했음을 어필)

오랜만에 모인 기념으로 셀카 한 장!

이렇게 4명이서 모인 건 작년 5월인가 6월 이후 1년 만인 듯…?
시간 ㅠㅠ

벌써 이날도 4일 전이라니 믿을 수가 없네요 ㅠ

(사진 11: 음식 사진 계속)

특히 놀라운 건 바로 전복입니다.
전복을 살아 있는 채로 넣어서 매우 신선했는데, 부산에 온 맛이
제대로 납니다~

(동영상: DIA 로직 도입 이후 동영상은 필수 사항이다!)

그리고 가열을 하고 사진을 찍어 두고 나면 직원분께서 직접 손질을 해 줍니다.

그래서 저희는 편하게 사진 찍고 올리고 먹을 수 있다는 장점이 있고, 어떻게 손질하는지 구경할 수 있어서 좋았습니다.

전복이 살아 움직이는 거도 생생히 담았습니다 ㅎ

(사진 12: 음식 사진 계속)

그 외에도 고인돌 갈비! 진짜 부드러우면서도 덩치가 커서 항상 놀랍습니다.

고기가 어쩜 저렇게 굵직할 수가 있지?

올 2월에 강남 신논현에서 서울에서 살고 있는 같은 학과 친구 및 선배랑도 먹은 기억이 있는데, 앞으로 모든 학과 정모는 (업체명)에서 해야 할 듯 ㅎㅎ

(사진 13: 음식 사진 계속)

조개도 가득해서 해산물 풍년입니다.

바다를 보며 해산물을 먹을 수 있다는 게 장점이었던 부산 광안리 맛집 클라스!

(사진 14: 음식 사진 계속)

손질 후 모습입니다.

보기만 해도 군침이 돌지 않나요? ㅎㅎ 저도 또 가고 싶어지네요 ㅠㅠ

워크숍 출장 덕분에 간 건데, 언제 이런 기회가 또 있을는지….

(사진 15: 음식 사진 계속)

문어도 있고, 가리비, 키조개, 오징어(?) 등등 다양했습니다. 그리고 육수는 일부러 한방 육수로 선택하였습니다.

(사진 16: 음식 사진 계속)

해산물 때문에 잊혀진 고인돌 갈비! 고기가 딱 봐도 야들야들거리지 않나요? ㅎ

당면도 있어서 어린이들이 좋아할 듯?

(사진 17: 음식 사진 계속)

대망의 랍스터! 직접 손질을 해서 오기 때문에 어마무시했습니다.

사이즈도 엄청나게 큰 게, 역시 클라스가 다른 부산 광안리 맛집입니다.

(사진 18, 19: 음식 사진 계속)

랍스터… 너무 맛있어서 지금도 잊혀지지 않습니다 ㅎ
특유의 향기가 인상적이고 초장이랑 같이 먹으니까 진짜 대박이었습니다.

(사진 20, 21: 음식 사진 계속)

그리고 문어! 정말 쫄깃하고 푹 익히지 않고 약간 회처럼 먹어서 그런지 식감도 우수하고 신선하고 비린내 없어서 딱 알맞았습니다.

쫄깃한 식감이 일품!

(사진 22, 23: 음식 사진 계속)

고인돌 갈비는 정말 부드럽습니다. 겨자 소스랑 같이 먹으면 겨자의 향기와 고기의 육즙+부드러움에 감탄사가 연발합니다.

(사진 24: 음식 사진 계속)

육수도 되게 개운해서 저도 모르게 숟가락으로 계속 떠먹게 됩니다.

안에 조개도 가득하니까 바다 내음 가득~ 비가 와서 아쉽네요 ㅠㅠ

(사진 25: 음식 사진 계속)

랍스타도 초록색 내장이 완전 맛났습니다.
사이즈가 크고 살도 큼직하니까 4명이서도 충분했습니다 :)

가성비 좋은 부산 광안리 맛집의 정성!

(사진 26: 음식 사진 계속)

특히 낙지 호롱! 그동안 잘 안 먹었는데, 저 날 먹어 보니까 왜 그동안 회피했지…? 싶을 정도로 괜찮았습니다.

입에 넣어서 씹으면 제가 바닷속의 상어가 된 기분?

(사진 27, 28: 음식 사진 계속)

마무리는 역시 볶음밥!

육수에다가 밥을 넣어서 먹으니까 마무리로 딱 좋았습니다.

(사진 29: 광안대교 야경 ➔ 일상 글처럼 써서 광고성인 거 방지)

그렇게 저는 오랜만에 광안대교 야경을 보며 힐링을 했습니다.
한강은 그냥 강인데, 바다는 시원하니까 느낌이 다르더군요 ㅎ
ㅎ ㅠㅠ

(사진 30: 비행기에서 본 서울 풍경 ➔ 서울에서만 리뷰하다가 부산 이야기를
쓰면 로직이 간혹 어뷰징으로 오해할 수 있으므로 스토리텔링으로 작성하기
위해 부산과 서울의 연결고리 제공)

그리고 바로 다음 날 부산에서 폭우를 제대로 경험하고, 오후에
비행기를 타고 서울로 복귀하였습니다.

서울은 날씨가 좋아서 다른 나라 같더군요 :)

(사진 31: 무선인터넷 속도 측정 ➜ 이거는 그냥 글쓴이의 즉흥적인 작성법)

마지막으로 인터넷입니다.

5G로 측정한 결과 매우 우수한 속도가 나왔습니다.

덕분에 좋은 추억 쌓고 갑니다.

부산 수영에서 맛난 해산물을 드시고 싶으면 부산 광안리 맛집 (업체명)으로 오세요!

(사진 32: PPT로 편집한 대표 사진 ➜ 어디인지 네이버 창에서 쉽게 알 수 있도 록 하기 위함)

감사합니다.

(사진 33: 언제 작성했는지 명시 ➜ 글 하나하나에 책임감을 다했다는 것)

원고가 아니라 직접 방문 후 먹고 쓴 일상 글입니다.

사진 속 인물은 저 본인이 맞습니다.

(사진 34: 명함 ➜ 내가 누구인지 그냥 첨부한 것(선택))

2019년 10월 26일에 바뀐 로직을 보면 그 전에 작성한 글보다 글자 수가 거의 2배 이상 적은 것을 알 수 있다. 사진 개수는 34장으로 여전히 많은 편이긴 하지만 영수증이나 메뉴판 사진을 대거 줄여서 정보형보다는 내가 실제로 느낀 점을 부각시킬 수 있게 되었다. 동영상은 1편 정도가 적당하고 본문 안에 키워드는 약 7~8개만 넣어도 충분히 상위 노출을 할 수 있었다.

4천~5천 자가량의 분량을 쓰다가 적은 분량의 글을 적으려니 처음에는 적응이 잘 안 되어서 글을 다 적고 매번 '네이버 글자 수 세기'로 들어가서 '복사, 붙여넣기' 하여 2,200자 내외를 맞추려고 노력을 하였다.

네이버 글자 수 세기
https://search.naver.com/search.naver?where=nexearch&sm=tab_
jum&query=%EB%84%A4%EC%9D%B4%EB%B2%84+%EA%B8%80
%EC%9E%90%EC%88%98+%EC%84%B8%EA%B8%B0

해당 포스팅은 2020년 8월 20일 로직 변경 이후에 작성된 글이다.

제목: 기억나는 문래동 맛집 리스트

토요일이었던 그제, 친구들과 양식 전문점으로 유명한 문래동 맛집에 가서 식사의 자리를 가졌는데 씨푸드볼부터 해서 갑오징어 버터구이 등으로 알차게 즐길 수 있었던 곳이라 아직까지도 생생하게 기억에 남았습니다.

(사진 1: 대문 사진)

방문일: 2020년 9월 19일
방문 장소: 서울 영등포구 문래동 (업체명)
작성일: 2020년 9월 21일
작성 장소: 경기도 성남 분당구 서현동

서울 영등포 해산물집 리뷰를 시작합니다.

(사진 2: 외관 사진)

먼저 외관입니다.

하얀색 외관으로 되어 있어 멀리서부터 한눈에 포착된다는 장점이 있습니다.

그럼 자세한 위치는,

(지도 플레이스 첨부)

지하철 2호선 문래역 7번 출구로 나와서 직진한 후 공원사거리에서 큰길을 따라가면 바로 나옵니다.

역세권이어서 접근성이 매우 용이합니다.

(사진 3: 내부 사진&주방에 전시된 랍스타)

안으로 들어서면 살얼음 위에 끼얹어 있는 랍스타들이 빛나 보였습니다.

우람한 집게다리는 파란색 노끈으로 일일이 묶어 두셔서 관리를 철저하게 하는 곳이라는 점을 알 수 있었습니다.

(사진 4: 내부 사진 계속)

그것을 지나 홀로 들어서면 흰색으로 휩싸인 내벽에 둥둥 떠다니는 전등이 있었는데 정성스럽게 엮어 만든 듯한 본새여서 박수가 짝짝 쳐졌습니다!

(사진 5: 내부 사진 계속)

홀은 2인 식탁으로 대리석 무늬로 되어 있어 안락한 분위기 형성에도 힘써 주고 뒷부분은 어닝으로 되어 있어 깔끔미가 도드라졌던 문래동 맛집이었습니다.

(사진 6: 와인 병 ➜ 내부 사진의 일종)

한쪽에는 와인병들이 즐비하게 늘어서 있었는데 종류가 가지각색이어서 시선을 사로잡아 버렸습니다 ㅎ

(사진 7: 메뉴판)

이내 자리에 앉아서는 메뉴들을 살폈는데 사이드 메뉴부터 메인 디시에 이르기까지 종류가 엄청났습니다.

(사진 8: 내가 주문한 와인)

얼마 뒤 장발몽 샤르도네라는 와인이 나와 주는데 짙은 흑색의 병에 노란색으로 포인트를 줘서 눈길을 주게 만들었습니다.

(사진 9: 내가 직접 와인 잔 손 들고 찍기 ➜ 직접 방문한 것임을 어필)

투명한 유리잔에 따라낸 뒤에 마셔 주면 되는데 목을 타고 흘러 가는 기운이 톡톡 튀었습니다.

산미와 바디감이 적당하여서 자꾸만 꿀꺽 마시게 되는 한 잔이 었습니다 :)

(사진 10: 전체 테이블 샷 ➜ 이것은 음식점마다 다르다)

이후에는 양키스 씨푸드볼과 그 외에 2가지의 메뉴를 마주하게 되었는데 상 위를 꽉꽉 채워 주는 우월한 풍채여서 눈을 머무르 게 하였습니다.

(사진 11: 메인 요리)

짠!

여러분은 지금 문래동 맛집 (업체명)의 맛난 한 상을 보고 계십 니다.

자세히 들여다보면 얼마나 심혈을 기울여서 한 그릇을 만들어
내셨는지가 보였고 전복과 소세지 그리고 새우에 이르기까지 탑
을 쌓아 올렸습니다.

(사진 12: 음식 사진 계속)

단단한 껍데기는 붉게 올라와 있어서 존재만으로도 군침을 돌게
하였는데 단호박과 옥수수 등으로 플레이팅도 채워져 있어 감격
의 경지에 이르렀습니다!

(사진 13: 음식 사진 계속)

쉬림프도 바싹 구워진 상태여서 머리까지 씹어 먹어도 될 듯하
였고 쏨쏨이가 도드라졌던 게 머리 부분에 뾰족한 것을 일일이
잘라 주셨다는 점이었습니다.

(사진 14: 음식 사진 계속)

랍스타는 맨손으로 움켜쥐자 묵직하게 들렸는데 와우! 바다향을
진득하게 퍼뜨려내는 것으로 향신료 효과를 하는 진녹색 채소도
뿌려져 있어 한 단계 더 고급화된 느낌~

(사진 15: 음식 사진 계속)

전복은 위생 장갑을 낀 손으로 들춰 봤는데 씨알이 굵은 상태여서 보기만 해도 배가 부릅니다 bb

속속들이 간이 잘 배어 있어 어깨가 으쓱여지는 순간 ㅎㅎ

(사진 16: 음식 사진 계속)

동그랗게 몸을 말아낸 새우는 머리부터 꼬리까지 깔끔하게 담겼는데 살이 오동통하게 차올라 있어서 칭찬 세례를 퍼부을 수밖에 없었습니다.

(사진 17: 음식 사진 계속)

조갯살도 도려내서 먹기 위해서 집어 들었는데 살이 생각했던 것 이상으로 꽉꽉 채워졌고 즙이 스며들어가 있어 짭짤하게 씹어 넘길 수 있는 문래동 맛집의 식재료였습니다.

(사진 18: 음식 사진 계속)

그리고는 칼집이 세세하게 나 있는 소세지로도 빠져들었는데 즙이 듬뿍 채워져 있는 상태라 두 눈에서 레이저빔이 팍팍 나와주었습니다.

(사진 19: 음식 사진 계속)

옥수수와 단호박 등도 건져내서 먹어봤는데 본연의 향을 잘 간직하고 있어서 먹을수록 폭 물들어갔고 오독토독 터지는 옥수수는 달곰한 맛이 기본으로 포함되어 나이 불문하고 모두가 좋아하였습니다.

(사진 20: 음식 사진 계속 ➜ 직접 손으로 들고 찍기)

토실하게 살이 오른 집게 부분도 건져내서 시식해 봤는데 말캉하게 씹혔습니다.

(사진 21: 음식 사진 계속)

잇달아 갑오징어 버터구이인데 타원형 접시 위에 구워낸 과일칩하고 얹어내 싱그러웠고 시즈닝도 톡톡 쳐 주셔서 풍만한 한 접시였습니다.

(사진 22: 음식 사진 계속)

넙데데한 몸통 부분은 두 손으로 잡아 이끌고는 반으로 쩌억 갈라 주면 되는데 탄력이 있어서 손에 힘을 살짝 줘야 했습니다.

(사진 23, 24: 가위로 자르는 모습)

가위로 잘라 주기도 하는데 원체 크리미해서 보드럽게 잘려 나가서 굿굿!

통통하게 살이 올라 있어서 컷팅해서 베어 물면 되었는데 입에 머금어 내자마자 여러 사람들에게 권하고 싶은 맛이 탄생!

(사진 25: 음식 사진 계속)

다리살도 탄탄하게 붙어 있어 고르게 씹어 넘길 수 있는 문래동 맛집이었는데 실파가 촘촘하게 붙어서 개운하게 넘어갔습니다.

(사진 26: 음식 사진 계속)

이후에는 씨푸드 필라프인데 고슬이는 밥알에 탱글거리는 새우살을 섞어 주셔서 완벽체였습니다.
곁들일 수 있는 소스에는 고추를 토핑해 둬 오색찬란한 데다가 칼칼한 내음이 뻗쳐져 나왔습니다.

(사진 27: 음식 사진 계속)

자세히 들여다보면 밥알 위로 윤기도 좔좔 흘러서 어깨가 으쓱

여졌는데 옥수수도 들어가 오도독하고 씹혔습니다.

(사진 28, 29: 음식 사진 계속)

한 큰술 떠서 먹으면 간이 쫙 배어 있어 심심하지도 않았고 간장
도 베이스로 들어가 짠내가 은은하게 번졌습니다.

거기에 잘 손질된 새우살을 얹어내도 궁합이 잘 맞았는데 차진
밥알에 당근과 실파 등이 골고루 뒤엉켜서 천생연분이었습니다.

(사진 30: 음식 사진 계속)

그리하여 한 번 더 연속으로 먹어 줬는데 아무리 많이 먹어도 질
리지가 않는 조합이고 보슬이는 밥알은 평소에 먹던 것과 다른
모습이라 유니크하였습니다.

(동영상1: 녹화를 못 했기 때문에 사진을 이어 붙인 편집본으로 업로드)

제가 만든 동영상입니다.
그냥 맛있는 사진을 이어서 만들었습니다.

아래는 그냥 제가 문래 일대 돌아다니면서 본 식당 중에서 괜찮
은 곳을 함께 적어 보았습니다.

1. 일식

(업체명), (업체명), (업체명)

2. 중식

(업체명), (업체명), (업체명)

3. 레스토랑

(업체명), (업체명), (업체명)

4. 디저트

(업체명), (업체명), (업체명)

서울 영등포에서 맛난 해산물을 드시고 싶으면 문래동 맛집 (업체명)으로 오세요!

(사진 31: 메인 대문 사진)

감사합니다.

(사진 32: 작성한 날짜 ➜ 글 한 편 한 편 정성을 들였다는 증표)

원고가 아닌 직접 방문 후 먹고 쓴 일상 글입니다.

사진 속 손은 저 본인 및 친구 손이 맞습니다.

(사진 33: 명함 ➜ 이것은 선택 사항)

2020년 8월 20일 이후에 바뀐 로직은 2019년 10월 26일에 바뀐 로직과 비교하면 본문 내용 및 글자 수에 있어서는 거의 차이가 없다. 따라서 2020년 8월 20일 이후 로직이 계속 유지된다면 기존의 2,000~2,500자 내외의 글자 수를 유지하고 본문 안에 최대 7개가량의 키워드 개수를 넣으면 된다.

네이버 '문래동 카페' PC 검색 화면,
https://search.naver.com/search.naver?sm=tab_hty.top&where=nex-earch&query=%EB%AC%B8%EB%9E%98%EB%8F%99+%EC%B9%B4%ED%8E%98&oquery=%EB%84%A4%EC%9D%B4%EB%B2%84+%EA%B8%80%EC%9E%90%EC%88%98+%EC%84%B8%EA%B8%B0&tqi=UG%2FW-zsp0J1sssSGf6yGssssss3G-285179

그러나 글 하단에 12곳의 업체명을 삽입해야 하는데, 그냥 특정 카테고리(술집, 카페, 프랜차이즈, 고깃집, 중국집, 레스토랑 등)를 정한 후 아무 업체나 골라서 쓰면 된다.

위와 같이 네이버에서 특정 키워드를 검색해서 나온 업체명만 무작위로 선정하면 되기 때문에 글 쓰는 데 추가로 소요되는 시간은 약 5분 정도밖에 안 된다.

10

블로그 운영 중 궁금했어요! Q&A 시간!

블로그를 운영하다 보면 변덕스러운 네이버 로직으로 인해 당황스러운 적이 한두 번이 아니었을 것이다. 이번 시간에는 경험을 통해 얻은 정보를 바탕으로 네이버를 운영하면서 궁금했거나 두려워서 못 했던 부분에 대해서 질의응답 시간을 가져 보도록 하겠다.

Q: 블로그 글 올릴 때 IP 주소도 중요한가요? 더러운 IP에서 올리면 노출에 지장이 있나요?

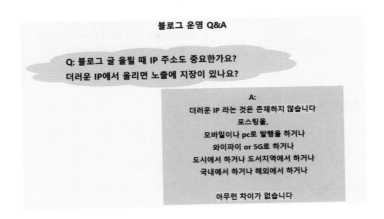

블로그 운영 Q&A

Q: 블로그 글 올릴 때 IP 주소도 중요한가요?
더러운 IP에서 올리면 노출에 지장이 있나요?

A:
더러운 IP 라는 것은 존재하지 않습니다
포스팅을,
모바일이나 pc로 발행을 하거나
와이파이 or 5G로 하거나
도시에서 하거나 도서지역에서 하거나
국내에서 하거나 해외에서 하거나

아무런 차이가 없습니다

A: 더러운 IP라는 것은 사실상 유언비어에 해당된다.

서울기상센터 블로그를 5년간 운영해 본 결과, 똑같은 장소에서 글을 발행해도 글이 노출이 되는 경우와 안 되는 경우가 있었다. 흔히 와이파이보다는 5G(모바일 데이터), 도시보다는 도서 지역에서 발행하면 노출에 더 좋다는 의견이 있지만, 이는 모두 허무맹랑한 사실이다. 따라서 어느 지역에서, 어느 단말기로 글을 발행하든 간에 결국 내가 쓴 글의 퀄리티로 검색 순위가 결정되기 때문에 IP에 대한 걱정은 하지 않아도 된다.

Q: 글씨가 많은 사진이 안 좋다는 말이 있습니다. 실제로 글이 많은 사진을 올리게 될 경우, 노출에 지장이 있나요?

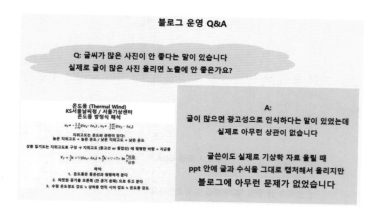

A: 실제로 아무런 상관이 없다.

대개 텍스트가 많은 사진을 네이버 로직이 광고성 혹은 상업성으로 인식하여 노출에 패널티를 준다는 여러 인터넷 글이 있었는데, 이는 모두 사실이 아니다.

실제로 글쓴이의 경우, 기상학 강의 자료를 블로그에 포스팅할 때, 파워포인트로 만들어 놓은 강의 노트를 캡처하여 첨부하는데, 그 PPT 슬라이드 안에는 엄청나게 많은 글씨와 수식 등이 포함되어 있다. 그러나 줄곧 기상학 글을 발행해도 블로그에 아무런 지장도 없었고 또한 맛집의 경우 글씨가 많다고 볼 수 있는 메뉴판 사진을 다 첨부한다고 할지라도 블로그 지수 및 검색 순위에 아무런 지장이 없었기에 걱정 안 해도 된다.

Q: 네이버 블로그 점검 시 로직이 바뀌거나 저품질이 오나요?

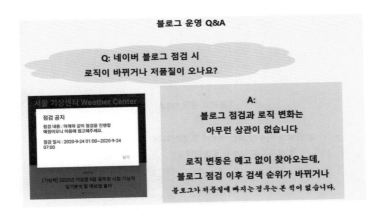

A: 블로그 점검과 로직 변동과의 상관관계는 전혀 없다.

오히려 네이버 검색 로직 변동은 점검 후가 아니라 예고 없이 찾아온다.

2016년부터 지금까지 5년 동안 20번이 넘는 블로그 점검을 실시하였는데, 점검 이후의 방문자 수 급감이나 급증, 검색 순위 변동은 전혀 없었다.

또한 블로그 점검=저품질 시기로 오해하는 경우가 많은데, 저품질이 되어 검색이 되지 않던 블로그가 점검 이후 다시 돌아오는 경우를 찾아보지도 못하였고, 반대로 멀쩡한 블로그가 점검 이후 죽는 경우는 없었으니 걱정하지 않아도 된다.

다만 블로그 점검 중에는 PC 기준 방문자 수 확인 및 포스팅 발행에 제한이 있다. 하지만 이것도 주로 새벽 1시부터 오전 7시(실제로는 보통 오전 5시에 끝난다)에 실시되기 때문에 미국에 살아서 시차가 정반대가 아닌 이상 블로그를 하는 데 아무런 지장은 없을 것이다.

Q: 블로그 지수가 낮은 이웃이랑 친해지면 제 블로그도 지수가 떨어지나요?

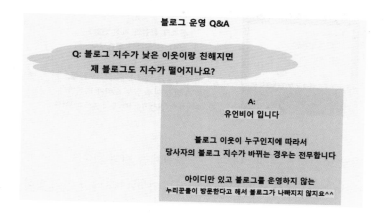

A: 이건 정말 잘못된 소문이다.

블로그를 운영하다 보면 정말 다양한 분야의 블로거들이 덧글을 남기거나 안부글을 쓰고 혹은 서로이웃 신청을 하기도 한다. 그러면 문득 "저

블로그랑 이웃을 맺으면 내 블로그가 손해 보지 않을까?"라는 생각이 드는데 실제로는 아무런 걱정을 안 해도 된다.

실제로 네이버 계정만 있고 블로그를 하지 않는 사람들이 훨씬 더 많은데, 우연히 블로그를 운영하지 않는 평범한 네이버 이용자가 내가 쓴 글이 마음에 들어서 이웃 신청을 했다고 블로그 지수가 떨어진다면 말이 안 되는 이야기이다.

따라서 이웃을 누구와 맺든 간에 블로그 지수에는 아무런 영향이 없고, 오히려 이웃과의 소통이 많을수록(덧글 및 재덧글, 이웃 수 증가) 내 블로그 지수 향상에 도움이 되니 굴러온 호박을 버리지 말도록 하자.

Q: 메인 키워드가 아닌 블로그 제목 전체를 네이버 검색창에 입력해도 제 글이 보이지 않습니다. 해결책이 있나요?

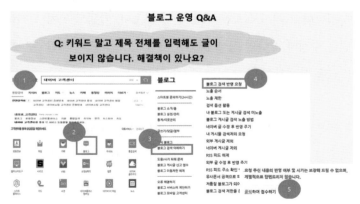

네이버 고객센터, https://help.naver.com/

A: 수많은 블로거들이 알고 싶은 질문일 것이다.

우선 내가 쓴 글에 문제가 있는지부터 알아보아야 한다. 너무 상업적인지, 의료 관련(병원성) 용어가 있는지, 쇼핑몰 링크가 첨부되어 있는지, 다이어트, 오메가3 관련 키워드인지, 욕설이 있는지 등을 알아보자.

만일 위 사항에 해당되지 않는다면 이는 네이버에서 발생한 오류로 블로그에 문제가 있는 건 아니니 큰 걱정은 하지 않아도 된다.

우선 가장 일반적인 해결책은 네이버 고객센터로 들어가서 검색 누락 신청을 하는 것이다. 개별적으로 답변을 주지 않고 반영 시기 또한 보장할 수 없다고 하지만 그래도 검토는 해 준다고 하니 여기로 먼저 문의하는 게 가장 무난하다(실제로 글쓴이도 저 방법을 통해 검색이 누락된 17건의 글을 정상 반영시켰다).

혹은 가장 빠른 해결책은 글을 수정하는 것이다. 이후에 언급하겠지만 글을 수정한다고 해서 해로운 점은 전혀 없으니, 키워드 위치나 제목, 대표 사진을 수정하고 나면 정상 반영될 것이고, 그래도 아예 안 된다면, 아깝지만 글을 삭제하고 다시 적는 게 최선이다.

다른 글은 정상적인데, 새로 쓴 글만 검색이 안 된다면 블로그 지수 문제나 저품질은 아니기에 걱정하지 말고, 위 방법대로 하면 된다.

Q: 포스팅에 공감 및 덧글이 많으면 글 순위가 좋아지나요?

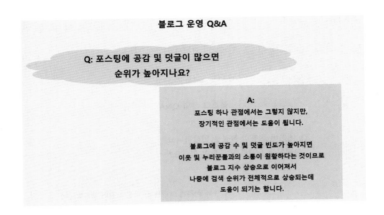

A: 하나의 포스팅에 공감과 덧글이 많다고 해서 그 글의 순위가 바로 올라가진 않는다.

하지만 장기적인 관점에서는 도움이 된다고 볼 수 있다. 블로그에 공감 수 및 덧글 빈도가 높아지면 이는 곧 이웃 및 누리꾼들과의 소통이 원활하다는 것을 의미하므로 블로그 지수 상승에 도움이 된다.

장기적인 관점으로 보면 공감 수 및 덧글이 오래 쌓이고 축적되면 블로그 지수가 향상되니 나중에 내가 과거에 쓴 글까지도 전체적으로 순위가 상승한다.

포스팅 한 개에 달린 것으로는 큰 차이를 느끼기 어렵지만, 그게 쌓이고 쌓이면 나중에는 블로그 지수가 향상하여 내가 전에 쓴 글, 앞으로 쓴 글 모두 검색 결과가 좋아지게 되니 이웃들 및 누리꾼들과 오래도록 친하게 지내도록 하자.

Q: 네이버 로봇이 복붙을 인식하나요? 만약에 복붙만 하고 발행하면 노출이나 향후 블로그 지수에 악영향이 있나요?

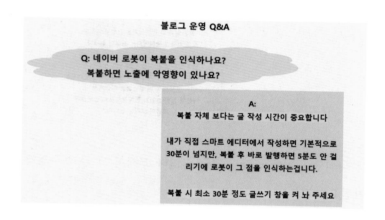

A: 이 역시 많은 블로거들이 궁금해하는 질문인데, 경험에 의하면 네이버 로봇이 해당 글이 복붙인지 아닌지를 판단하는 기준은 글 작성 시간임을 명심하자.

만약 내가 직접 컴퓨터나 모바일 화면으로 글을 작성하면 아무리 타자가 빠르다고 해도 기본적으로 사진 25장, 동영상 1편 기준으로 최소 20분은 걸릴 것이다. 그렇지만 그냥 복붙만 한다고 하면 전체 글 작성 시간이 5분밖에 안 걸릴 텐데, 네이버 로봇이 이 점을 이상하게 보게 될 것이다.

복붙을 하더라도 끝부분을 조금씩 수정하고, 최소 20~30분 정도 글쓰기 창을 켜 놓고 발행을 하면 괜찮다. 실제 글쓴이 역시 블로그를 운영할 때 글자 수를 확인하고 싶어서 워드에 글을 복사한 후 다시 스마트 에디터로 복사&붙여넣기를 하고 발행했는데, 이때 글 작성 시간이 5분 내외여서 당시엔 노출이 안 되었지만, 최소 30분 정도 창을 켜 놓고 시간을 두고 발행하니 아무런 문제가 없었다.

따라서 네이버 로봇은 복붙을 인식하는 게 아니라 글 작성 시간에 초점을 두므로 이 점을 참고해서 효율적으로 블로그를 관리해 보자.

Q: 오타가 발견되었는데 수정하지 말고 계속 내버려 두는 게 맞나요?

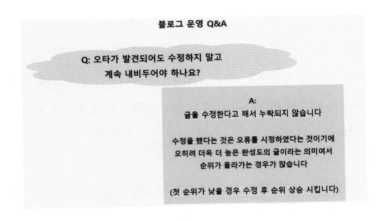

A: 답은 '수정한다고 해서 불이익이 발생하지 않는다'이다.

과거 많은 블로거들은 혹여 글을 수정하게 되면 검색에서 누락되거나 순위가 크게 내려가서 되려 손해라고 생각했었고, 글쓴이 역시 서울기상센터 블로그를 처음 했을 때 글을 수정하면 좋지 않을 거라 생각하여 오탈자가 발견되어도 그냥 방치를 했었다.

그러나 알고 보니 수정을 통해 불이익이 생긴다는 것은 모두 사실이 아니었고 현재는 오탈자를 뒤늦게 발견하거나 내가 작성한 글의 순위가 그다지 높지 않을 경우 과감하게 제목이나 키워드 위치 등을 수정하고 있다.

실제로 보통 글을 처음 발행한 후 2시간이 지나면 검색에 반영되는데, 이때 순위가 8~13위 정도로 아깝게 모바일 통합 검색에 노출되지 않았을 경우 곧바로 키워드 배열이나 개수 조정, 오탈자 재검수를 통하여 글을 수정하고 있고, 실제로 수정 후에 순위가 크게 상승하여(반대인 경우도 있다) 모바일 통합 검색어에 노출시킨 바가 많이 있다.

따라서 글을 수정한다고 해서 검색에서 누락되거나 블로그에 문제가 생기지 않기 때문에 걱정하지 말고 글을 수정하여 보다 완벽한 포스팅이 될 수 있도록 노력하자.

Q: 모바일 View 신로직에서 지도가 다른 블로그와 중복될 경우, 내가 쓴 글의 순위가 낮아지거나 노출에 지장이 있나요?

A: 안타깝게도 경험에 의하면 사실이다.
신로직은 위에서 언급한대로 View 탭에 지도 플레이스가 함께 노출되는 경우를 말한다. 이때 내가 새로 작성한 포스팅이 '아무개'라는 업체에 관한 것인데, 메인 키워드를 입력했을 경우 '아무개'라는 업체명이 이미 모바일 통합 검색어 혹은 최소 10위권 안에 있을 경우, 내가 작성한 포스팅이 상대적으로 상위 노출이 되지 않는 경우가 많았다.

이러한 경우에는 업체명을 직접적으로 지도 플레이스에 삽입하기보다는 건물 이름이나 혹은 주변 주차장, 아니면 식당이 있는 건물 안에 있는 편의점 등으로 지도를 수정하면 순위가 올라가니 참고 바란다.

단, 너무 생뚱맞은 장소로 지도를 지정해 버리면 글을 읽는 누리꾼들이 혼란스럽고 심하면 허위 정보로 신고를 당할 수 있기 때문에 반드시 그 점을 참고하여 식당과 관련성이 높은 곳으로 지정하도록 하자. 글의 순위도 중요하지만, 내 블로그에 들어와 주는 누리꾼들이 더욱더 소중한 법이니 말이다.

Q: 포스팅에 링크가 많으면 안 좋나요?

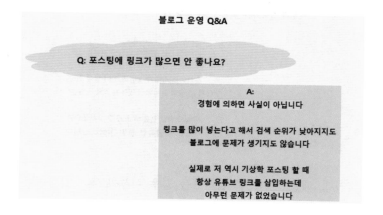

A: 논란의 여지가 있지만 일반적인 유튜브, 회사, 업체 등의 링크는 상관이 없고 쿠팡, 옥션 등과 같은 쇼핑몰의 링크는 좋지 않은 건 사실이다.

포스팅 안에 링크를 많이 넣는다고 해서 검색 순위가 낮아지지도 않고 또한 블로그에 문제가 생기는 건 아니지만, 네이버의 경쟁 상대인 쿠팡, 옥션 등과 같은 쇼핑몰의 링크를 삽입하면 72시간 저품질 혹은 포스팅이 웹사이트에서만 노출이 되는 경우가 자주 발생하고 있으니 이 점 참고하기 바란다.

글쓴이의 경우 기상학 포스팅을 할 때 항상 하단에 유튜브 영상 링크도 첨부하지만 몇 달, 몇 년이 지나도 노출에 아무런 지장도 없었고, 블로그 역시 문제가 발생하지 않았다.

Q: 외부인이 제 글을 스크랩하면 검색 순위가 올라가는 데 도움이 되나
요?

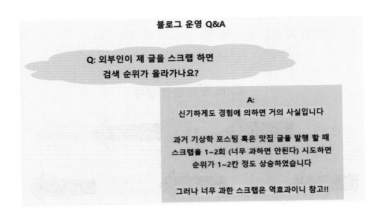

A: 신기하게도 처음엔 안 믿었는데 경험에 의하면 사실이다.

과거 기상학 포스팅 혹은 맛집 글을 발행했을 때 초기에 순위가 6~7위
였다고 하면 스크랩을 1~2회(3회가 넘으면 어뷰징으로 간주될 수 있어서
2회까지가 적당하다) 하였더니 검색 순위가 두어 시간 후에 1~2칸 상승
한 것을 경험했다.

특히 중요한 점은 검색 순위를 올리고 싶어서 짧은 시간에 내가 만든
부계정으로 무작정 스크랩해 버리면 자칫 어뷰징으로 간주되어 블로그
에 악영향을 줄 수 있으니 지인 분들에게 부탁하여 1~2번 정도만 스크랩
을 하는 것이 좋다.

** 너무 많은 스크랩은 좋지 않으니 반드시 명심!!!

특히 글을 발행한 후 시간이 너무 지났을 때는 스크랩의 효과가 없었고 발행 후 3~5시간 사이(2차 반영 후)가 가장 적절하였다.

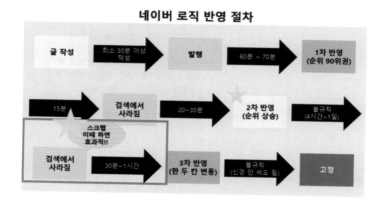

위 사진을 보면 빨간색 사각형 영역이 가장 적당한데, 2차 반영 후 순위 가 어느 정도 확정이 났을 때 스크랩을 한두 번 정도 실시하다 보면 3차 반영에서 순위가 한두 칸 정도 상승하는 것을 경험할 수 있다.

Q: 모바일과 PC 중 어느 것으로 발행해야 노출에 조금 더 좋을까요?

A: 앞에서 질의했던 더러운 IP와 관련이 있는데, 답은 '상관이 없다'이다.

모바일이나 PC 중에서 어느 것으로 발행을 하든, 아니면 5G 모바일 데 이터 혹은 와이파이, 데스크탑 랜선으로 발행하든 검색 노출과는 아무런

블로그 운영 Q&A

Q: 모바일과 PC 중 어느 것으로 발행해야
노출에 조금 더 좋을까요?

A:
모바일과 PC 중 어느 곳으로 발행하던
5G와 와이파이 중 어느 것으로 발행하던

검색 노출과는 아무런 상관관계가 없습니다
기존 더러운 IP 질문과 똑같은 설명입니다!

상관이 없다. 따라서 블로거 본인이 쓰기 편한 기기를 사용하여 자유롭게 작성하면 된다.

하지만 글쓴이의 경우 2천 자 이상의 글을 적고, 글 하단에 리스트 형식으로 업체명을 나열해야 하는 현재 맛집 로직에 따라 편의성을 위해 PC로 작성하는 것을 추천한다. 현재 네이버 블로그 스마트 에디터는 모바일보다는 PC로 작성하는 게 더 편리하기 때문에(태그 작성, 동영상 첨부, 워터마크 같은 사진 편집 등) 5개 손가락으로 일일이 쳐야 하는 스마트폰보다는 10개의 손가락을 모두 사용할 수 있는 PC를 추천한다.

Q: 공정위 문구란 무엇인가요?

A: 내가 방문한 업체에서 식사비를 제공하였거나 혹은 체험 제품을 무료로 보내 주었을 경우, 포스팅 하단에 "○○ 업체로부터 식사비 혹은 제품을 지원받아 작성하였음"이라는 문구를 삽입하여 지금 작성하는 글이

블로그 운영 Q&A

Q: 공정위 문구란 무엇인가요?

블로그는 공정거래법을 준수해야 합니다

A:
해당 업체에서 식사비를 제공하였거나
체험 제품을 무료로 보내주었을 경우,

포스팅 하단에
"00 업체로부터 식사비 or 제품을 지원받아 작성하였음"
문구를 넣어서 내돈 내산이 아님을 증명하는 것 입니다

'내돈 내산(내가 돈 주고 샀다)'이 아니라 무료로 제공받고 솔직하게 리뷰한 글이라는 것을 증명하는 것이다.

보통 블로그가 어느 정도 성장을 하게 되면 식당, 미용실, 학원 등 여러 분야의 업체로부터 체험 의뢰 메일 혹은 쪽지를 받게 된다. 그렇게 되면 식사비를 n만 원 정도 지원받거나 혹은 무료로 전자기기, 강아지 용품, 화장품, 클렌징 제품 등을 배송받는 경우가 있는데, 이는 유튜브로 치면 뒷광고에 해당된다.

공정거래법에 따라 네이버 블로그를 운영하는 블로거들도 유튜버들이 영상에 "유료 광고 포함"이라는 문구를 넣은 것처럼, 포스팅 하단에 공정위 문구를 삽입해서 내돈 내산이 아니라 업체로부터 후원받았음을 증명하여 누리꾼들이 혼동하지 않도록 책임을 다해야 한다.

2020년 7월, 유튜브에서도 뒷광고 논란이 엄청 크게 파장을 일으켰는데, 블로그도 유튜브와 마찬가지로 공정위 문구를 삽입하여 공정거래법을 준수해야 함을 잊지 말도록 하자.

저품질이란 무엇인가?
실제 경험담 및 극복기 공개!

네이버에서는 공식적으로는 저품질이라는 건 없다고 한 바가 있다. 그러나 그건 네이버의 입장이고, 실제로 블로그를 운영하다 보면 답답한 경우가 많은데, 그건 바로 내가 쓴 글이 검색에 반영되지 않을 때일 것이다.

C-Rank 때의 저품질과 현재 DIA 로직에서의 저품질은 그 성질이 다른데 바로 검색에서 노출되느냐 아니냐 차이이다. C-Rank에서는 블로그가 저품질에 빠졌을 경우 메인 키워드를 치면 3페이지에서야 노출이 된다고 알고 있는데, DIA 로직에서의 저품질은 글 자체가 누락이 되므로 오히려 더 무섭다고 볼 수 있다.

특히 현재 네이버 블로그는 C-Rank와 DIA가 따로 순위를 정하기 때문에(블로그 탭, 리뷰 탭) PC에서 보는 것과 모바일에서 보는 것에 차이가 있다.

글쓴이의 경우 2018년 12월 24일 새벽 3시부터 2019년 7월 3일까지

193일 동안 저품질에 빠지면서 엄청나게 고생한 적이 있다. 그럼 이번에는 실제 경험을 바탕으로 현재 DIA 저품질이란 무엇이고, 어떻게 극복을 해 나갔는지 시간순으로 정리하도록 하겠다.

11.1. 서울기상센터 블로그 저품질 시작

2018년 12월 23일까지만 해도 블로그는 아무런 문제가 없었다. 최적화가 되면서 맛집은 물론이고 여러 서브 키워드들도 상위 노출이 되었고, 방문자 수 역시 글을 쓰지 않아도 투데이 수가 1만 명을 넘기 시작하면서 그야말로 전국 최고 파워블로그가 된 기분이었다.

그러나 재앙은 그다음 날부터 시작되었다. 2018년 12월 23일 밤 10시에 "관절에 좋은 영양제"라는 제목으로 포스팅을 한 뒤, 12월 24일에 순위가 3위인 것을 확인하고 잠이 들었다. 그러다가 새벽에 깨서 다시 체크를 해 보았는데 View 탭에서 내 글이 보이지 않았다. 처음에는 원래 View 탭 자체가 글이 떴다가 사라졌다가 다시 노출이 되니까 그러려니 하고 넘어갔다.

그렇게 크리스마스 이브인 12월 24일에는 포스팅을 아예 하지 않았고, 25일에 평범한 일상 글을 하나 올리고 맛집 포스팅은 하지 않았었다. 그리고 12월 26일, 기상청 본청에 일이 있어서 방문한 후 집으로 돌아가려는데 아는 분께 "블로그 지수에 큰 변화가… ㅠㅠ"라고 카톡이 왔다. 처음에는 무슨 일인가 했는데, 내가 그동안 적었던 모든 맛집 관련 키워드들이 View 탭에서 일괄적으로 누락이 된 것이었다.

처음에는 일시적인 줄 알고 기다렸으나 몇 시간, 그리고 며칠이 지나도 블로그는 돌아오지 않았다. 네이버에 '서울역 맛집', '압구정로데오역 맛집'이라고 치면 블로그 탭에서는 내 글이 1위였지만, 모바일 View 탭에서는 아예 찾을 수 없었고, 이상하게도 '서울역', '압구정로데오역'이라고 치면 또 View 탭(PC 리뷰 탭)에서 1~2위를 하고 있어서 기가 막힐 노릇이었다.

네이버 '서울역 맛집' PC&모바일 검색 화면,
https://search.naver.com/search.naver?sm=tab_hty.top&where=nexearch&query=%EC%84%9C%EC%9A%B8%EC%97%AD+%EB%A7%9B%EC%A7%80&oquery=%EB%AC%B8%EB%9E%98%EB%8F%99+%EC%B9%B4%ED%8E%98&tqi=UG%2FW2lp0Jy0ssRjyiM8s-ssssst4h-222652

알고 보니 PC의 블로그 탭은 C-Rank 로직을 사용하고 있지만 모바일 View 탭 및 PC 리뷰 탭의 경우 DIA 로직을 기반으로 알고리즘이 짜여 있기 때문에 서로 다른 결과를 내놓은 것이었고, 그 말은 서울기상센터 블로그는 현재 DIA 저품질 상태에 들었다는 것이었다.

그나마 PC 버전의 블로그 탭에서는 여전히 상위 노출을 하고 있었기 때문에 다행이라고 생각은 했지만 당최 이유를 알 수가 없어서 하루 종일 답답하게 지내야만 했다.

네이버에 아무리 View 누락이라는 키워드로 검색을 해 보아도 나처럼 똑같은 증상을 보이는 블로그들은 많지만 언제 어떻게 다시 돌아왔는지에 대해서는 아무런 정보나 과거 사례가 없어서 더더욱 공포감에 빠졌다.

특히 위와 같이 검색할 경우 대부분 블로그 마케팅 업체들이 작성한 글만 나왔는데, 그 사람들에게 하소연해 봐도 "기다려 봐라", "글을 쓰지 마세요", "블로그를 옮기세요", "네이버 말고 유튜브를 하시는 건 어떠세요?"라는 답변만 돌아와서 사실상 해결책이 없다는 뜻이므로 하루하루가 지옥이었다.

네이버는 2016년부터 정성 들여 운영한 블로그를 키우기는커녕 하루아침에 나락으로 떨어뜨린 셈이었다.

그때의 증상을 좀 더 구체적으로 나열하자면,

1. ○○ 삼겹살, ○○ 술집, ○○ 맛집, ○○ 데이트 → 노출 안 됨

2. 지역명, 업체명, 지역명+업체명, 제목 전체 → PC&모바일 모두 상위 노출

이런 현상이 계속 반복이 되자 답답해서 못 참은 글쓴이는 2019년 1월 말에 네이버 고객센터를 통하여 직접 문의를 해 보았다.

3일 만에 답변이 도착하였는데, 궁금증을 해결해 주지는 못하였다.

안녕하세요, jungiinkim97 고객님,
문의하신 내용에 답변드립니다.

문의하신 게시물은 현재 검색결과에 노출되고 있습니다.

▶ **검색결과 바로가기**(예시1)
VIEW 검색에서는 자동으로 업데이트 되는 C-Rank 등의 알고리즘이 적용 중이며, 항상 상위노출이나 통검 노출을 보장하지 않습니다.

또한 검색어에 따라 생성되는 문서수나 종류가 달라지기 때문에 고정된 결과를 보장하기 어려운 점 참고 부탁드립니다.

결과적으로 출처의 신뢰도, 문서의 품질, 스팸필터 등 다양한 알고리즘에 의해 통합검색에 노출되는 문서가 자동 선별되며, 작성된 모든 글이 통합검색에 노출되지는 않습니다.

통합검색에 미처 노출되지 못한 콘텐츠들이라 할지라도 네이버의 각 서비스 내 검색 결과에서 추가로 확인하실 수 있습니다.

기술의 발전에 따라 통합검색의 노출 영역도 계속 변화하므로, 노출되는 영역을 보장하기는 어렵습니다.

사용자는 검색 결과에 유용한 정보를 얻고 콘텐츠 생산자는 노력에 합당한 관심을 받을 수 있도록 네이버는 여러 사례들을 수집하여 검색 알고리즘을 개선해 나가겠습니다.

네이버 메일 캡처

위 사진은 당시 네이버 고객센터에서 직접 달아준 답변으로 문의한 지 3일 만에 이메일을 통해 답변이 온 것이다.

네이버 측에서는 제목을 그대로 검색창에 입력하면 아무런 오류 없이 정상적으로 노출되기 때문에 전혀 문제가 없다는 의견을 주장했는데 블로그를 운영하는 당사자 입장에서는 정말 귀신이 곡할 노릇이었다.

그동안 메인 키워드를 입력해도 잘만 노출이 되었던 게 하루아침에 다 사라지고 그 후에 작성하는 모든 맛집 및 술집, 데이트, 스테이크 등 서브 키워드들도 View 탭에서 누락이 되고 있는데 네이버에서는 그 부분은 상위 노출을 보장할 수 없는 거고, 제목을 그대로 입력하면 노출이 되고 있기 때문에 문제가 없다는 의견을 내놓은 것이다.

네이버 '강남구청역 짬뽕 ~~가 진리!' 모바일 캡처, 검색 결과 바로가기 클릭 시 나오는 화면

글이 처음부터 누락되었으면 고객센터를 통해 검색 반영 요청을 했지 저렇게 문의를 하지 않았을 텐데…. 네이버는 알면서 답변을 피하는 건지 아니면 정말로 네이버에서 근무하는 직원들도 로직의 속마음을 모르는 건지 평범한 대한민국 네이버 블로그 운영자 중 한 사람의 입장으로서는 답답할 따름이었다.

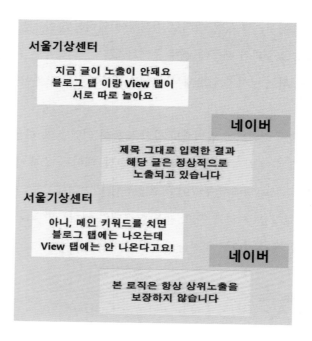

쉽게 표현하면 위와 같은 것이다. 글쓴이는 블로그 탭과 View 탭 간의
노출 비대칭 이유를 설명해 달라고 하였으나 네이버는 원칙적인 답변만
내놓은 채 속 시원한 답을 해 주지 않고 있다.

이런 부분은 네이버 고객센터에 100번 문의를 해 봐야 뻔한 답변만 돌
아올 것이라는 의미이기 때문에 답답할 노릇이었고, 어디에다가 하소연
을 해야 할지 몰라서 슬픔에 잠겼다. 블로그는 사람이 운영하는데, 글은
인공지능 AI가 평가하고 있으니…. 안타까웠다.

우선 결론부터 말하자면, 양질의 글을 계속 쓰는 것이었다. 그러면 많은 분들께서는 "에이~ 그게 뭐예요? 교과서만 보고 사법고시 혹은 서울대에 합격했다는 거랑 똑같은 소리잖아요!"라며 코웃음을 칠 것이다. 그러나 공부라는 것은 계속 하면 할수록 머리에 남는 게 많아지지만, 네이버블로그는 삽질을 계속 한다고 해서 해결이 되기는커녕 단서 하나 나오지 않았다.

따라서 분명 답은 더 있겠지만, 글쓴이 같은 경우에는 지속적으로 양질의 글을 올림으로써 DIA 로직에게 블로그를 부활시켜서 다시 잘 뜰 기회를 달라고 어필할 수밖에 없었다.

쉽게 표현하자면, DIA 로직은 속을 알 수 없는 단단한 바위이고, 그 바위에 대해서 알려면 사람인 블로거가 끊임없이 바위를 만져도 보고, 들여다보고 혹은 손으로 바위를 깨서라도 이해를 해야 한다고 보면 된다.

보통 글쓴이와 같이 하루아침에 블로그가 죽어 버리면 망연자실하게 되고 블로그를 그만두고 유튜브나 다음(Daum)으로 넘어가서 새로운 시작을 하게 된다. 그러나 글쓴이의 경우 그 당시 거의 3년간 1일 1포스팅 원칙을 지켜 가면서 가꾼 블로그인데, 어떻게 그걸 하루아침에 포기할 수 있었겠는가? 따라서 이왕 이렇게 된 거 비가 올 때까지 기우제를 지내는 인도처럼, 글이 다시 노출되는 날이 올 때까지 더욱더 열심히 블로그를 운영하기로 마음먹었다.

당시 현황을 정리해 보면, 맛집이나 술집과 같은 리뷰형 글은 모바일에서는 보이지 않았지만 PC 등 블로그 탭에서는 1~2위로 상위 노출을 하는 중이었고, 그 외 기상학 같은 교육형 포스팅이나 강아지 이야기 같은 일상 포스팅은 정상적으로 노출이 되는 중이었다.

블로그가 어느 정도 성장을 하게 되면 '체험단'이라고 해서 공정위 문구를 글 하단에 필수로 삽입하고, 업체 측에서 어느 정도 식사비를 받고 리뷰를 해 주는 게 있다. 글쓴이는 2019년 1월부터 여름까지 내돈 내산으로 방문 및 체험단으로 식당을 방문하여 열심히 블로그에 포스팅을 하였다.

또한 포스팅을 할 때 사진은 무조건 30장 이상, 동영상은 갤럭시 S10+ 스마트폰으로 찍은 4K 화질의 고화질 영상을 1개 이상 꼭 첨부하고, 내돈 내산으로 방문한 거면 하단에 영수증을 첨부함으로써 '원고가 아니라 직접 먹고 쓴 솔직한 후기'라는 걸 어필하였다.

그리고 체험단으로 방문한 것도 공정위 문구를 필수로 삽입함으로써 '원고가 아니라 직접 업체에 방문하여 몸소 느끼고 쓴 글이다'라는 점을 어필하였다.

또한 포스팅마다 직접 방문하였다는 것을 좀 더 어필하기 위하여 같이 방문한 지인들과 셀카를 찍고 첨부함으로써, 이 글은 배포만을 목적으로 한 원고가 아니라 본인이 직접 방문해서 먹고 왔다는 점을 지속적으로 부각하였다(현재는 2019년 10월 26일 로직 변동 후 사진 개수를 25~30장으로 맞추어야 하기 때문에 사진 개수가 적을 때만 셀카를 올리는 중).

그리고 하루에 1개 이상 포스팅을 꼭 하였고(이건 평소에도 늘 해오던 것), 포스팅할 게 정 없을 땐 서울이나 부산의 하늘 사진을 올려서라도 1일 1포스팅 원칙을 지켰다.

또 '관절에 좋은 영양제' 같은 병원성 혹은 영양제 관련 키워드가 블로그에 좋지 않다는 것을 뒤늦게 깨닫고 그 후로 2월부터 영양제 관련 글은 체험단이든 직접 내돈 내산한 것이든 일절 포스팅하지 아니하였다.

한번은 지푸라기라도 잡는 심정으로 24시간 동안 3년간 써 왔던 모든 포스팅들을 일괄적으로 비공개(노출 비허용)로 전환시키기도 하였다. 그렇게 하면 DIA 로직을 조금 건드려서 약간의 해결책이 되어 주리라 믿었지만, 24시간 이후 다시 공개로 전환하였을 때, 마찬가지로 상황은 아무것도 바뀐 게 없었다. 이미 한번 낙인이 찍힌 블로그이기 때문에 글을 삭제하든, 비공개로 돌리든 아무런 차이가 없던 것이었다.

그렇게 3월, 4월, 5월, 6월이 되어도 블로그는 계속해서 똑같은 증상을 보였는데, 5월 말과 6월 초에 '부산 사직동 맛집', '홍대 데이트' 키워드가 어쩌다 한번 View 탭에 노출이 된 것을 확인하였다. 심지어 위 두 키워드들은 C-Rank를 기반으로 한 구로직이 아니라 지도 플레이스도 함께 나오는 DIA를 기반으로 한 신로직이었다.

그때 블로그가 돌아온 줄 알고 과거에 누락되었던 글들을 검색해 보았으나, 그것들은 여전히 누락된 상태였고, 혹시나 하는 마음에 '부산 사직동 맛집' 및 '홍대 데이트'가 노출이 된 후 다시 체험단 및 내돈 내산으로 방문하여 작성한 리뷰형 포스팅도 누락되었다. 그냥 어쩌다 한번 모바일 View 탭(각각 모바일 통합 검색 상위 2위 및 1위)에 노출된 거였지만 기분은 되게 좋았던 순간이었다.

11.3. DIA 신로직 누락 저품질 해결 및 복구

2019년 7월 3일, 평소에도 그랬듯 동생과 함께 강남 코엑스에서 영화를 본 후 점심을 먹었는데, 그 후 내돈 내산 리뷰형 글을 썼었다. 그런데 이상하게 조회수가 짧은 시간에 많이 늘어났길래 네이버 블로그 통계로 들어가서 어디서 유입된 건지 확인하였다. 그랬더니 '네이버 통합 검색(모바일)'이라고 되어 있었고, 클릭해서 확인한 결과, DIA 로직을 기반으로 한 신로직인데 '코엑스 인도요리'라는 키워드로 1위를 하고 있던 것이었다.

처음에는 과거 5월과 6월의 '부산 사직동 맛집', '홍대 데이트'처럼 일시적인 거겠지 하고 대수롭지 않게 넘겼는데, 다음 날 블로그 방문자 수 투데이가 평소보다 크게 증가를 하였고, 통계를 확인해 보니 '네이버 통합 검색(모바일)'에서 유입량이 크게 늘어나 있었다.

이에 따라 '코엑스 인도요리' 말고도 과거에 누락되었던 키워드를 검색해 본 결과 모두 모바일 View 탭 및 PC 리뷰 탭에서도 노출이 되고 있었고, 심지어 2018년 12월 23일 이전에 노출되었다가 누락되었던 포스팅역시 언제 그랬냐는 듯이 모두 복구가 되어 정상적으로 노출이 되고 있었다.

즉 2018년 12월 24일 새벽 3시부터 진행된 View 누락 저품질이 2019년 7월 3일에서야 끝난 것이었다.

그동안 비공개를 했다가 다시 공개로 전환을 해도, 네이버 고객센터에 문의를 해도 소용이 없었고 또한 네이버로 'View 누락'을 검색해도 나와 똑같은 증상을 겪는 블로거들만 있었을 뿐 해결된 사례를 찾지 못하여 190일 넘게 초조해하며 블로그를 운영했지만, 결국 그 끝이 있었다는 점에서 매우 감격이었다.

** 우리는 그냥 글과 사진만 올리는 블로그 운영자이지, DIA 로직이라고 하는 AI를 직접적으로 다루지 못한다. 따라서 기간이 얼마나 걸릴지는 블로그마다 다르겠지만, 끊임없이 양질의 글을 써서 누리꾼들에게 호감을 사고, DIA 로직에게 지속적으로 "내 블로그 좋은 블로그이니, 꼭 좀 눈여겨봐 주십시오"를 어필하는 것만이 View 누락 저품질에서 탈출하는 방법이다. **

과거의 저품질은 3페이지 이후 노출이었다면, 현재는 View 누락이라고 해서 글 자체가 검색이 되지 않기에 훨씬 더 무서우니 아무 글이나 막 올리지 말아야 한다.

누락은 한순간이지만, 복구는 몇 달(수백 일)이 걸린다.

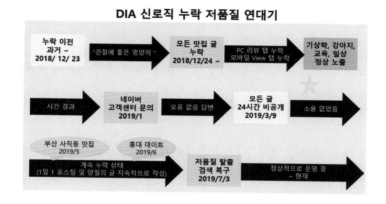

2018년 12월 24일부터 2019년 7월 3일까지 View 누락 시절의 모습을 그림으로 표현해 보았다.

웹사이트 누락 혹은 72시간 저품질이란 무엇인가요?

2019년 중반 들어서 저품질 혹은 누락의 개념이 다소 바뀌었다고 느껴진다. 2018년 DIA 로직 도입 이전에는 순위가 낮아도 누락이라는 개념은 없었고, 2018년 6월 DIA 로직 도입 이후에는 View 탭 누락, 블로그 탭 노출을 의미했다. 2019년 중반기부터는 View 탭과 블로그 탭에는 아예 보이지 않고 대신 웹사이트(웹문서)에 노출이 되는 경우로 바뀌었다.

이러한 현상은 다소 특이하게도 포스팅을 발행하고 두어 시간이 지나면 정상적으로 View 탭에 노출이 되었는데, 어느 날 일일 조회수가 급감하여 검색을 해 보니 제목을 그대로 입력을 해도 모바일 View 탭은커녕 PC 블로그 탭에도 글이 없는 경우가 빈번해졌다. 여기서 더 이상한 점은 사진 없이 제목만 뜨는 웹사이트(웹문서)에는 내 글이 존재한다는 것이다.

이것이 바로 요즘 새로 돌고 있는 이상 현상인 웹사이트 누락 혹은 웹문서 저품질이라고 한다.

이게 더 답답하고 어이가 없는 이유는, 글 자체가 아예 보이지 않는다면 네이버 고객센터를 통하여 검색 반영 혹은 직접 문의를 해서 해결할 수 있는데, 이런 경우는 블로그 탭 최신순에는 노출이 되고 웹사이트에서도 보이는 등 엄연히 글 자체가 아예 안 보이는 건 아니기 때문에 네이버에서 "현재 노출되고 있는데요?"라고 하면 더 이상 할 말이 없어지는 것이다.

이러한 현상이 나타나는 패턴은 다음과 같다.

1. 상위 노출이 되었다가 1~3시간 만에 글이 사라진 경우
2. 상위 노출이 되었다가 다음 날 글이 사라진 경우
3. (드문 케이스) 상위 노출이 되었다가 1주일 후 글이 사라진 경우
4. 기간과 상관없이 잘 뜨던 글이 조회수가 엄청 많아졌다가 바로 다음 날에 사라지는 경우(이거는 본인이 잘 찾아야 함)

위와 같이 대개 메인 키워드만 입력해도 상위 노출이 잘 되던 포스팅인데 불과 몇 시간 후 혹은 3~4일 안에 갑자기 조회수가 떨어져서 확인해 보면 글이 안 보이는 것이다.

실제 사례를 들어보겠다.

2020년 10월 6일, 가족들이랑 인천 청라를 방문하고 나서 곱창과 막창을 먹은 적이 있는데, 부모님이 사주셨던 것이지만 추석 연휴 막바지라 블로그에 쓸 게 없어서 리뷰를 하기로 하고 사진을 찍은 적이 있다.

그렇게 10월 6일에 '청라 데이트'라는 아주 쉬운 키워드로 작성한 후 모바일 통합 검색(View 탭) 1위를 하였다. 그러던 어느 날 갑자기 조회수가 낮아지고 유입되는 곳 역시 검색 기반이 아니라 이웃들이 링크를 타고 들어온 경우가 대부분이어서 검색창에 제목을 그대로 입력해 보니 글이 아예 보이지 않았다.

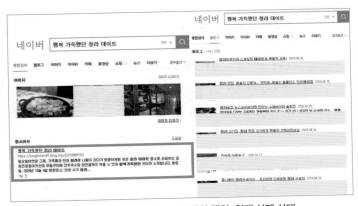

네이버 '행복 가득했던 청라 데이트' PC&모바일 캡처, 현재 삭제 상태

당시 증상을 보면 위와 같다. 분명히 제목 그대로 입력을 했지만 블로그 탭이나 통합 검색(모바일도 마찬가지) 모두 내가 쓴 글을 찾아볼 수 없었다. 단, 유일하게 내 글이 보인 곳은 웹사이트란이었다.

저런 경우는 그래도 네이버에 노출이 되고는 있는 것이라(유입량은 매우 적지만) 네이버 고객센터에 암만 떼를 써도 "현재 점검 결과 노출이 잘되고 있으십니다"라는 답변만 돌아오며 해결되지 않을 것이어서, 네이버 고객센터로 들어가서 문의하거나 검색 반영을 신청하는 건 무의미하다고 볼 수 있다.

저 일이 있기 전에도, 하루 만에 3개의 포스팅이 웹사이트로 옮겨진 적
이 있었다. 2020년 10월 9일 새벽만 해도 노출이 잘 되던 것이 오전 7시
에 보니,

데이트에 적합한 복촌 술집 (2)	**상위 1위 후 누락 (20/10/9)**	2020. 10. 8.
육즙 가득 양재 맛집 모음 (2)	**상위 1위 후 누락 (20/10/9)**	2020. 10. 8.
군침이 도는 오목교 맛집 (15)	**상위 2위 후 누락 (20/10/9)**	2020. 10. 6.
케이크가 다양한 가로수길 디저트 카페 (6)	**정상**	2020. 10. 3.
만날 가고 싶은 종로3가 맛집 (2)	**정상**	2020. 10. 3.

위 3개의 포스팅이 동시에 없어진 것이다. 1개도 아니고 3개가 동시에
없어져서 처음에는 2018년 12월 24일의 뷰 누락이 다시 시작된 건가 하
고 아래의 두 글도 확인했으나 다행히도 View 탭(지도 플레이스가 나오
는 것)에 정상 노출 중이어서 저품질은 아님을 알 수 있었다.

저 일이 있고 난 후 네이버에서 '웹사이트 누락', '웹사이트 저품질', '72
시간 저품질'을 열심히 검색하였지만, 해결책은 없었다. 대부분의 글들은
그냥 뻔한 답("상업적인 글 금지, 광고성 금지, 사진 문제, 원고 문제", "해
결책을 알고 싶다면 강의를 들으시오", "덧글 남기시면 블로그 진단해 드
립니다!")뿐이었고 실질적인 해결 방법은 거의 없었다.

이에 따라 글쓴이는 약간 다른 해결책을 구상해 보았는데 바로 모바일

에서 쓴 글은 PC로 수정해 보고, PC에서 작성한 글은 모바일로 수정해 보는 것이었다.

비록 앞에서는 더러운 IP라는 것은 없다고 했는데, 그건 글을 발행할 때 얘기이고, 누락된 글에 대해서는(기존에 PC로 적든, 모바일로 적든, 와이파이로 적든, 5G 모바일 데이터로 적든 노출될 때는 모두 다 상관없이 잘 되었고, 누락되는 것도 무엇으로 적든 항상 일어났었다) 다르게 생각을 해 보았다.

그래서 북촌 술집, 양재 맛집, 오목교 맛집, 그리고 위에 언급한 청라 데이트 키워드의 경우 각각 PC에서 쓴 건 모바일, 모바일로 쓴 건 PC로 교차 수정을 진행하였다.

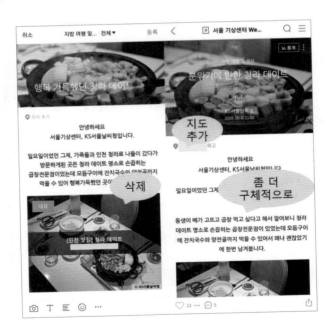

그리고 글씨가 좀 들어간 썸네일 사진도 삭제하였고(당시 지푸라기 잡는 심정으로 진행한 거라 썸네일 사진을 지운 게 큰 영향이 있는지는 의문이다. 실제로 글쓴이의 모든 맛집 관련 리뷰형 포스팅에는 모두 다 썸네일이 2장 포함되어 있었고, 웹사이트 누락이 안 된 게 더 많았다) 지도를 하나 더 추가했으며, 서론의 경우 좀 더 구체적으로 스토리텔링 형식으로 적었다. 또한 제목도 수정을 하였다.

그리고 약 1시간이 지나니,

웹사이트에서만 노출이 되던 것이 정상적으로 View 탭에 노출이 되었다. 또한 청라 데이트라는 메인 키워드 역시 1위로 올라서서, 웹사이트 누락을 해결할 수 있었다.

이와 똑같은 방법을 오목교 맛집, 양재 맛집, 그리고 북촌 술집에 도입한 결과,

네이버 '심쿵한 분위기에서 청라 데이트!' 모바일 검색 화면, 해당 링크 없음)

해당 키워드 3개 모두 정상적으로 돌아왔다.

데이트에 적합한 북촌 술집 (2)	PC 작성 → 모바일 수정 (정상 노출)	2020. 10. 8.
육즙 가득 양재 맛집 모음 (2)	PC 작성 → 모바일 수정 (정상 노출)	2020. 10. 8.
군침이 도는 오목교 맛집 (15)	모바일 작성 → pc 수정 (정상 노출)	2020. 10. 6.
케이크가 다양한 가로수길 디저트 카페 (6)	정상	2020. 10. 3.
만날 가고 싶은 종로3가 맛집 (2)	정상	2020. 10. 3.

다음으로 제목을 그대로 쓰지 않고 메인 키워드로 검색을 해 보았더니,

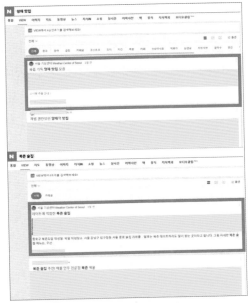

네이버 '북촌 술집' PC&모바일 검색 화면,
https://search.naver.com/search.naver?sm=tab_hty.
top&where=nexearch&query=%EB%B6%81%EC%B4%8C+%E
C%88%A0%EC%A7%91&oquery=%EC%84%9C%EC%9A%B8
%EC%97%AD+%EB%A7%9B%EC%A7%80&tqi=UG%2FXawp-
0J1sssS1GQ1wssssstUd-448779)

양재 맛집 및 북촌 술집 모두 1위로 노출되는 것을 확인할 수 있었다.

비록 웹사이트 누락 때 캡처한 게 없어서 다소 아쉽지만, 하루아침에 갑자기 누락이 되었을 때 굉장히 서운하면서도 한편으로 매우 불안했는데, 수정을 통해 다시 원상 복구를 시켜서 상당히 다행이었다.

또한 많은 분들께서 이러한 웹사이트 누락은 맛집 등과 같은 리뷰형 글에서만 일어난다고 생각하는데, 실제로는 장르를 불문하고 다 일어나는 현상이다.

실제로 양재 맛집, 오목교 맛집, 북촌 술집이 누락되었던 날에 "[기상학] 너울과 풍랑 차이/다대포 및 고성 너울성 파도 기상감정"이라는 기상학 강의 글을 작성하였다. 그러나 평범한 기상학 글마저 웹사이트 누락이 되어 버리는 바람에 말 그대로 멘붕 상태였다.

이에 따라 그 글 또한 PC로 작성된 글이기 때문에 모바일로 수정을 한 결과,

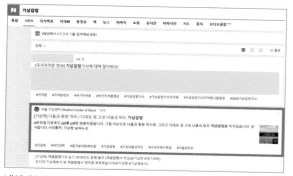

네이버 '기상감정' PC 검색 화면,
https://search.naver.com/search.naver?sm=tab_hty.top&where=nex-
search&query=%EA%B8%B0%EC%83%81%EA%B0%90%EC%A0%95&o-
query=%EB%B6%81%EC%B4%8C+%EC%88%A0%EC%A7%91&tqi=UG%
2FXEIp0Jy0ssRwWmMNssssstHs-237354

수정 후 1시간 만에 정상적으로 검색이 되었다. 비록 해당 글에 '기상감정'이라는 키워드가 3회밖에 들어가지 않아 1위가 아닌 2위에 그친 것으로 보이지만, 그래도 웹사이트 누락을 피했다는 것만으로도 기쁠 따름이었다.

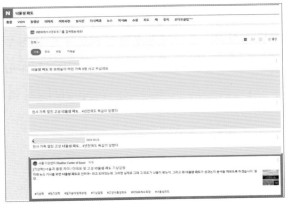

네이버 '너울성 파도' 모바일 검색 화면,
https://m.search.naver.com/search.naver?sm=tab_hty.top&where=nex-search&query=%EB%84%88%EC%9A%B8%EC%84%B1+%ED%8C%8C%EB%8F%84&oquery=%EA%B8%B0%EC%83%81%EA%B0%90%EC%A0%95&tqi=UG%2FXVdp0J1ZsssaOjzhsssssNR-139599

처음에는 고성 너울성 파도라는 주제이기에 2020년 9월 28일에 있었던 고성군 토성면 해수욕장의 인명 사고에 관한 이슈성 글로 인식한 것으로 생각했으나, PC → 모바일 교차 수정 후 '너울성 파도'로 검색을 해도 상위 4위로 모바일 통합 검색에 노출이 되었기 때문에 정상 반영되었다고 볼 수 있다.

요점은 비록 글 작성 및 검색 반영에는 IP 주소가 상관이 없지만 혹시나 웹사이트 누락을 당한 상태라면 위와 같은 방법을 통해 수정을 하면 어느 정도 해결이 되니 참고하기 바란다(누락된 지 72시간이 지난 글에 대해서는 위 방법은 아무런 소용이 없고, 웹사이트 누락이 발생한 그 당일에 수정을 해야 글이 다시 돌아올 확률이 높아진다).

또한 맛집과 같은 리뷰형 글만 그런 게 아니라 위와 같은 교육형(정보제공형) 글에도 웹사이트 누락이 발생하기 때문에 항상 하루에 한 번씩 (작성한 지 1주일이 지났는데도 정상 반영되고 있는 글 제외) 검색이 잘되고 있는지 아니면 없어졌는지 확인하는 습관을 가지도록 하자.

PC 버전(블로그 탭) vs 모바일 View 탭 노출 순위 차이

가끔 블로그를 운영하다 보면 이해가 안 되는 경우가 있다. 블로그 탭에는 글이 잘 나오는데 View 탭에는 아예 노출이 안 되는가 하면(앞에서 언급한 신누락) 혹은 블로그 탭에서는 순위가 낮은데 View 탭에서는 순위가 높거나 반대로 블로그 탭에서는 순위가 1~3위인데 View 탭에서는 되려 순위가 낮은 경우가 있다.

이러한 차이는 초반부에서 말한 대로 블로그 탭은 기존 C-Rank를 기반으로 한 로직으로 결정되는 순위이고, 2018년 6월 12일부터 도입된 View 탭은 DIA 로직을 기반으로 순위가 매겨지기 때문이다.

한 번 더 복습을 하자면, C-Rank는 블로그 지수가 절대적으로 중요하기 때문에 아무리 본인이랑 관련이 없고 해당 카테고리에 대해서 글을 쓴 경험이 적다고 할지라도 블로그 자체의 지수가 좋으면 노출이 잘 되는 경우를 말한다.

또한 DIA 로직은 블로그 지수도 물론 중요하지만, 해당 블로그가 얼마나 전문성이 있고 내가 올리고자 하는 분야(맛집, 여행, IT, 교육, 뷰티, 애견 등)를 얼마나 지속적으로 진행했는지가 중요하기 때문에 아무리 블로그 지수가 높아서 C-Rank를 기반으로 한 블로그 탭에서는 순위가 높을지언정, 경험이 적으면 DIA 로직은 이를 감안하여 순위를 조금 낮게 준다.

예를 들면, 내 블로그는 애견을 전문적으로 다루는 블로그인데 갑자기 애견 용품 광고가 들어와 전자기기를 포스팅한다고 가정해 보자. 만약 그 블로그가 5년 이상 운영한 블로그라고 하면 C-Rank가 높아서 블로그 탭에서는 상위 노출을 할 것이다. 그러나 모바일로 똑같은 키워드를 검색하면 10위 이하 혹은 아주 높아 봐야 모통검을 겨우 하는 수준일 텐데(블로그 탭 기준 1~2위라고 하면), 이는 당연히 DIA 로직 입장에서는, 강아지 관련 글만 올리던 블로그가 뜬금없이 IT 관련 글을 쓰니 전문성에 혼란이 오기 때문에 높은 순위를 부여하지 않는 것이다.

똑같은 경우로, 교육 및 항공기 리뷰를 하던 사람이 갑자기 '○○ 맛집'이라는 키워드를 쓴다면 이 역시 블로그 탭에서는 어느 정도 높은 순위를 부여받을 수 있겠지만 모바일 View 탭 혹은 신로직이라고 할 수 있는 리뷰 탭에서는 절대로 상위 노출을 못 할 것이다.

쉽게 말하면 DIA 로직과 C-Rank 로직 간의 평가 방법이 다르기 때문에 똑같은 검색어를 치더라도 PC의 블로그 탭과 모바일의 View 탭 간의 순위가 다른 것이다.

A. 실제 사례: 맛집&교육 분야 블로그가 여행 글을 올렸다면?

실제로 글쓴이가 최근에 경험한 것이다. 추석 연휴 기간에 충북 단양 카페산에 위치한 한 업체에서 내돈 내산으로 패러글라이딩을 이용하였고, 그때 거기서 고화질 고프로 카메라로 동영상을 촬영해 주어 1주일 후 일상 글 형태로 포스팅을 하였다.

당연히 '패러글라이딩을 타서 즐거웠다!' 같은 형식의 글은 여행 분야 포스팅이 될 것인데, 문제는 내가 운영하는 서울기상센터 블로그는 맛집과 교육, 가끔 애견 관련 정보만 포스팅하는 블로그여서 여행이랑은 거리가 멀다는 점이다.

그러면 실제로 어떻게 검색에 반영이 되는지 보도록 하겠다.

네이버 '단양 카페산 패러글라이딩' PC&모바일 검색 화면,
https://m.search.naver.com/search.naver?sm=mtb_hty.top&where=m&oquery=%EB%8B%A8%EC%96%91+%EC%B9%B4%ED%8E%98%EC%82%B0&tqi=UG%2FX8wp-0JWlssEORhYdssssssIK-385131&query=%EB%8B%A8%EC%96%91+%EC%B9%B4%ED%8E%98%EC%82%B0+%ED%8C%A8%EB%9F%AC%EA%B8%80%EB%9D-C%EC%9D%B4%EB%94%A9)

검색 키워드는 '단양 카페산 패러글라이딩'인데 왼쪽이 모바일 버전 View 탭에서 확인한 순위이고, 오른쪽이 PC 블로그 탭에서 확인한 순위이다. PC 블로그 탭 상단에는 파워링크로 네이버에서 올리는 광고가 있었기에 블로그 탭은 좀 아래에 위치하고 있음을 먼저 밝힌다.

아무래도 본 블로그 자체가 운영한 지 5년이 되어가고 1일 1포스팅을 쭉 유지해서 그런지 C-Rank를 기반으로 한 블로그 탭에서는 1위를 기록하였다. 그러나 서울기상센터 블로그가 여행 블로그와는 거리가 먼 맛집과 교육을 우선으로 한 블로그이다 보니 DIA 로직에서는 이를 감안하여 4위라는 상대적으로 낮은 순위를 배정했다.

물론 모바일 통합 검색 View 탭에 노출되었다는 것만으로도 네이버에 감사해야 하지만 위와 같이 내가 운영하는 분야에 따라서 검색 순위가 서로 비대칭일 수 있다는 것을 알 수 있었다.

따라서 DIA 로직이 내 블로그를 싫어하는 게 아니라 아직 제대로 확신을 하지 못하여 애매모호한 순위를 우선적으로 배정하였다고 이해하면 된다. 만일 내가 여행 분야 포스팅을 꾸준히 하기 시작하면 점차 블로그 탭처럼 순위가 높아질 것이니 걱정하지 말도록 하자.

14

블로그로 수익을 어떻게 벌지?
애드포스트란 무엇인가?

요즘 기사를 보면 유튜버들이 부러울 때가 많다. 평범한 직장인이라면 한 달에 300~500만 원 벌기도 엄청나게 힘든데, 유튜버들을 보면 100만 구독자 기준으로 한 달에 억 단위를 벌기 때문에 가끔씩 자괴감이 들기도 한다.

남들보다 돈을 더 버는 게 잘못도 아니고, 사람들도 단지 액수만 가지고 남을 부러워하는 것은 아닐 것이다. 어찌 보면 앉아서 열심히 일만 해서 돈을 버는 것보다 본인이 하고 싶은 일을 하면서 돈을 많이 벌 수 있다는 그 사실을 부러워하는 게 아닌가 싶다.

남들과 똑같이 초중고를 나와서 대학을 다니고, 대학 중간중간 여러 공모전이나 대외활동도 열심히 하고, 학점을 관리하고, 어학 점수를 챙기고, 졸업 전에는 자격증을 취득하면서 스펙을 쌓고 취업을 하였으나 여전히 궁핍한 경우가 많을 것이다.

그러면 이때 문득 드는 질문 한 가지는, "유튜브는 영상도 찍어야 하고 특히 편집하는 게 너무 복잡하고 어려워서 블로그를 하려고 하는데 과연 블로그로도 유튜브처럼 수익을 벌 수 있을까요?"일 것이다.

우선 결론은 가능하다.

네이버에서는 공식적으로 '애드포스트'라는 것을 통해 수익을 창출할 수 있는데, 쉽게 말하면, 내가 쓴 포스팅 하단에 네이버 인공지능이 자체적으로 삽입하는 파워링크 광고가 노출되는 것이다. 만일 누리꾼 중 몇 명이 그 광고를 클릭해서 접속을 하여 상품을 구매했다든가 혹은 교육 분야 광고의 경우 상담 신청까지 갔다면, 네이버에서 일정 부분의 수수료를 블로거에게 주는 방식이다.

다시 말해 유튜브는 영상이 나오기 전에 광고를 시청한다든가 혹은 영상 하단에 있는 링크를 클릭했을 때 유튜브 채널 운영자에게 수익이 돌아간다면, 네이버는 본문 하단 혹은 본문 중간에 있는 파워링크를 누르면 블로그 운영자에게 소정의 수수료가 지급되는 거라고 보면 된다.

14.1. 애드포스트 시작 및 가입 조건

대개 "블로그가 성장하면 알아서 광고가 붙지 않나요?"라고 생각하겠지만 블로그를 통해 수익을 창출하고 싶다면 애드포스트에 가입을 해야 한다.

그럼 누가 가입을 할 수 있나?

1. 블로그 개설 90일 이상
2. 포스팅 50개 이상(장르 불문)
3. 평균 방문자 100명 이상
4. 만 19세 대한민국 국민(미성년자 제외)

즉 성인이고 블로그를 만든 지 3개월이 넘었으며, 그동안 50개의 포스팅을 해서 평균 방문자 수가 100명 이상이면 누구나 가능하다는 얘기이므로 유튜브와는 달리 문턱이 매우 낮다!(유튜브: 시청 시간 4천 시간 이상, 구독자 수 1천 명 이상)

14.2. 가입 절차

1) 애드포스트 링크: https://adpost.naver.com/main

애드포스트 시작하기 클릭

** 네이버 애드포스트?
미디어(블로그 포스팅 등)에 광고를 게재하고 광고에서 발생한 수익

(클릭 등)을 배분받는 광고 매칭 및 수익 공유 서비스

2) 약관 동의 및 회원 인정

약관 동의는 아주 절차적인 것이고, 모두 동의를 클릭하고 나면 위와 같은 화면이 나타난다. 우리는 회사 혹은 식당을 운영하는 자영업자가 아닌 한 개인으로서 블로그를 운영하는 블로거이기 때문에 개인사업자로 가입이 될 것이다.

이름과 아이디를 확인하고, 아이디를 개설할 때의 휴대폰 정보를 통하여 내가 미성년자인지 아닌지를 검사할 것이다. 내가 미성년자가 아닌 만 19세 이상(생일이 지나야 한다) 성인이라면 문제없이 다음 단계로 넘어갈 것이다.

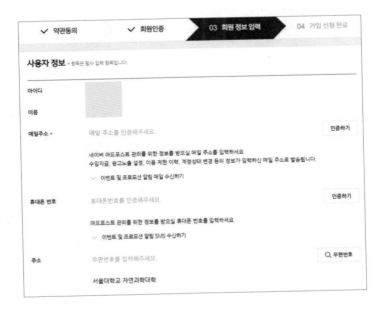

애드포스트 회원가입하기

| 01 약관동의 | 02 회원인증 | 03 회원 정보 입력 | 04 가입 신청 완료 |

전체 약관 동의하기 ∨

| ✓ 약관동의 | 02 회원인증 | 03 회원 정보 입력 | 04 가입 신청 완료 |

만 19세 이상 대한민국 국적 소유자 및 외국인 등록번호 보유자만 네이버 애드포스트에 가입하실 수 있습니다.
(외국인의 경우, 수입 지급을 위해 국내 은행에 개설된 본인 명의의 예금 계좌가 필요합니다.)
사업자의 경우, 개인 사업자와 영리 법인만 가입이 가능합니다.
네이버에 실명 확인된 계정 중 1개의 계정만 가입할 수 있고, 사업자등록번호/법인등록번호 당 1개의 계정만 가입할 수 있습니다.

회원 유형	개인-내국인	개인 사업자로 가입
아이디		
이름		

3) 회원 정보 입력

| ✓ 약관동의 | ✓ 회원인증 | 03 회원 정보 입력 | 04 가입 신청 완료 |

사용자 정보 * 항목은 필수 입력 항목입니다.

아이디		
이름		
메일주소 *	메일 주소를 인증해주세요.	인증하기

네이버 애드포스트 관리를 위한 정보를 받으실 메일 주소를 입력하세요.
수입지급, 광고노출 설정, 이용 제한 이력, 계정상태 변경 등의 정보가 입력하신 메일 주소로 발송됩니다.
∨ 이벤트 및 프로모션 알림 메일 수신하기

| 휴대폰 번호 | 휴대폰번호를 인증해주세요. | 인증하기 |

애드포스트 관리를 위한 정보를 받으실 휴대폰 번호를 입력하세요.
∨ 이벤트 및 프로모션 알림 SMS 수신하기

| 주소 | 우편번호를 입력해주세요. | Q 우편번호 |

서울대학교 자연과학대학

여기서는 아이디와 이름을 확인하고 애드포스트 관련 사항(네이버 광고, 이용 정지 통보, 수익 금액 등)을 전달받을 메일 주소를 적고 인증한 다음, 휴대폰 인증을 다시 한번 한 후에, 집 주소(사업자의 경우 사업자 주소)를 적으면 된다. 휴대폰의 경우 수익이 정상적으로 지급되었는지에 대한 안내를 받을 수 있다.

4) 계좌 정보 입력하기 및 수익 세금 원천 징수

그다음 절차는 계좌 정보를 입력하는 것이다. 반드시 아이디를 만든 사람이랑 동일한 예금주여야 진행이 가능하다는 점을 명심하기 바란다.

예를 들어 상단에 있는 아이디 하단에 이름이 '홍길동'으로 등록되어 있다면 반드시 홍길동 본인의 계좌로 인증을 해야 애드포스트 진행이 가능하다는 것으로, 미성년자들이 부모님의 개인정보로 아이디를 만든 후에 미성년자의 통장으로 수입을 지급받는 것을 방지하기 위함인 것으로 보인다.

또한 원천 징수의 경우, 1년간 총 지급액이 12만 5천 원을 초과하면 8.8%의 세금을 원천 징수한 후 입금이 된다.

예를 들어 2020년 1월의 수익이 50만 원이라고 하면 1월임에도 불구하고 이미 12만 5천 원을 초과하였으므로,

50만 원 × 0.912 = 45.6만 원

위 금액으로 입금이 되며 2~12월도 마찬가지로 8.8%를 제한 후의 금액이 입금되기에 이 점을 참고하기 바란다(8.8%=0.912).

5) 미디어 등록

미디어 등록이라는 것은 쉽게 말해서 어느 개인 채널에 광고를 게재할 것인가를 정하는 것이다. 우리는 각자 개인 블로그에 애드포스트 광고를 게재하고 싶기 때문에, '네이버 미디어 등록하기'를 클릭하면

위 화면이 뜨는데, 저기서 네이버 블로그를 선택하면 된다.

애드포스트는 네이버 블로그뿐만 아니라 포스트와 밴드에도 적용이 가능하기 때문에 한 아이디로 포스트와 밴드를 함께 운영하고 있다면 등록을 같이 하면 더더욱 좋을 것이다.

6) 승인 여부 확인

대개 승인까지 약 1~3일 정도 소요되는데 주말에는 승인이 안 되기 때

문에 금요일보다는 월요일에 신청하면, 승인이라는 기쁨을 더욱더 빨리 누릴 수 있으니 참고 바란다.

승인이 되고 나면 네이버에서 이메일을 보내 준다. 또한 미디어 설정 조회에서 '상태'란에 '정상'이라고 뜨면 완료된 것이다.

이제 레이아웃&위젯으로 가서 애드포스트 위젯 사용 설정에 체크를 하면 포스팅 하단에 광고가 게재될 것이다. 마찬가지로 애드포스트 홈페이지에 접속하여 미디어 관리로 들어가면 미디어 설정이 있는데 여기서 본인 블로그를 선택한 후 미디어 설정 팝업의 광고 게재 설정 메뉴에서 '예'를 선택하면 수익 창출을 할 수 있을 것이다.

이 부분의 모든 사진 출처: 네이버 애드포스트(PC 버전) https://adpost.naver.com/main

그러면 정확히 어디에 광고가 노출이 되는지 알아보도록 하겠다. PC 버전과 모바일 버전에 차이가 있는데, 모바일의 경우 현재는 본문 중간에 이미지로 된 광고가 게재되어 있다.

제목: [기상학] 지도에서 위도경도 1도는 몇 km? (모바일)
서론: 오늘의 기상학 주제는 위도경도 1도 = 몇 km일까요?

본론: 위도 간격은 cos 함수에 비례하므로~~
본문 광고 (이미지 형 광고)

결론: 지도에서 몇 도가 몇 km 인지 알 수 있어서 매우 기뻤습니다!
하단 광고
파워 링크 1
파워링크 2
파워 링크 3

글 끝

모바일은 서론을 지나 글 중간 즈음으로 가다 보면 이미지로 된 광고가 나오는데, 보통 내가 첨부한 사진 위에 올라와 있어서 잘못 클릭할 수 있으니 주의 바란다.

그리고 결론을 쓰고 글이 끝나기 직전에 파워링크라고 해서 링크를 클릭하는 형태의 애드포스트 광고가 3개 정도 노출이 될 것이다.

제목: [기상학] 와도 (소용돌이도) 방정식 유도하기 (PC)

서론: 오늘은 와도 (Vorticity) 방정식을 유도하겠습니다~~

본론: v는 x에 대해서, u는 y에 대해서 편미분 하고 빼주면~

결론: 그렇게 와도 방정식의 각 항의 의미를 알 수 있어서
매우 유익했던 시간이었습니다!

본문 광고 (이미지 형 광고)

글 끝

하단 광고
파워 링크 1
파워링크 2
파워 링크 3

PC의 경우 조금 다른데 본문 광고라고 하는 이미지형 광고는 결론 부분 밑에 위치하고 있고, 오히려 글이 끝나고 덧글 및 공감 밑에 파워링크 3개가 노출이 된다.

즉 PC보다는 모바일 버전으로 글을 읽는 사람이 많아질수록 내 블로그에 노출된 광고를 눌러 줄 확률이 올라간다고 말할 수 있다.

** 본문 광고 위치는 본인이 조정할 수 있다. 초반부, 중반부(현재 글쓴이의 블로그), 후반부 중에서 선택할 수 있는데, 중반부가 가장 적당하다고 생각한다.

많은 사람들이 생각하는 부분일 것이다. 과연 어떤 주제의 광고가 노출될까? 신기하게도 내가 쓴 포스팅이랑 유사한 주제의 광고가 노출되니 큰 걱정은 안 해도 된다.

예를 들어, 내가 강아지와 관련된 포스팅을 했다면, 애드포스트 광고 역시 강아지 혹은 반려동물이랑 관련된 광고가 노출될 것이고, 반대로 자격증 취득에 대한 포스팅을 했다면 애드포스트 광고 역시 학원이나 자격증 관련 광고가 게재될 것이다.

실제 사례를 보도록 하겠다.

블로그에다가 2020년 7월, 기상청에서 시행한 9급 기상직 공개경쟁채용 시험 과목 중 하나인 '기상학개론' 문제를 풀이한 적이 있었다.

그랬더니 네이버에서는 기상학개론 문제집, 기상직 학원, 기상직 7급 학원에 대한 광고를 게재했다. 이를 보면 내가 쓴 글과

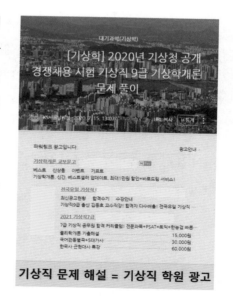

기상직 문제 해설 = 기상직 학원 광고

광고가 서로 관련성이 있음을 알 수 있다.

마찬가지로 내가 집에서 키우는 강아지에게 밥을 주는 일상 글을 올렸을 때, 네이버에서는 강아지 사료와 관련된 파워링크를 광고로 노출시켰다. 이로써 내가 쓴 글과 광고의 주제가 서로 비슷한 것을 알 수 있다.

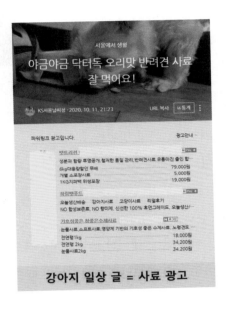

맛집 부문 역시 마찬가지이다. 서울 신도림에서 방문한 어느 한 월남쌈 집에 대해서 후기를 올렸었는데, 애드포스트에서도 서울 영등포구에 위치한 문래, 신도림의 식당 링크를 노출시킴으로써 내가 쓴 글과 광고 간의 주제가 거의 매칭되었다.

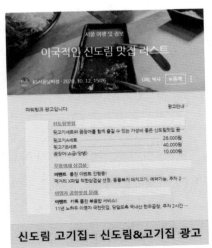

이번에는 여행 부문이다. 여행 분야도 마찬가지로 내가 패러글 라이딩에 대한 후기(일상 글)를 올리면, 그 밑으로 패러글라이딩 관련 광고가 노출이 되면서, 이 글을 읽은 누리꾼들이 자동으로 패러글라이딩 링크를 클릭할 수 있도록 되어 있다.

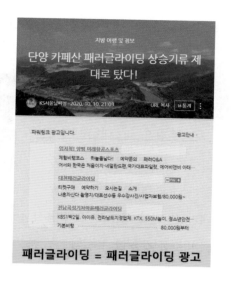

이와 같이, 네이버 로봇이 자동적으로 내가 쓴 포스팅 주제와 관련성이 아주 높은 광고만을 노출시키기 때문에 우리는 딱히 무슨 광고가 뜨는지 에 대해서는 신경을 쓰지 않아도 된다(네이버 입장에서도 보다 많은 사 람들이 클릭해 주면 좋아할 것이니).

14.5. 애드포스트 수익 받기

어쩌면 이 책의 하이라이트가 아닐까 싶다. 지금까지의 과정이 단지 준 비운동이었다면 이제는 실제로 수익을 받는 법을 알아보겠다.

수익이라는 것은 당연히 블로그 운영자가 아닌 타인이 애드포스트 광 고를 클릭해 줄 때 발생하는데, 여기서 중요한 것은 무조건 클릭만 한다고 해서 수입이 발생하지는 않는다.

만약에 온라인 쇼핑몰 관련 광고가 게재되었을 경우, 누리꾼이 그 광고를 타고 들어가서 실제로 구매를 했을 때만 수수료가 지급되며, 그냥 클릭만 하고 얼마 안 가서 창을 닫았을 경우엔 광고로 인정되지 않는다.

그래서 애드포스트 광고가 미디어에 노출이 되었다고 해서 무작정 클릭만 하면 안 된다는 점을 명심하자.

그러면 수입을 확인하는 법을 알아보자. 마찬가지로 네이버 애드포스트 홈페이지로 들어가면 일일 수입 현황이 나오는데, 그게 바로 나에게 떨어진 수수료를 의미한다.

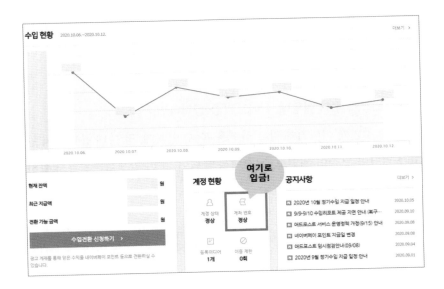

수입 현황으로 들어가면 위와 같이 그래프가 나오는데, 그 그래프에 쓰여 있는 숫자가 바로 전날 광고 클릭에 따른 수익이며, 한 달 기준으로 산정하여 매달 25일(휴일일 경우 23~24일)에 통장으로 입금이 된다. 저 빨간색 박스가 바로 계좌번호 현황인데, 저기서 '정상'이라고 나오면 매달 25일 오전 10~12시 사이에 문제없이 수익이 통장으로 입금될 것이다!

14.6. 광고당 수수료?

아쉽게도 네이버에서는 정확한 수수료를 알려 주지 않는다. 다만 확실한 것은 광고마다 나에게 떨어지는 금액이 다르다는 점이다.

보통 교육 포스팅 하단에 있는 학원 혹은 자격증 관련 광고의 수수료가 더 높은 경향이 있고, 맛집이나 애견 샵 관련 광고는 수수료가 그다지 높지 않았다.

애드포스트 수익 현황에서 '더보기'를 클릭하면,
149쪽 첫번째 이미지와 같은 화면을 볼 수 있는데, 당일 내 블로그에 광고가 얼마나 노출이 되었고, 그중에서 클릭이 몇 번 발생했는지를 정확하게 알 수 있다.

서울기상센터 블로그의 경우 보통 클릭률은 0.3% 정도인데, 보통 1%만 되어도 굉장히 많은 편이라고 보면 된다.

날짜	미디어	노출수	클릭수	클릭률(CTR)	수입예정액(원)
2020.10.06. (화)	서울 기상센터 Weather Center of ⋯ +	6,582	24	0.36%	
2020.10.07. (수)	서울 기상센터 Weather Center of ⋯ +	6,277	19	0.3%	
2020.10.08. (목)	서울 기상센터 Weather Center of ⋯ +	6,779	22	0.32%	
2020.10.09. (금)	서울 기상센터 Weather Center of ⋯ +	6,603	22	0.33%	
2020.10.10. (토)	서울 기상센터 Weather Center of ⋯ +	6,157	17	0.28%	
2020.10.11. (일)	서울 기상센터 Weather Center of ⋯ +	6,606	25	0.38%	
2020.10.12. (월)	서울 기상센터 Weather Center of ⋯ −	6,572	19	0.29%	
	모바일 - 본문	2,166	9	0.42%	
	모바일 - 본문 II	2,380	5	0.21%	
	모바일 - 하단	579	3	0.52%	
	PC - 본문	454	0	0.00%	
	PC - 하단	993	2	0.20%	
합계	서울 기상센터 Weather Center of ⋯ +	45,576	148	0.32%	

네이버 측에서 정확한 건당 수수료를 알려 주지 않기 때문에, 글쓴이가 경험적으로 정리한 표이다.

클릭당 수익발생액 순위 (경험적 수치)

1위: 교육 & 주식 (500원 ~ 최대 8천원)

2위: 온라인 쇼핑몰 (300원~ 최대 7천원)

3위: 여행 & 호텔 (300원~ 최대 5천원)

4위: 애견 샵 (300원~ 최대 2천원)

5위: 맛집 or 식당 업체 (8원~ 최대 1천원)

보통 맛집이나 식당 업체 광고는 클릭당 수익이 8원 정도로 매우 적고 아주 많아야 1천 원 정도였으며, 주로 교육 관련 광고의 수수료가 상당히 높게 나왔는데, 글쓴이가 교육 관련 포스팅을 올릴 때마다 애드포스트 수익이 많은 것을 보면 분명한 사실이라고 볼 수 있다.

유튜브와는 달리 네이버에서 우리에게 주는 수익은 상당히 적은 편이다. 따라서 네이버 블로그 애드포스트만으로 생활하기에는 한계가 있는데, 상위 0.01%를 제외하고는 한 달 수익이 30만 원 이상 되는 것도 정말 어렵기 때문이다.

극히 드문 케이스로 애드포스트만 가지고 한 달에 200만 원 이상 벌었다고 하는 블로그를 몇 번 보기는 했는데, 그건 사실인지 거짓인지(과장인지) 알 수 없는 정보이고, 서울기상센터 블로그를 운영한 경험에 의하면 하루 방문자 수가 14만 5천 명을 넘었을 때도 하루 수익이 2만 원 정도였고, 현재 평균 5천 명이 방문해도 하루 수익이 3~4천 원 정도이니 그냥 밥 한 끼 해결할 수 있는 부업 정도로 생각하면 좋을 듯싶다.

14.7. 애드포스트 금기 사항

이제 슬슬 수익도 조금씩 들어오니 사람마다 가끔 꼼수를 부리는 경우가 있다. 그러나 그 꼼수의 끝은 결코 좋지 않았는데, 이번에는 글쓴이가 2018년에 실제로 경험한 사실을 바탕으로 꼼수가 얼마나 위험한지 알려주도록 하겠다.

아까 애드포스트 수익은 누리꾼이 블로그 하단 혹은 본문에 있는 파워

링크 광고를 클릭할 때(온라인 쇼핑몰은 구매까지 이어질 때) 나온다고 하였다.

그래서 수익을 현재보다 극대화시키고자 여러 공기계 혹은 여러 아이디를 만든 후 짧은 시간에 몇 대의 기기로 내 블로그의 광고를 클릭하는 경우가 있는데, 네이버 로봇은 정말 똑똑하기 때문에 그 부분을 금방 파악해서 제재를 가할 수 있다.

글쓴이 역시 2018년 5월에, 잠시 눈이 멀어서 '교육 박람회' 및 '해외 유학 박람회' 글을 올린 후(홍보가 아닌 정보성) 학교 도서관 PC존에 있는 컴퓨터를 이용해서 짧은 시간에 5대의 컴퓨터로 클릭을 한 적이 있었다. 이에 따라 다음 날 수익이 평소보다 2배 이상 증가한 것을 보고 매우 기뻐서, 위와 같은 행동을 3일 정도 반복했더니, 네이버에서 아래와 같은 이메일이 왔다.

아뿔싸! 네이버 로봇은 정말 똑똑했다. 아니, 글쓴이가 무식했다.

네이버에서 위와 같은 통보가 날아온 후 서울기상센터 블로그에는 모든 광고가 붙지 않았고 덩달아 부정 클릭으로 얻은 수익은 모두 네이버에게 회수되어서 사실상 과유불급이라는 사자성어에 걸맞은 상황이 되고 말았다.

그 후 잠시 수익에 눈이 멀어서 부정 클릭을 했던 나 자신에 대해 뼈저리게 반성을 했고 1달 후인 6월 8일에 이용 제한 해제 신청을 통해 "다시는 같은 잘못을 범하지 않겠다"를 맹세한 후 현재까지 부정 행위 없이 깨끗하게 애드포스트를 진행하고 있다.

부정 클릭으로 인한 제재는 1달 내외이지만, 이용 제한이 해제된 후 똑같은 잘못을 저질렀거나 혹은 부정 클릭을 너무 많이 남발하였을 경우 영구 정지도 가능하기 때문에 반드시 주의해야 한다.

아무리 수익을 위해 멋대로 클릭을 해 봤자, 네이버는 그걸 모두 알고 있기 때문에 절대로 해서는 안 될 짓임을 명심하자.

처음에는 수익이 8원~100원으로 매우 적다고 할지라도, 시간이 지나 블로그가 성장하게 되면 100원이 500원, 500원이 1,000원, 1,000원이 3,000원, 3,000원이 10,000원이 되는 날이 올 것이니, 부정 클릭을 하고 싶은 마음이 생길 때, 양질의 포스팅을 함으로써 누리꾼들이 내 블로그를 더욱더 많이 찾을 수 있도록 노력하자.

두 번째 금기 사항은 포스팅에 "애드포스트 눌러 주세요~"라는 문구를 남기는 것이다.

본디 광고라는 것은 누리꾼이 그걸 보고 실제로 구매를 하거나 아니면 관심이 있을 때 효과가 생기는 것인데, 그냥 우리가 애드포스트를 눌러 달라고 해서 눌러 주면 광고주는 수수료만 뺏기고 정작 홍보 효과는 아무 것도 없기 때문에 네이버에서도 포스팅에 광고를 눌러 달라는 문구를 남기면 곧바로 이용 정지 통보를 하므로 이 점도 참고 바란다.

마지막으로, 혹시나 애드포스트 이용 중 부정을 저질러서 이용이 정지되었다고 하면, 과연 블로그 지수에도 나쁜 영향이 생길까?

답은 그렇지 않다. 애드포스트는 애드포스트이고, 블로그 지수는 블로그 지수로 서로 독립적이기에, 설령 이용 정지를 당했다 하더라도 검색 순위가 떨어지거나 혹은 글쓰기가 제한되는 일은 없기 때문에 그 부분은 걱정하지 않아도 된다.

블로그 운영 시 금기 사항

그냥 일상 글만 올릴 블로그는 상관이 없지만, 만약에 블로그가 상위 노출이 되길 바라고 또한 방문자 수가 크게 늘어나기를 바라는 블로거들 이라면 반드시 피해야 할 사항이다.

1. 짧은 시간에 너무 많은 글 발행하기(복사+붙여넣기 포함)

2. 병원성 키워드 사용

3. 영양제(특히 오메가3) 포스팅

4. 사진 재사용하기

5. 네이버 실시간 검색어 키워드 남발

6. 쿠팡 등 쇼핑몰 링크 첨부

7. 욕설(타인 비방)

8. 키워드 도배(무분별한 키워드 삽입)

9. 타인의 글 무단 복사하기

10. 개인정보 공개

11. 방문자 수 올려 주는 매크로 사용하기

12. 같은 주제의 글을 짧은 기간에 발행하기

비록 네이버에서 공개하지는 않았지만 경험을 바탕으로 위 사항이 왜 좋지 않은지 하나하나 알아보도록 하겠다.

15.1. 짧은 시간에 너무 많은 글 발행하기

블로그를 처음 운영할 때는 누구나 열정이 넘치기 마련이다. 이 책 초반부에서도 언급했지만 블로그를 할 때는 '과유불급'이라는 사자성어를 꼭 되새기면서 운영해야 한다.

네이버 로봇은 글을 복사 및 붙여넣기 한 그 자체는 인지하지 못한다. 다만 네이버 로봇이 해당 글이 복붙인지 아닌지를 판단하는 기준은 바로 포스팅 작성 시간이다.

일반적으로 평균 한글 타자 수가 150~300타라고 하면 글자 2천 자 내외를 작성하는 데 걸리는 시간+사진 삽입 및 워터마크 삽입 시간을 포함하면 최소 20분 이상은 소요된다. 그런데 만일 2천 자 이상의 글과 몇십 개의 사진을 단 5분 만에 적어서 발행하고, 이게 10~20분 간격으로 반복된다면 네이버 로봇은 당연히 이상하게 생각할 수밖에 없다.

이에 따라 복붙이든 아니든 블로그를 운영하는 사람의 열정이 높아서 많은 글을 쓰고 싶은 마음은 이해가 가지만, 네이버 로봇이 글을 읽고 평가하여 검색 순위에 2차 반영될 때까지는 시간을 주어야 한다는 점을 반드시 알아야 한다.

중반부에서 언급했듯이 글을 발행하고 우리가 눈으로 확인할 수 있는 2차 반영까지 걸리는 시간은 맛집 키워드 기준 평균 1시간 40분에서 2시간 반 사이이다. 그때까지는 다른 글을 발행하는 것을 삼가는 게 좋고, 가장 최적의 글쓰기 간격은 4시간이다.

하루에 몇 편의 글을 적는지에 대해서는 딱히 제한 사항은 없지만 대개 하루에 4개까지만 적는 것이 경험적으로 좋았다. 글이 하루에 5개가 넘어가게 되면 그 이후의 글은 검색 반영이 현저하게 느려지거나 혹은 누락이 되는 경우가 있었기 때문이다.

블로그 운영 시 가장 적절한 일 별 포스팅 횟수 및 간격 (경험적)

포스팅 횟수: 제한 없음 (네이버 입장)
그러나 경험적으로는 4개~5개 까지가 적당

포스팅 간격: 최소 2시간 이상
앞선 포스팅이 2차 반영 되어 검색 순위를 제대로 알 때 까지는
추가적인 포스팅은 자제하는게 좋다 (4시간 간격이 적당)

어쩌면 이게 가장 중요한 것일 수 있다. 블로그를 운영하다 보면 쪽지 나 이메일로 한의원, 피부과, 정형외과 등에서 무료로 치료를 해 줄 테니 블로그로 홍보를 해 달라고 하거나 아니면 의료기기를 대여해 줄 테니 사 용해 보고 후기를 써 달라는 요청이 종종 오게 될 것이다.

그러나 본인이 의사 면허증이 없는 일반 블로거라면 위와 관련된 포스 팅을 일절 해서는 안 된다! 의사가 아닌 사람이 병원을 홍보하거나 혹은 의약품을 광고하는 행위는 명백히 의료법 위반 사항이기 때문에 네이버 에서도 위 사항에 대해서는 매우 민감하게 반응한다. 따라서 블로그에 병원성 글을 3번만 적으면 곧바로 일시적인 검색 누락을 동반하는 저품 질보다 더 무서운 영구적인 제재가 가해지게 될 것이다.

병원성 키워드를 1회만 적어도 최근에 쓴 글이 웹사이트 누락 혹은 View 탭에서 사라지는가 하면, 해당 포스팅은 몇 시간이 지나도 검색이 되지 않거나 혹은 상위 노출에 성공하였다고 할지라도 몇 시간도 채 안 되어서 검색 순위에서 사라질 것이다. 이후 두 번째가 되면 첫 번째와 동 일한 증상이 나타나지만, 3번이 넘어가게 되면 그동안 썼던 모든 신로직 글들이 검색에서 누락되는 것은 물론 의료법 위반 처벌까지 내려질 수 있 으니 꼭 조심하도록 하자.

!!!절대로 쓰면 안되는 키워드!!!

병원성 키워드 (병원 광고 & 의료기기 광고)

→의료법 위반!! (네이버가 가장 민감하게 반응)

의사 면허증 보유한 사람만 병원성 키워드 사용 가능!!

예) 병원 전체, 의사, ~에 좋다, 아프다, 질병 명, 치료,

의료기기; 척추 교정, 골반 교정, 혈압기, 보톡스

이뿐만 아니라 평소 쓰는 표현에도 조심해야 할 부분이 있다. 아무리 병원 홍보 혹은 의약품 광고가 아니더라도 때에 따라서, "~에 좋은", "건강에 최적인!", "의사 선생님이⋯.", "척추 교정 시술 받았어요~" 등의 글을 올릴 수 있는데, 이 역시 병원성 글로 네이버 로직이 판단하기 때문에 사용하지 않는 것이 좋다.

실제로 글쓴이 역시 모든 포스팅을 쓸 때 "의사", "~에 좋다"라는 표현은 일절 사용하지 않고 있으며 심지어 "아파서~"라는 문구조차 삼가고 있다. 그러면 어떻게 쓰는 게 좋을까?

위와 같이 의사는 그냥 선생님, 여드름 치료는 그냥 피부 관리로 순화해서 작성하는 것이 좋다.

특히 최근 들어서는 다이어트 관련 키워드 역시 네이버가 제재를 가하고

있기 때문에 운동을 하는 게 아니라면 다이어트 약을 복용한다거나 혹은 다이어트에 좋은 한약을 처방받았다는 문구는 절대로 쓰지 않길 바란다.

순화 하는 방법:

의사 → 선생님 (피부과 여드름 치료 받을 때)

여드름 치료 → 피부 관리 (치료 단어 사용 금지)

~ 몸에 좋다 → 먹으니 괜찮았다 (효능 부각 금지)

복용 (섭취) → 먹는 중 (약국에서 쓰는 단어 자제)

배가 아프다 → 배가 좀 안 좋았다 (아프다 표현 자제)

다이어트 → 살 태우기 도전! (직접적인 언급 자제)

** 치료, 복용, 처방, 섭취, 효능 등 약국이나 병원에서 쓸 만한 단어 역시 개인 블로그에서는 가급적이면(혹은 필수적) 언급하지 않는 것이 좋다.

15.3. 영양제 포스팅

이것 역시 병원성 키워드와 동일한 맥락이다. 2019년 7월부터 네이버에서 건강기능식품에 대한 단속이 굉장히 심해졌는데, 만일 건강 분야로 오랜 시간 운영한 블로그가 아닌 일반적인 개인 블로그가 영양제(종합비타민, 오메가3, 홍삼, 루테인, 마그네슘, 칼슘 등 건강기능식품) 홍보를 하게 되면 네이버로부터 제재를 받게 되었다.

우선 다른 글은 다 노출이 잘 되었는데 건강기능식품 홍보 글만 유독 검색 반영이 느리거나 순위가 낮게 나온다면, 그건 네이버가 주는 경고이니 바로 비공개 처리를 하고 앞으로는 영양제 포스팅을 삼가는 것이 좋다.

실제로 들은 바에 따르면 2019년 7~8월 사이 영양제 혹은 건강기능식품에 대해서 홍보를 하거나 혹은 종합비타민이나 오메가3를 체험하여 리뷰를 한 블로그가 3개월간 글쓰기 이용 제한이라는 제재를 받았다고 하니, 저품질도 저품질이지만 네이버가 직접적으로 제재를 가하는 사안인 만큼 자제하는 것이 좋다.

영양제 포스팅 (건강 블로그가 아닌 모두)

2019년 7월부터 네이버의 영양제 관련 제재 본격화

건강기능식품 과대 광고 (포장 광고) 자제 움직임

예) 다이어트, 오메가3, 종합비타민, "효능", 루테인, 홍삼

** 비체험 원고 및 내돈 내산 포스팅 포함!

일반적인 포스팅이더라도 홍삼이나 오메가3는 절대로 언급하면 안 되고, 설령 체험단이 아니고 내돈 내산으로 영양제를 구매하여 일상 글 형식으로 올려도 네이버에서 제재를 가하기 때문에 아예 하지 않는 것이 옳다고 본다.

글쓴이 역시 2018년 12월, "관절에 좋은 영양제" 포스팅 이후 이듬해 7월까지 196일간 View 누락 저품질을 경험한 바가 있어서, 현재까지 영양제 혹은 건강기능식품은 일절 쳐다도 안 보고 있다.

15.4. 사진 재사용하기

신기하게도 네이버 로직은 정말 똑똑해서 내가 올린 사진이 재사용인지 아닌지를 알고 있다. 만일 사진을 계속 재사용해서 올릴 경우 유사 문서로 분류될 수 있는데 이는 사실상 네이버에서 공식적으로 내리는 저품질로, 내 블로그를 어뷰징 블로그라고 판단하여 앞으로 작성하는 모든 글을 일제히 검색에 반영하지 않는 것을 말한다.

위와 같은 사례는 주로 비체험 원고에서 많이 발생하는데, 만약에 특정 광고주에게 대가를 받고, 체험도 하지 않았는데 마치 자기가 체험한 것처럼 사진과 원고를 받아 복사 및 붙여넣기로 글을 올렸다면(글 작성 시간이 30분을 넘었냐 안 넘었냐는 중요하지 않다) 재수가 없을 경우 유사 문서로 분류될 수 있다.

그 이유는 특정 광고주들은 보다 파급적인 광고 효과를 누리기 위해서 사진 1장을 여러 블로그에 돌려쓰는 경우가 잦은데, 만일 본인이 그걸 간파하지 못하고 이미 쓰였던 사진을 올려서 유사 문서로 분류되어 검색이 되지 않는다면, 광고주는 연락을 끊고 손해배상 및 책임을 져 주지 않을 것이기 때문에 비체험 원고는 애당초 하지 않는 것을 추천한다.

요즘에는 블로그 체험단(식사비를 제공받고 내가 직접 사진을 찍고 글을 적어 주는 것)이 많기 때문에 현금은 포기하더라도, 블로그에는 안전한 방법이면서도 나의 뱃속이라도 호강할 수 있게 체험단을 가도록 하자.

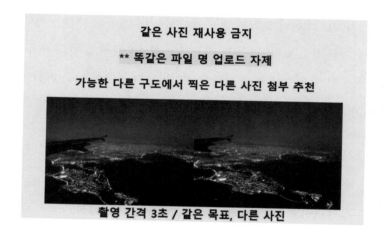

같은 사진 재사용 금지

** 똑같은 파일 명 업로드 자제

가능한 다른 구도에서 찍은 다른 사진 첨부 추천

촬영 간격 3초 / 같은 목표, 다른 사진

혹시라도 사진 하나를 여러 군데 써먹을 일이 있을 것 같으면 미리미리 사진을 연속 촬영 등으로 많이 찍어 두어서 파일명만 서로 다르게 해서 업로드를 하도록 하자.

대개 빠른 시간에 방문자 수를 늘리고 싶은 블로거는 3가지 유형이 있다.

1. 짧은 시간에 많은 글을 써 버리기

2. 사람들의 관심이 쏠린 것만 포스팅하기

3. 방문자 수 조작하기

위 유형 중에서 2번 유형도 적지 않을 것으로 보이는데, 이는 당장 눈앞에서 방문자 수가 평소보다 2배 혹은 3배 이상 오르는 걸 볼 수 있으므로 흥분을 하며 똑같은 행동을 반복하게 될 것이다.

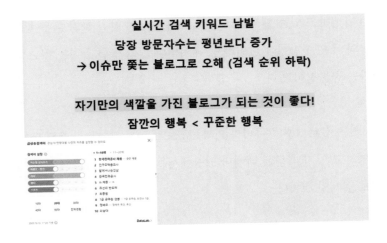

그러나 실시간 검색어에 있는 키워드만 남발하게 되면 네이버 로봇이

'이슈성 블로그'로 판단을 해 버려서 앞으로 쓰는 글들은 검색 순위가 낮아진다. 처음 몇 번은 방문자 수 증가로 이어지겠지만 그건 이슈가 유지될 때까지로 그래 봐야 1~2일 정도일 뿐이고, 시간이 지나면 그마저도 없어져서 저품질 블로그가 될 것이다.

따라서 이 책 초반에서도 말했지만 블로그를 키울 때 가장 중요한 마음가짐은 '인내심'이다. 방문자 수가 하루 이틀 정도 평소보다 더 많이 들어왔다고 해서 좋아하지 말고, 계속 꾸준히 운영함으로써 방문자 수가 꾸준하게 선형적으로 증가하는 날이 오길 기다리는 게 좋다.

15.6. 쿠팡, 11번가 등 타 쇼핑몰 링크 첨부

현재 발생하고 있는 웹사이트 누락 사례를 보면 맛집 관련 글을 제외한 대부분의 글은 쿠팡이나 11번가 등 네이버와 거리가 먼 쇼핑몰 링크를 첨부했다는 공통점이 있다.

네이버는 블로그뿐만 아니라 카페, 포스트, 영화, 사전, 쇼핑몰 등도 모두 운영하고 있기 때문에 네이버 입장에서는 쿠팡이나 11번가 등이 당연히 경쟁 업체일 것이다.

그런데 네이버에서 지원하는 블로그를 운영하는 사람이 타 경쟁 업체 쇼핑몰을 홍보해 주고 있다면 네이버 입장에서는 굉장히 불쾌할 것이다.

쿠팡, 11번가 등등 네이버가 아닌 다른 쇼핑몰 링크 첨부

최근 웹사이트 누락 사례의 공통점,
네이버는 블로그 뿐만 아니라 쇼핑몰도 운영한다!
→ 쿠팡, 11번가 = 경쟁 업체

경쟁 업체의 링크 첨부는 네이버가 싫어하는 행위!

따라서 제품을 홍보할 때도 쿠팡이나 11번가와 같은 타 쇼핑몰의 홈페이지나 링크를 삽입하는 것은 자제하는 것이 좋다고 본다.

15.7. 욕설(타인 비방)

이것은 어쩌면 매우 당연한 얘기이다. 블로그 포스팅을 할 때 직접적으로 비속어를 사용한다든가 혹은 특정인을 공개 저격하는 포스팅을 하게 되면 검색에도 노출이 되지 않을뿐더러 만일 비속어를 들은 당사자가 신고를 하게 되면 글이 강제로 비공개 전환 혹은 삭제가 될 수 있다.

또한 욕을 하기 위함이 아니라 청소년들에게 장난 삼아 비속어의 종류가 무엇인지 알려 주려고 혹은 외국인들을 놀리고자 해외에서 쓰는 비속어에 대해서 정보성으로 포스팅을 하더라도 네이버 로봇이 제재를 가하

여 노출이 되지 않을 것이다.

만일 이와 같은 행동이 반복될 경우 심하면 블로그 글쓰기 이용 제한까지 걸릴 수 있으니, 어떤 의도든 상관없이 비속어나 남을 비방하는 글은 일절 쓰지 않도록 하자.

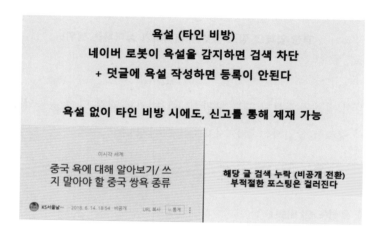

실제로 2018년 6월, 글쓴이가 기말고사 기간임에도 불구하고 1일 1포스팅 원칙을 준수할 겸 블로그에 들어갔다가, 쓸 게 없어서 중국에서 쓰는 욕에 대해서 포스팅을 한 적이 있다. 그런데 해당 글은 몇 시간이 지나도 노출이 되지 않았으며(당시엔 웹사이트 누락이라는 개념도 없었다) 며칠이 지나도 검색창에 제목을 그대로 복사 및 붙여넣기 해도 반영이 되지 않아서 스스로 비공개로 전환시키고, 그 이후에는 이와 비슷한 글은 일절 작성하지 않았다.

이것은 상위 노출을 하고 싶은 사람에게 해당되는 금기 사항이다. 이 책에서는 맛집 부문에서 상위 노출을 하고 싶으면 제목은 간결하게, 본문에 키워드는 최대 7회를 삽입하라고 언급한 바 있다.

그러나 '본문에 메인 키워드 개수가 많으면 노출이 더 잘되지 않을까?'라는 생각에 아주 작은 글씨로 읽는 사람은 모르지만, 실제로 글에는 메인 키워드를 도배해 놓는 경우가 있는데, 이는 매우 위험한 방법이다.

제목: 잘 먹고 온 강남역 맛집
서론: 인사말 → 메인 키워드 삽입
예) 안녕하세요~ … 어제 친구들이랑 강남역 맛집에 방문하여 …

본론: 키워드 4~5번 삽입
강남역 맛집 너무 맛있는데, 여기 강남역 맛집은 고기도 맛있고 가격도 저렴하고, 이게 강남역 맛집 이구나 느꼈습니다!
강남역 맛집 강남역 맛집 강남역 맛집 (작은 글씨)

결론: 마무리 글 → 메인 키워드 삽입 (여기 갔더니 좋았네요!)
예) 강남역 맛집에서 맛난 (음식) 을 드시고 싶으면 강남역 맛집 (업체명) 으로 오세요!

본문에 키워드를 너무 많이 혹은 반복적으로 도배를 하면 네이버 로봇이 해당 글을 불량(어뷰징)으로 판단하여 글 자체가 노출이 안 되고, 이게 반복되면 웹사이트 누락 혹은 View 누락 저품질이 올 수 있으니, 본문에는 키워드 7개 정도까지만 삽입하고 스토리텔링을 잘해서 보다 완성도 높은 포스팅을 쓸 수 있도록 노력하자.

15.9. 타인의 글 무단 복제 후 발행

위 행동은 내 블로그뿐만 아니라 다른 사람의 블로그에도 피해를 끼칠 수 있으니 절대로 하면 안 된다.

간혹 글쓰기는 귀찮은데 이슈를 쫓아서 방문자 수를 늘리고 싶은 사람, 혹은 글을 잘 쓸 자신이 없는 사람이 뉴스 기사 혹은 상위 노출을 하고 있는 블로그에 들어가서 글의 억양만 조금 수정하고 그대로 복사 및 붙여넣기를 하는 경우가 있는데 이렇게 되면 내 블로그 및 내가 보고 복사한 블로그까지 동시에 유사 문서로 분류되어 글이 안드로메다로 빠질 수 있다.

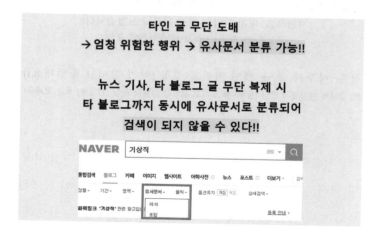

블로그에서 가장 위험한 경우는 내 글이 유사 문서로 분류되었을 때이다. 저렇게 되면 네이버가 사실상 내 블로그를 불량 혹은 어뷰징으로 판단을 내렸다는 것이기 때문에 앞으로 작성하는 글도 노출이 잘 안 될 수 있다. 그러므로 무슨 일이 있어도 남의 글은 절대로 무단으로 복사 및 붙여넣기 해서 발행하면 안 된다.

15.10. 개인정보 공개

이 부분도 네이버에서 다소 민감하게 반응하고 있다. 보통 식당 방문 후기를 적으면 그 업체의 전화번호를 함께 기재하거나 혹은 본인 블로그에 본인 전화번호 혹은 생년월일이나 주민등록번호를 기재하는 경우가 종종 있는데 이 역시 위험하다.

개인정보 공개

식당 전화번호, 개인 주민등록번호, 생년월일 등등
특정인의 신원을 알 수 있는 것 자제!!

전화번호의 경우 다소 애매하지만,
가급적 노출 삼가는 것을 추천
→ 쪽지 or 메일 or 비밀덧글 달라고 유도하는 것 권장

전화번호의 경우 다소 애매한 감이 있지만 만일 블로그 포스팅에 나를 포함한 특정인의 주민등록번호 혹은 생년월일을 기재하면 네이버 측에서 이메일을 통해 "해당 글은 노출이 불가능한 개인정보를 포함하고 있어 비공개 처리합니다~"라는 통보를 보낼 수 있으므로, 정 안 되면 쪽지나 이메일, 아니면 비밀 덧글을 통해 전화번호나 개인정보를 공유하고, 공개적인 포스팅에는 하지 않는 것을 추천한다.

15.11. 방문자 수 올려 주는 매크로 사용(방문자 수 조작)

글쓴이도 처음에 매크로라는 게 있는지 몰랐는데, 실제로 존재했다. 간혹 이슈를 쫓는 거조차 귀찮은 블로거가 다른 사람들에게 "내 블로그는 이 정도야~"를 과시하고 싶어서 매크로를 통해 방문자 수를 강제로 끌어올려서 조작하는 경우가 있는데, 이는 절대 하면 안 된다.

방문자 수 증폭 매크로 사용

비정상적인 ip 및 서버 감지로 네이버에서 제재 가능

심하면 블로그 이용 정지까지 가능!!

열심히 운영해서 방문자 수 천천히 늘리는게 현명
" 화약의 불은 오래가지 못한다 "

누차 강조했듯이 네이버 로봇은 멍청하지 않고 생각보다 굉장히 영리하다. 보통 방문자 수로 집계되는 것은 독립적인 IP 주소로 내 블로그를 방문했을 때인데, 매크로를 사용하게 될 경우 IP 주소도 불명확할뿐더러 짧은 시간에 같은 도메인에서 방문 기록이 네이버 서버에 남게 되므로 결국 네이버 측에서도 조기에 눈치를 채고 제재를 가한다.

저품질 여부는 모르겠지만, 매크로를 사용하여 방문자 수를 지속적으로 조작했다면 네이버 측에서 글쓰기 제한, 심하면 블로그 접속 차단 조치까지 내릴 수 있는 만큼 절대로 눈앞의 숫자만을 바라보고 방문자 수를 강제로 늘려 조작하는 행위는 삼가야 한다.

화약의 불은 아주 빠르게 타오르지만 대신 오래가지 못한다는 점을 명심하자. 그냥 내가 열심히 운영해서 방문자 수가 꾸준히 오르게 하는 것이 가장 현명하다.

15.12. 동일 키워드 반복적으로 발행

보통 우리가 블로그를 운영하는 것은 맛집 키워드를 상위 노출시키고 싶어서 하는 경우가 많은데, 사실 맛집 키워드는 너무 자주 하면 안 된다.

실제로 2018년도에 맛집 포스팅을 무작위로 했을 때 처음에는 상위 노출이 잘 되었지만 바로 두 번째부터는 키워드 강도와 상관없이 순위가 13

위 미만에 머물러 있었다.

 즉 맛집 키워드를 하루 만에 두 차례 이상 올리게 되면 키워드가 잠기면서 키워드가 아무리 쉽더라도 생각했던 만큼의 순위가 나오지 않는다.

 따라서 맛집 키워드를 하루 혹은 연속적인 날에 발행하지 말고 시간을 두고 발행하는 것이 좋은데, 글쓴이의 경우 최소 48시간의 간격을 두고 맛집 키워드를 포스팅하고 있다.

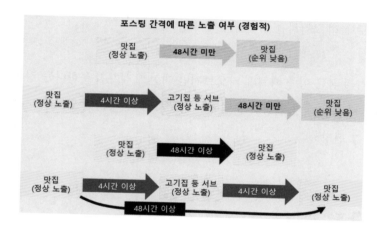

 위 모식도는 경험을 통해서 만들어졌다. 우선 맛집과 맛집의 간격은 48시간이 넘어가면 문제없이 상위 노출이 되었으며, 맛집이 아닌 고깃집이나 술집과 같은 서브 키워드의 경우 위에서 언급한 권장 포스팅 간격인 4시간 이상을 유지하면 문제없이 노출이 되었다.

블로그 하루 방문자 수 최대 얼마까지 가능?

블로그를 처음 시작할 때는 100명도 많아 보이고, 1,000명이 넘은 블로그를 볼 때마다 "우와…" 소리가 나온다. 그런데 정작 일 방문자 수 평균 1,000명이 넘는 블로그는 5,000명이 넘는 사람을 보고 "우와…" 할 것이고, 5,000명 이상의 하루 방문자 수를 보유한 블로거는 10,000명 이상 가는 블로그를 보면서 "우와…"를 할 것이다.

실제 블로그 하루 방문자 수는 제한이 없다. 특정 키워드가 화제가 되어 유입량이 폭발적으로 증가하면 하루 방문자 수가 10만 명을 넘길 수도 있는데, 서울기상센터 블로그의 경우 하루 최대 방문자 수는 2019년 9월

6일, 태풍 링링이 서울에 상륙한다는 속보가 계속 올라올 때 14만 5천 명을 기록하였다.

글쓴이 역시 그 전까지만 해도 하루 방문자 수가 2만 명만 넘어도 "와…" 하고, 그다음에 5만 명을 넘었을 때도 "이게 가능해?"라고 했었는데, 2019년 9월 6일 5만의 거의 3배에 달하는 14만 5천 명이 방문을 하니 블로그 방문자 수는 제한이 없고, 결국 운과 블로그의 타이밍에 달려 있음을 알 수 있었다.

실제 위와 같은 폭발적인 방문자 수를 가능케 했던 것은 본 블로그가 날씨를 다룬다는 점, 이에 따라 태풍이 북상하고 있으니 전문적으로 포스팅을 하면서 '태풍' 키워드만 쳐도 모바일 View 탭 및 PC 블로그 탭에서도 1위를 기록하면서 유입량이 증가한 것으로 보인다.

태풍 13호 링링 경로 및 상륙에 따른 서울날씨 전망 [게시물 보기]		⬇ 다운로드
2019.09.05. 19:44 작성		실시간 2020.10.16. 기준
누적 조회수	누적 공감수	누적 댓글수
191,382	310	45

당시 누적 조회수는 무려 19만 1천 회로 어마무시한 기록이었는데, 문제는 태풍은 소멸하면 끝이기 때문에, 19만 회를 찍은 이후 폭발적인 증가는 전혀 없었다.

비록 태풍이 발생하지 않으면(물론 태풍이 오면 안 되지만) 서울기상센터는 위와 같은 방문자 수 폭증을 경험할 수 없지만, 그래도 어쩌다 한 번씩 10만 이상의 하루 방문자 수를 기록하는 날에는 괜히 기분이 좋은 것은 사실이다(태풍 피해가 없길 바라는 마음으로 써야 하는 것은 당연하지만).

블로그를 이제 본격적으로 시작하려는 분들 또한 열심히, 또 꾸준히 운영하다 보면 하루 방문자 수가 10만을 넘어가고, 상위 노출을 하는 날이 분명히 올 것이기 때문에, 남의 글을 무단 복제하지 말고 '인내심', '1일 1포스팅', '이슈 쫓지 않기', '나만의 색 만들기'를 준수해서 멋진 파워블로거가 되었으면 좋겠다.

16.1. 누적 조회수 19만 1천 회 달성한 포스팅 공개

제목: 태풍 13호 링링 경로 및 상륙에 따른 서울 날씨 전망

안녕하세요.
서울기상센터, KS서울날씨청입니다.

설마 했는데 정말… 태풍이 서울로 오려나 봅니다.

저는 원래라면 오늘 수업이 끝나고 서울에 가야 하지만 모레 부

산 서면 근처에서 텝스 시험을 응시해야 하는 관계로 영어 공부에 몰입하기 위해 부산에 잔류하기로 하였습니다.

제가 서울에 있었던 여름 방학 때는 태풍이 온다고 하면 다 비껴갔는데 이번에는 정말로 수도권을 강타하려는 거 같은데 큰일입니다.

2일 전에 태풍 13호 링링 경로 발표를 했었는데 이번 시간에도 다시 업데이트하는 차원으로 새로 작성해 보겠습니다.

그러면 태풍 링링 경로 브리핑을 시작합니다.

발표일: 2019년 9월 5일(2차)
이름: 태풍 13호 링링 Lingling
영향 장소: 대한민국 수도권
작성 장소: 부산 금정구 장전동

먼저 태풍 13호 링링 현황부터 보겠습니다.

현재 태풍 링링은 중심기압 940hpa의 매우 강한 중형급 태풍으로 성장했고 중심부에는 무려 47m/s에 달하는 강풍이 몰아치고 있습니다.

현재 강풍 반경은 약 370km로 그렇게 크지는 않고 시속 19km/h 의 보통 속도로 북진하고 있습니다.

그러면 이번에는 각국 기관에서 발표한 태풍 13호 링링 경로를 보겠습니다.

먼저 우리나라입니다.

(사진 1: 우리나라에서 발표한 태풍 링링 경로)

우리나라 기상청에서 발표한 태풍 경로 이미지입니다.

대한민국 기상청에서는 태풍 링링 상륙 때의 강도를 상향하였습니다. 제가 그동안 몇 차례의 태풍 예보를 했지만 저렇게 대놓고 25m/s 이상 구역이 서울 및 수도권에도 해당되는 건 처음 보았습니다 ㄷㄷ

사실상 초속 25m/s면 사람이 날아갈 수 있는 강도인데 서울과 경기도, 인천과 같은 수도권이 그 범위에 들고 있어서 강풍에 대한 대비가 각별해 보입니다.

우리나라에서는 태풍 링링 경로가 DMZ 부근을 통과한다고 하여서 서울은 오른쪽 위험반원에 들게 되어 바람이 더 강하게 불 수 있습니다.

특히 인천이랑 서해안은 더 위험해 보입니다.

(사진 2: 미국 JTWC에서 발표한 태풍 링링 경로)

이건 미국 JTWC에서 발표한 태풍 경로 영상입니다.

우리나라하고 미국은 거의 유사합니다.

미국에서는 태풍 13호 링링이 우리나라보다는 약간 서편화된 상
태로 북한을 지나간다고 하고 서울과 경기도, 인천은 태풍 링링
오른쪽 위험반원에 들 것으로 예상되어 강풍이 우려된다고 발표
하였습니다.

그 후에 북한을 완전히 관통한 후 중국 흑룡강성으로 진출한다
고 합니다.

(사진 3: 중국 CMA에서 발표한 태풍 경로)

다음은 중국 중앙기상대에서 발표한 태풍 경로입니다.

중국에서는 약간 다른 경로를 내놓았습니다.

우리나라와 미국과는 달리 태풍 경로가 약간 서쪽으로 치우쳐져서 북한 관통이 아니라 신의주에 상륙한 후 곧바로 중국 길림성이랑 흑룡강성으로 간다고 하는데 이렇게 되면 우리나라는 미국과 KMA 발표보다는 조금 희망적입니다.

그런데 중국 중앙기상대에서는 태풍의 강도를 분류할 때 보라색이 매우 강함인데 보라색이 서해상까지 이어지는 건 처음 보았습니다 ㄷㄷ

대만으로 갈 때나 보던 건데 저게 우리나라로 올 때도 있군요….

(사진 4: 미국 NOAA에서 가져온 태풍 링링 위성 영상)

이번에는 태풍 13호 링링 위성 영상입니다.

NOAA에서 가져온 위성사진인데 눈 구조가 매우 뚜렷합니다.

태풍에 눈이 생기면 비로소 완벽한 모양이라고 할 수 있는데 눈이 큰 거보다는 작은 게 더 강력합니다.

우리가 3명 이상이서 손을 잡고 빙빙 돈다고 가정했을 때 서로 회전 속도를 증가하려면 가급적이면 가운데 구멍을 좁혀야 빨리 돌아갑니다(각운동량 보존).

그래서 태풍 역시 눈이 작을수록 회전력이 더 강력하다는 건데 저 정도면 나름 태풍의 눈 크기가 좀 작은 편~평균치여서 강풍이 우려됩니다.

한편 태풍의 오른쪽은 다소 구름대가 부실한데 그래서 불행 중 다행으로 서울과 인천, 경기도를 중심으로 바람은 매우 강하게 불겠지만 비는 많이 내리지 않을 것으로 보입니다.

(사진 5: CIMSS에서 가져온 태풍 링링 CI 지수)

다음은 태풍의 강도를 보여주는 CI 지수입니다.

2일 전에 처음 브리핑했을 때는 CI 지수가 3.5였고 저는 5~6까지만 갈 거라고 예상했는데 CI 지수는 현재 6.5입니다.

제가 틀렸습니다 ㅠ

암튼 CI 지수가 6이 넘었다는 것도 상당히 강력한 슈퍼태풍급이라는 얘기여서 농담 아니고 태풍의 영향을 먼저 받는 제주도는 긴장해야 할 것 같습니다.

그동안 책으로만 보고 들었던 "기후 변화로 인해 우리나라에도 슈퍼태풍이 올 수 있다"라는 책 구절이 현실화되었습니다.

현재도 고수온역에 있어서 앞으로도 CI 지수는 7까지는 가능해 보입니다.

이번 시간에는 태풍 13호 태풍 경로가 왜 그런지에 대한 분석입니다.

태풍은 북태평양 고기압 가장자리를 따라 북상하는 경향이 강한데 현재 500hpa 일기도를 보시면 북태평양 고기압이 동해에서 서쪽으로 확장하는 추세여서 이번에는 이례적으로 태풍이 대한해협이나 남해안 통과가 아니라 서해에서 서울~북한 관통이라는 이례적인 진로를 보이고 있습니다.

전형적인 가을 태풍입니다. 교과서에 기록될지도?

그리고 현재 중국에 기압골이 만들어졌는데 태풍 링링이 북상하다가 기압골과 합류할 것으로 보이고 그때부터 이동속도가 잠시나마 느려질 것으로 보입니다.

이때 이동속도가 얼마나 느려지고, 제주도 서쪽 해상에서 얼마나 오랜 시간 머무느냐가 서울과 수도권의 운명을 가를 것으로 보입니다.

오래 머물수록 힘이 빠져서 안전해집니다.

(사진 7: 기상청 위험기상감시 시스템에서 가져온 850hPa 일기도)

그리고 하층 850hpa 일기도입니다.

태풍은 온도 경도가 강한 곳으로 이동하려는 경향이 있는데 현재 발해만~요동반도를 중심으로 온도 경도가 높게 나타나고 있습니다.

발해만 북부에 위치한 한기 품은 저기압이 동쪽으로 얼마나 많이 이동하느냐 역시 태풍의 경로가 서편화될지 아니면 지금대로 유지될지를 판가름할 수 있다고 보고 있습니다.

그럼 이번에는 태풍 13호 링링 전망 및 서울 날씨입니다.

(사진 8: CIMSS에서 가져온 바다 수온)

먼저 해수온 자료입니다.

태풍 링링이 있는 곳을 중심으로 여전히 고수온이 나타나고 있습니다.

현재 CIMSS에서는 카테고리 4등급으로 분류했는데 이는 슈퍼태풍이나 다를 바가 없는 수준입니다 ㄷㄷ

미국을 강타한 허리케인 도리안이 5등급인데 바로 아래 등급입니다 ㄷ

암튼 여전히 수온이 높아서 태풍은 계속 발달할 것으로 보이는데 그나마 다행인 것은 우리나라 서해안의 수온이 낮기에 저기서 오래 머물러 준다면 태풍이 힘이 빠져서 약하게 지나갈 수 있습니다.

부디 상층제트의 지원도 없고, 동해상에 기압능이 강하게 자리 잡기를 기도해야겠습니다.

(사진 9: CIMSS에서 가져온 상하층 연직 시어)

그리고 이건 연직 시어입니다.

태풍은 전에도 얘기했지만 순압성 저기압이기 때문에 연직 시어에 취약합니다.

그래서 연직 시어가 강하면 아무리 수온이 높아도 태풍이 그 해역에서 수증기를 100% 활용을 못 하기 때문에 약해집니다.

중국 옌청 및 상하이 부근에 자리 잡고 있던 열저기압이 다른 곳으로 이동하면서 지상에 불고 있던 동풍이 많이 약해지면서 전체적으로 2일 전보다 연직 시어가 좀 약해진 모습입니다.

그리고 현재 태풍 13호 링링 위치를 중심으로 연직 시어가 약해서 발달에 매우 용이하고 앞으로 한반도로 북상할 때도 태풍의 대류역이 매우 깊어서 자체적으로 연직 시어를 상쇄할 가능성이 있기에 당분간은 연직 시어에 의한 약화는 따로 없을 것으로 보이고 그냥 이동속도에 모든 운명을 걸어야 할 것 같습니다.

(사진 10: 기상청 위험기상감시 시스템에서 가져온 와도 예상도 GIF)

이건 500hPa 와도 예상도입니다. 12시간 간격인데 북태평양 고기압이 일본 쪽에 위치하면서 이번에는 태풍이 일본으로 꺾지 아니하고 우리나라 및 중국, 북한으로 가는 것입니다.

2일 전만 해도 상층제트의 도움이 없었는데 오늘 나온 UM 모델에 의하면 태풍 13호 링링이 북상하고 북한으로 갈 때 상층제트를 끌어내림으로써 상층제트와 합류함에 따라 이동속도가 증가할 것이라는 예측 결과를 모의하고 있습니다.

물론 동해상의 기압능도 2일 전 예측보다 다소 약해졌지만 그래도 제주도 서쪽 해상에서 이동속도가 좀 느려질 거라는 전망은 여전합니다.

(사진 11, 12: 똑같은 와도 예상도, 다른 시간대)

내일 오후부터 모레 새벽 사이가 관건입니다.

이때 태풍 링링이 얼마나 느려지고 얼마나 오랜 시간 체류하는 지가 서울과 수도권 지역의 운명을 당락 지을 것으로 보여서 긴 장감이 유도되고 있습니다.

태풍이 제주도 서쪽 해상의 마의 구간을 지나고 나면 북쪽골과 합류되고 나중에는 상층제트와 합류되어 이동속도가 증가하게 되는데, 원래 태풍은 이동속도가 빠를수록 강풍의 풍속도 가속 되기 때문에 오히려 더 위험합니다.

그래서 가장 좋은 시나리오는 제주도 서쪽에서(제주도가 강풍 반경에 들지 않는다고 가정하고) 이동속도가 크게 감소해서 힘 을 다 쏟아낸 후, 약해진 상태에서 서울을 보통 속도로 통과하다 가 DMZ 부근에서 후딱 북상해 버리는 게 제일 안전한 시나리오 라고 생각합니다.

(사진 13: 기상청 위험기상감시 시스템에서 가져온 200hPa 등풍속선)

이건 200hpa의 상층 일기도입니다.

제가 이걸 가져온 이유는 바로 초반에는 태풍이 북상할 때 작년에 우리나라에 최악의 폭염을 야기했던 티베트 고기압이 모습을 보였기 때문입니다.

그때 티베트 고기압이 이례적으로 9월에 확장하면서 북태평양 고기압도 동반, 동시에 북태평양 고기압이 확장하면서 늦더위를 초래할 거라는 모의를 했었는데 지금은 다행히도 티베트가 몸을 사리면서 늦더위는 없을 것으로 보입니다.

그리고 태풍이 상당히 compact한 것인지 엄청나게 강력한 놈인데도 불구하고 200hpa에서 보이지 않네요.

(사진 14: 똑같은 등풍속선, 다른 시간대)

티베트 상층 고기압이 다행히도 수그러들면서 늦더위를 불러오지는 않을 것으로 보이니 좀 다행이네요…. 9월에도 열대야는 피한 거 같군요… 하하.

티베트 고기압이 작년에 너무 힘을 썼는지 올해는 좀 잠잠해진 거 같은데 내년에도, 내후년에도, 앞으로도 계속 가만히 있었으면 좋겠습니다~

(사진 15: 기상청 위험기상감시 시스템에서 가져온 한반도 강조 일기도)

그리고 이건 지상 일기도입니다.

잘 보시면 UM 모델에서는 일관적으로 태풍 링링 경로가 북한 옹진반도로 향할 거라고 예측하고 있고 서울은 태풍 링링 오른쪽 위험반원에 듦에 따라 강한 바람이 불겠지만 비는 덜 내린다고 예측하고 있습니다.

바람도 강한데 비까지 강하게 내리면 정말 재앙인데, 그나마 불행 중 다행이라고 해야 할까요…. 아니면 가뭄은 가뭄대로 해결이 안 되는데 바람만 무식하게 강하게 불게 해서 상황을 더 나쁘게 만들까요. 이건 이제 신의 몫인 것 같습니다.

(사진 16, 17: 똑같은 한반도 강조 일기도, 다른 시간대)

암튼 UM 모델에서는 태풍 13호 링링이 9월 7일 토요일에 지나갈 것으로 내다보고 있습니다. 그리고 부산과 남해안에는 정남풍이 강하게 분다고 하는데 모델에서는 모의되지 않았지만 지형적인 요인으로 남해안에도 강한 비구름이 간헐적으로 생겨서 영향을 주지 않을까 짐작하고 있습니다.

(사진 18: earth.nullschool.net에서 가져온 유선 흐름장)

이건 미국 GFS 모델에서 예측한 태풍 경로 유선장입니다.

미국에서도 태풍 13호 링링이 9월 7일에 우리나라 서해상으로 진출한다고 예측하고 있고 분홍색이 보일 정도로 매우 강력한 바람이 불 것으로 예상하고 있습니다.

진짜 강한 태풍이 대놓고 서해상에 있는 날을 다 보네요 ㄷㄷ

그냥 책에서만 떠드는 기후변화 얘기로만 생각했는데 현실화가 되었습니다.

앞으로도 이런 조건만 조성되면 언제든지 더 강력한 태풍이 북상할 수도 있다는 얘기인데 기후변화…. 이제는 이론이 아니라 실제 상황임을 직시해야 할 것 같습니다.

(동영상: 직접 유튜브로 제작한 태풍 링링 설명)

제가 만든 태풍 13호 링링 경로 및 서울 날씨 전망 브리핑 동영상입니다.

이번에는 제가 정성을 좀 더 추가해서 자막도 넣었고 4K UHD 화질이라서 2160p로 재생해서 보는 걸 추천드립니다.

그리고 보다 높은 전달력을 위해 이어폰을 사용하시는 걸 권장 드립니다.

부디 태풍 링링이 수도권에 큰 피해를 안기지 않았으면 좋겠습니다.

저도 계속 신경을 쓰고 싶지만 모레 텝스 시험이 있어서 공부에 전념을 하고 있는 관계로 소홀히 하게 되는 점 양해 부탁드립니다 ㅠㅠ

(링크1: 전날 올린 태풍 링링 경로 포스팅)

이건 2일 전에 올린 포스팅인데 얼마나 달라졌는지 비교하고 싶으신 분들을 위해 올려 드립니다.
감사합니다

사진 출처: 기상청 위험기상감시 시스템, JTWC, CIMSS, NOAA, 중국 중앙기상대

(사진 19: 서울기상센터 명함)

- 메인 키워드: **태풍 링링 경로**
- 키워드 삽입 횟수: 6번
- 글자 수: 4306자
- 특징: GIF 이미지 사용 및 동영상 첨부

파워블로거가 알려주는

성공적인 블로그 관리 노하우!

© 김중진, 2020

초판 1쇄 발행 2020년 12월 31일

지은이   김중진
펴낸이   이기봉
편집   좋은땅 편집팀
펴낸곳   도서출판 좋은땅
주소   서울 마포구 성지길 25 보광빌딩 2층
전화   02)374-8616~7
팩스   02)374-8614
이메일   gworldbook@naver.com
홈페이지   www.g-world.co.kr

ISBN   979-11-6649-152-8 (03000)

이 도서의 국립중앙도서관 출판예정도서목록(CIP)은 서지정보유통지원시스템 홈페이지(http://seoji.nl.go.kr)와 국가자료공동목록시스템(http://www.nl.go.kr/kolisnet)에서 이용하실 수 있습니다. (CIP제어번호 : CIP2020053661)

행복은 가능한가

그대 안에 꿈틀대는 모난 자존감

행복은 가능한가

그대 안에 꿈틀대는 모난 자존감

초판 발행일 | 2014년 12월 20일
지은이 | 최준식
펴낸이 | 유재현
출판감독 | 강주한
편집 | 박수희
마케팅 | 장만
디자인 | 박정미
인쇄·제본 | 영신사
종이 | 한서지업사

펴낸 곳 | 소나무
등록 | 1987년 12월 12일 제2013-000063호
주소 | 412-190 경기도 고양시 덕양구 대덕로 86번길 85(현천동 121-6)
전화 | 02-375-5784
팩스 | 02-375-5789
전자우편 | sonamoopub@empas.com
전자집 | http://cafe.naver.com/sonamoopub

책값 15,000원
ⓒ 최준식, 2014
ISBN 978-89-7139-096-2 03810

소나무 머리 맞대어 책을 만들고 가슴 맞대고 고향을 일굽니다.

이 도서의 국립중앙도서관 출판예정도서목록(CIP)은 서지정보유통지원시스템 홈페이지(http://seoji.nl.go.kr)와 국가자료공동목록시스템(http://www.nl.go.kr/kolisnet)에서 이용하실 수 있습니다. (CIP 제어번호 : CIP2014034600)

행복은 가능한가

그대 안에 꿈틀대는 모난 자존감

최준식 지음

소나무

글 싣는 순서

행복이 과연 가능할까요?

"행복은 가능할까요?"

저는 여러분들에게 행복하냐고 묻는 게 아니라 우리에게 행복이 과연 가능한가라고 다소 거칠게 질문을 던지고 싶습니다. 이것을 조금 다르게 표현하면, 과연 우리가 살고 있는 한국의 사회문화 속에서 행복감을 느낄 수 있겠느냐고 할 수도 있겠습니다. 우리는 지금 어떤 문화 속에서 살고 있습니까? 한국 사회 전체가 '무한 경쟁'과 '편 가르기', 자신 혹은 자기가 속한 공동체가 무조건 옳다는 독선적인 이기주의, 자신의 잘못은 모두 남 때문이라는 '남탓주의', 그러면서도 남들을 따라 하지 않으면 견디지 못하는 '무줏대주의'가 팽배해 있습니다.

이런 문화 속에서 인간이 행복하게 사는 것은 매우 힘듭니다. 사회가 어떻다 해도 자신은 행복하게 살 수 있다고 생각할 수 있겠지만 그것은 단견입니다. 아무리 뛰어난 위인일지라도 한 개인은 사회문화를 넘어서서 독존할 수 없기 때문이지요. 저는 이 책에서 한국의 사회문화가 깨어진 현장을 우리 인생에서 가장 중요한 몇몇 의례나 분야에서 확인해 보고자 합니다.

예를 들어 결혼식이나 장례식에서 벌어지고 있는 대단한 수준의 비합리성이나 교육 현장에서 보이는 부조리한 어리석음, 혹은 종교계에 만연한 가부장적인 맹신주의 등이 그것입니다. 삶에서 가장 중요한 의례나 교육, 종교 등이 행복은커녕 우리를 더욱 불행하게 만들고 있다면 삶의 다른 현장도 그리 다르지 않을 테지요.

오늘날 한국인들은 왜 이처럼 불행하게 살고 있을까요? 단적으로 말해, 한국인들에게 적합한 새로운 가치관이 나오지 않았기 때문입니다. 우리는 조선조까지는 유교를 신봉하면서 살았습니다. 유교가 조선조에는 어울리는 사상이었는지 모르지만 현대에는 맞지 않는 부분이 많습니다. 그런데 유교를 대치할 만한 것이 없으니 한국인들은 여전히 유교식대로 살고 있습니다. 더 문제인 것은 유교의 좋은 점은 거의 사라지고 찌꺼기만 남았다는 것입니다. 그러니 여전히 한국인들은 나이 타령 하면서 연장자나 상위 직급자가 권위를 부리고 아직도 여성을 깔보고 있으며 우리 가문 혹은 집단만이 옳고 최고라는 비문명적인 우리주의Weism에 빠져 살고 있는 것 아닌가요? 제가 '폐유弊儒'라 명명하는, 즉 낡아서 더 이상 쓸모가 없는 유교의 현주소를 이 책에서 살펴보겠습니다.

오늘날 한국인들의 문화 속에서 자존감을 갖고 살기는 어렵습니다. 개인은 없고 우리만 있기 때문입니다. 우리는 그저 남들 하는 대로 따라가며 살고 있습니다. 그러면서 서로 엄청난 경쟁을 합니다. 옆집 아이가 과외를 시작하면 내 아이도 무조건 과외를 시켜야 합니다. 안 하면 뒤처질 것 같고 남들과 같지 않으면 소외당할까 두려워 열심히 남을 따라 합니다.

한국인들의 이 같은 '쏠림 현상'은 전 세계적으로도 유명합니다. 그리고 그 쏠림 현상이 심각하게 나타나는 것은 한국의 그리스도교계입니다. 종교란 것은 그리 쉽게 바꿀 수 있는 것이 아닙니다. '절대신념 체계'라 그렇습니다. 그런데 한국인들은 어땠습니까? 그리스도교가 들어오자 한국인들은 천 수백 년 동안 신봉하던 불교나 유교를 가볍게 버리고 교회로 몰려갔습니다. 오늘날 아시아에서 그리스도교가 가장 활발한 나라는 바로 한국입니다. 아시아 지도를 펴놓고 보십시오. 이런 일이 다른 어떤 나라에서 벌어졌는가를 말입니다. 그리스도교가 성공한 나라는 동아시아에서 한국이 유일합니다. 이에 관한 자세한 이야기도 이 책에서 함께 나누고자 합니다.

이처럼 한국인들은 한쪽으로 쏠리기 쉬운 문화 속에서 살다 보니 자존감이 부족해졌습니다. 반대로 자존감이 부족해 이렇게 남들이 하는 대로 쏠려 사는 문화를 만들어 냈다고 할 수도 있겠지요. 이런 문화 속에 사는 한국인들은 결코 행복할 수 없습니다. 스스로 만든 감옥에 갇혀 어찌할 바를 모르는 사람들이 바로 우리 한국인들 아닐까요? 사람을 힘들게 하는 문화를 스스로 만들어 놓고는 그것에서 벗어나지를 못하니까요.

그럼, 이대로 힘들고 불행하게만 살아야 할까요? 그럴 수는 없습니다. 한국이 어떤 나라입니까? 2차 세계대전 후 원조를 받던 수많은 나라 가운데 유일하게 원조를 주는 나라로 바뀐 나라가 바로 한국 아닙니까? 그런데 하드웨어는 선진국 대열에 들어섰건만 정신과 관계되는 소프트웨어는 영 그 수준에 미치지 못합니다. 가치관적인 것은 아직도 후진국 상태입니다. 그러나 다른 어떤 민족도 하지 못한 경제 기적을 이루었다면 새로운 문화를 만드는 기적을 못 일으킬 것도 없지 않겠습니까?

　문화 기적은 분명히 가능합니다. 이러한 기적을 가능하게 하려면 이것 하나만은 확실하게 알아야 합니다. 문화 기적은 어떤 정치가나 종교적인 구세주가 와서 해주지 않는다는 것입니다. 이 일을 할 수 있는 정치가나 종교 지도자는 없습니다. 세상을 뒤엎는 혁명가를 기대하는 것도 어리석은 일입니다. 이 기적을 이룰 수 있는 사람은 우리들 자신뿐입니다. 이 문제 많은 문화를 우리 개개인이 만들었으니 우리가 고치지 않으면 안 됩니다. 누구를 따라 하거나 의지해선 안 됩니다. 각자가 해야 하는 일을 남들에게 미루지 말고 부조리한 일상을 자신이 할 수 있는 범위 내에서 아주 작은 것이라도 고쳐 나가야 합니다. 자신이 하는 행동이 아무리 작은 것이라도 상관없습니다. 이처럼 각자 삶의 영역에서 고집스러움을 잃지 않고 작지만 뚜렷한 걸음을 걷는 이들을 저는 문화 영웅이라 부릅니다. 자존감을 지키는 문화 영웅들 하나하나가 행복의 길을 닦습니다. 그러니 누구나가 문화 영웅이 되어야 합니다.

　저는 이 책에서 절박한 심정으로 여러분들과 이야기를 나누려고 합니다. 우리가 진짜 행복하게 살려면 우리 자신부터 바꿔어야 하고 그것을 작은 실천으로 옮기자는 것입니다. 그러려면 우리의 실추된 자존감을 다시 세워야 합니다. 남들에게 휩쓸리지 않고 내 뜻대로 살아보겠다는 생각 말입니다. 결코 쉬운 일은 아닐 테지요. 삶 전체를 내 마음대로 하면서 자유롭게 살기는 어렵습니다. 우리 같은 보통 사람들은 생활의 대부분을 남들 하는 대로 따라가며 살게 마련이지요. 그래도 상관없습니다. 그러나 그러는 중에 자신의 자존감을 살릴 수 있는 기회가 있으면 놓치지 마시기 바랍니다. 그런 기회를 통해 조금씩 변화를 꾀하는 겁니다. 그렇게 하면 내 자존감의 범위가 서서히 높아지고 넓혀집니다. 그래야만 불행에 맞서는 자존감을 탈환할 수 있습니다.

여러분,

어떻습니까.

행복은 가능할까요?

잘사는데
왜 더
불행해지는가

많은 한국인들이 그렇게 믿었습니다. 돈 많이 벌면 행복해질 거라고 말이죠. 1960년대에 지지리도 못살 때 그저 잘살기만 하면 다 될 줄 알았습니다. 그렇게 반세기가 지난 지금, 한국 사회는 놀랄 만한 발전을 했습니다. 이전에는 상상도 못할 만큼 잘살게 되었습니다. 우리나라에 이런 날이 오리라고는 제가 어렸을 때인 1960년대에는 꿈조차 꾸지 못했었지요. 그때 저는 한국은 절대 좋은 나라가 될 수 없을 거라고 생각했습니다. 모든 게 엉망이었으니까요. 아니, 엉망인지도 모르고 살았지요. 아무 희망이 없었습니다. 희망이 있다는 사실조차 알지 못했으니 얼마나 암울하고 참담했는지 모릅니다. 그저 '어기적대며' 하루하루를 보내는 일 말고는 별달리 할 일이 없었습니다. 현대인의 고뇌가 어떻다느니 인간 실존이 어떻다느니 하는 생각은 전부 사치일 뿐이었습니다. 아니, 사치라는 생각도 없었습니다. 그저 칙칙한 일상만이 계속되는 삶이었습니다.

〈사운드 오브 뮤직〉의 충격

여러분은 우리가 못살던 때의 이야기를 하도 많이 들어서 이제는 진부하게 들릴지도 모르겠습니다. 그때는 사실 우리가 못사는지도 몰랐습니다. 다들 못사니까 사람은 그렇게 사는 게 당연한 거라 생각했던 것이지요. 당시 TV에 나오는 미국 드라마를 보면 미국은 천국 같았습니다. 해외여행을 간다는 건 서민들에게는 상상할 수도 없는 일이었죠. 신혼여행도 온양온천 같은 곳으로 가면 만족했습니다(현재는 온양에서 아산으로 바뀌었지요). 적어도 제 주위에서는 사람들이 모두 신혼여행을 온양온천으로만 갔으니까요. 그래서 그때는 '사람은 결혼하면 신혼여행은 온양온천으로 가는 거구나'라고 아주 자연스럽게 생각했습니다.

그러니 저 태평양 건너에 있는 미국이라는 나라는 우리와는 아무 관계없는 나라로 보였습니다. 미국은 저 하늘에 떠 있는 천국 같았습니다. 그래서 '국교생' 시절 아이들 사이에는 이런 이야기가 떠돌았던 것이 기억납니다. "미국에서 제일 가난한 사람도 우리나라 최고 부자인 이병철보다 더 잘산다"고 말이죠. 이게 말이 되는 이야기입니까? 미국에 빈민들이 얼마나 많은데 어떻게 우리나라 최고 부자였던 이병철 회장이 미국 거지보다 못 살 수 있겠습니까? 그러나 그때 우리는 그렇게 자조적으로 살았습니다. 미국은 최고였고, 우리는 천하의 '병신'이었습니다.

그때 그런 좌절을 가장 강하게 겪게 했던 사건이 아직도 생각납니다. 1960년대 후반이었습니다. 중학교에서 〈사운드 오브 뮤직〉이라는 영화를 단체로 관람한 적이 있었습니다. 그때는 영화를 전교생이 단체 관람하는 일이 잦았습니다. 별달리 할 일이 없으니 영화관이나 간 것이겠지요.

그런데 이 영화는 그야말로 충격이었습니다. 물론 노래가 최고였죠. 그와 더불어 아름다운 자연과 그 으리으리한 저택, 그리고 그런 환상적인 곳에서 벌어지는 선남선녀들의 파티 등은 표현하기가 힘들 정도로 황홀했습니다. 문제는 영화관을 나와 집에 돌아온 다음이었습니다. 스크린에서 본 황홀한 풍경과 극도로 대비되는 처절한 가난의 일상 앞에 저는 너무도 비참했습니다.

당시 제 부친은 서울 지하철 신당역 근처에서 조그만 가게를 운영하고 있었는데, 우리 가족이 살던 살림집은 그 가게에 붙어 있었습니다. 그 살림의 옹색함을 어떻게 표현해야 할까요? 그 지저분함은 필설로 하기 힘들 정도입니다. 게다가 집에서 약 15

분 정도만 걸어가면 청계천 판잣집들이 있었습니다. 그 냄새나는 구정물 위에 남루한 판잣집을 짓고 사는 사람들이 부지기수였죠.

제 부모들의 교육 수준도 너무나 낮았습니다. 모친은 무학이고 부친은 시골 소학교 나온 게 전부이니 말이죠. 하지만 제 주위에는 그런 사람들만 있어서 그게 전혀 이상하지 않았습니다. 산아 제한도 없었습니다. 생기는 대로 낳았습니다. 그래서 우리 집도 형제자매가 원래 아홉이었는데 그중에 둘은 죽고 일곱만 남았습니다. 그때는 어떤 집이든 자식들 가운데 한둘은 죽는 게 다반사라 이런 게 전혀 이상하지 않았죠. 아무튼 그래도 가족은 아홉 명이나 되었죠. 제가 살던 집은 아주 협소해서 아홉 명이 사는 것도 벅찼는데, 거기다 친척들 서너 명이 항상 함께 살았습니다. 이곳이 서울이니까 시골에서 돈 벌러 상경했던 것이죠. 사정이 그러하니 한 방에 다섯 명 이상씩 잤던 기억이 납니다.

또한 모든 게 지저분하고 불결하기 짝이 없었습니다. 겨울이면 수도가 꽁꽁 얼어붙어 아무것도 할 수 없었습니다. 더운물이 부족하니 세수도 잘 못합니다. 목욕은 겨울 내내 동네 목욕탕에 가서 한 번이나 했을까요? 끔찍히도 추웠던 기억에 지금도 몸에 한기가 서립니다. 방 안도 윗목에서는 얼음이 얼었을 정도였으니까요.

이때의 상황을 지금의 젊은 세대들에게는 설명할 수가 없습니다. 살아본 사람들만 알 뿐이지요. 어떻든 그렇게 믿을 수 없이 못살아서 현실에서는 아무 희망을 가질 수 없었습니다. 아예 잘산다는 게 무엇인지 몰랐으니 어떻게 희망을 갖겠습니까? 그런데 〈사운드 오브 뮤직〉을 보고 온 날, 그때 집의 모습이 얼마나 누추하고 지저분하게 보였는지 모릅니다. '걸레'라는 표현도 모자랐습니다. 그러기에 열등감이나 좌절감은 더 컸습니다. 우리는 이렇게 살다 갈 사람들인가 하고 말입니다.

게다가 1970년대의 유신 독재는 더더욱 이 나라에 대한 희망을 짓밟아 버렸습니다. 그 무지막지한 군부 독재는 이 나라가 희망이 전혀 없는 나라라는 것을 다시 한 번 확인시켜 주었습니다. 지금 50세 이하 되는 분들 가운데 유신 독재 시절을 염오하는 이들이 더러 있더군요. 그럴 때마다 '당신들이 그 시대를 겪어 보고 하는 소리입니까? 그때의 답답함이 어떤지 알고 있습니까?' 하고 묻고 싶은 생각이 듭니다. 그렇게 세월이 흘렀죠. 그런데 1990년대가 되면서 조짐이 이상했습니다. 주변이 깨끗해지고 잘사는 모습들이 보이기 시작했습니다. 사회가 많은 부분에서 세련되기 시작한 겁니다.

그러다 2000년대가 되니 나라가 달라졌습니다. 경제가 특히 달라졌습니다. 이전에 우리나라의 물품 가운데 세계적인 경쟁력 있는 것은 가발이나 신발, 혹은 오토바이 탈 때 쓰는 '헬메트'나 손톱깎기 같은 보잘것없는 것밖에 없었습니다. 그래서 한국 경제는 이 수준에서 벗어나지 못한다고 사람들은 자조적으로 이야기했습니다. 그러나 1990년대에 슬슬 불을 지피더니 2000년대가 되니까 이상한 소리가 들리기 시작했습니다.

그 별 볼일 없는 나라에서 세계적으로 경쟁력 있는 주요 제품들이 나오기 시작한 겁니다. 머리카락 잘라서 가발이나 만들고 신발이나 만들던 나라에서 매우 선진화된 기술을 필요로 하는 물품들이 나오기 시작한 것이죠. 오늘날 세계에서 수위를 다투는 한국 제품을 보면 반도체, 휴대전화, 자동차, 조선, 가전제품, 석유화학, 철강 등 고도의 기술을 필요로 하는 제품들이 대부분입니다. 완전히 선진국에서나 만들어 낼 수 있는 제품들이지요.

더 극적으로 보이는 것은 2000년대 중반이 되면서 삼성전자가 일본의 소니를 능가했을 뿐만 아니라 일본의 모든 전자회사들이 만들어 낸 이익보다 삼성이 창출한 이익이 더 많은 해도 있었다는 겁니다. 제가 어렸을 때 우리나라가 일본을 추월한다는 것은 하늘이 두 쪽이 나도 일어날 수 없는 일로 여겼습니다. 우리나라처럼 형편없는 나라가 어떻게 경제 대국 2위인 일본을 능가할 수 있었겠습니까? 『한국 전쟁의 기원』이라는 책으로 저명한 브루스 커밍스Bruce Cumings가 『중앙일보』와의 대담2013년 8월 31일에서 그러더군요. 어떻게 삼성전자가 소니를 이겼는지 자신이 한국학자이지만 잘 모르겠다고 말입니다.

현재 무역량 세계 9위라거나, 나아가 2050년에는 한국이 세계에서 국민소득으로 볼 때 두 번째로 부유한 나라가 될 것이라는 등의 얘기가 이제는 식상할 정도입니다. 그런데 여전히 경청해야 할 이야기가 있습니다. 경희대 교수인 임마누엘 페스트라이쉬Emanuel Pastreich가 쓴 『한국인만 모르는 다른 대한민국』을 보면, 한국은 제국주의 경험을 하지 않고 선진국이 된 유일한 나라라고 하더군요. 생각해 보면 이 말이 맞습니다. 서양 선진국들은 못사는 다른 나라들을 식민지로 만들어 얼마나 착취를 많이 했습니까? 서양 나라들은 그것을 가지고 선진국이 되는 발판을 삼은 것이겠지요. 그런데 우리는 다른 나라를 수탈하지 않고 우리 힘으로 선진국이 된 것입니다.

주목해야 할 기록은 또 있습니다. 우리나라가 2차 세계대전 후에 원조를 받았던 수많은 나라 가운데 유일하게 원조를 주는 나라로 바뀌었다는 겁니다. 이는 매우 상징적인 이야기입니다. 인류 사회에 이런 일이 이전에는 한 번도 없었으니까요. 후진국에서 선진국으로 도약하는 일이 그만큼 어렵다는 건데, 그걸 우리나라가 해낸 겁니다.

장하준 교수는 『사다리 걷어차기』란 책에서 그것이 구조적으로 왜 어려운가를 설득력 있게 밝혀냈습니다. 선진국은 말로는 인도주의니 개발 원조니 하지만 속으로는 후진국이 따라오는 것을 바라지 않는다는 것입니다. 그래서 후진국이 따라올라 치면 자기가 밟고 올라온 사다리를 걷어차면서까지 후진국의 추격을 용납지 않는다고 합니다. 장 교수의 표현대로라면 선진국들의 이러한 교묘한 발길질을 피해 우리나라가 사다리 올라타기에 성공한 것이지요.

그래서 다른 개도국들도 희망을 갖습니다. 왜요? 자기네보다 못살던 한국이 저렇게 됐으니 자신들도 할 수 있지 않겠느냐고 희망을 갖는 것이지요. 좌우간 이렇게 해서 우리는 엄청난 일을 해냈습니다. 이것은 전체 인류사의 기적입니다. 이것은 나라 밖이나 안이나 모두 인정하는 겁니다.

행복을 잃은 사람들

우리가 얼마나 잘살게 됐는가는 이제 그만 이야기하렵니다. 그게 우리의 주제가 아니기 때문입니다. 제가 이야기하고 싶은 것은 우리가 이렇게 잘살게 되었건만 우리 사회에 행복의 소리가 들리지 않는다는 것입니다. 행복과 기쁨의 환호는커녕 불만과 미움 그리고 남 탓하는 소리만 득시글합니다. 거리에 나서면 온통 성난 얼굴들만 보입니다. 어깨라도 부딪치면 '너 잘 만났다' 하고 덤벼들 태세입니다. 그뿐만이 아니죠. 학교든 회사든 이 나라에서 벌어지는 살인적인 경쟁은 또 어떻습니까? 어려서부터 경쟁이 체질화되어 우리 아이들은 남을 짓밟고 올라서야만 하는 괴물이 되어 가고 있지 않습니까?

한국인들이 느끼는 행복감은 OECD 국가 가운데 바닥 수준입니다34개국 중 32위. 그러다 보니 삶의 질은 꼴찌이고 스트레스 수준 역시 세계 최고입니다. 자살률 역시 높아서 OECD 국가 중 계속해서 1위를 차지하고 있습니다. 특히 청소년 자살률과 노인 자살률은 다른 선진국의 몇 배가 된다고 합니다. 삶이 이렇게 힘드니 한국인들은 아이도 낳지 않아 출산율 역시 꼴찌입니다.

한국인들 불행의 목록은 계속 이어집니다. 존속살인이나 산업재해, 교통사고 사망, 군내 사고 및 사망, 노인 빈곤율 역시 우리나라가 OECD 국가 중 최악입니다. 또 해외 성구매나 성판매, 아동 성구매 등도 세계 최고 수준입니다. 그래서 이러한 한국의 현실을 두고 박명림 교수는 "(한국에는) 세계 최고 수준의 경제지표와 기술지표, 세계 최악 수준의 인간존엄과 인간지표가 병존"『중앙일보』 2013년 8월 29일자하고 있다고 지적했습니다. 박교수는 이에 덧붙여 북한의 반보편적·반문명적·시대착오적인 인간 참상에 대해서도 말하고 있었습니다. 명실공히 남북한 통틀어 한반도는 행복과는 거리가 먼 공간이 되어 가고 있는 것이지요.

행복은 꼴찌, 불행은 일등인 국가가 바로 지금의 '대한민국'입니다. 하지만 사실 더 심각한 건 이런 수치들도 너무 자주 거론되기에 시나브로 무감각해지고 있다는 것 아닐까요? 불행의 속도가 불이 번지듯 빨라지고 장기화되고 있는데도 행복의 감각을 느끼고자 하는 여유마저 잃어버리고 있는 건 아닐까요?

오늘날 한국 사회에 대해 사회학자들은 지금 우리 사회는 헝거hunger는 넘어섰는데 앵거anger에 걸려 있다고 주장합니다. 하드웨어는 잘 정비되어서 육체적인 배고픔은 극복했는데 소프트웨어는 아직 미비해 정신적인 배고픔은 여전하다는 것이지요. 이에 대한 좌절이 바로 화, 즉 앵거의 모습으로 나타나고 있는 것입니다. 그래서 요즘 한국인들 사이에는 서로 간에 적대감이 강합니다. 자기와 다른 생각을 가진 사람들을 악마처럼 대합니다. 그 반대로 자기 집단의 생각이나 구성원에 대해서는 무조건 방어합니다. 그러고는 남 탓을 하기 일쑤입니다. 자기 집단의 누가 잘못해 지적을 당하면 완전하게 드러나기 전까지는 무조건 부당하고 억울하다고 합니다.

예를 들어 공천 헌금 수사를 하면 처음에는 무조건 발뺌하고 표적수사니 정치 탄압이니 하면서 억울하다고 합니다. 그것도 아주 뻔뻔하게 말이죠. 하도 뻔뻔하게 읍소를 하니 사정을 잘 모르는 사람은 그 사람이 참 딱하다는 생각까지 합니다. 그렇게 끝까지 억지를 부리다가 부정할 수 없는 증거가 나오면 그제야 국민에게 심려를 끼쳐 죄송하다 하면서 감방으로 끌려가지요. 그러나 진정으로 뉘우치는 일은 결코 없고, 속으로 나만 당했다고 생각해 억울하다는 생각을 버리지 못하지요. 최고 학벌을 가졌고 경제적 풍요로움을 누리는데도 이들의 행태는 참으로 일관성 있습니다. 최소한의 염치마저도 없으니까요.

교육 분야의 문제도 보통 심각한 게 아니지요. 흔히들 '피를 말리는 경쟁'이라 하는데, 그 살벌한 표현이 전혀 무색하지 않습니다. 모두가 모두에 대한 경쟁입니다. 경쟁 상대가 바로 옆집 아이이고, 같은 반 친구들 역시 모두 경쟁 상대입니다. 그러니 친구라는 게 없습니다. 그저 엄마 손에 이끌려 온갖 과외 다니기에 바쁩니다. 그래서 우리 청소년들은 책 읽을 시간도 없습니다. 우정도 없고 독서도 없고 생각도 없습니다. 학원 스케줄만 있습니다. 이 모든 것은 이른바 '좋은 대학'에 가기 위함입니다. 배움을 통해 인간이 되어야 한다? 이런 원론적인 이야기를 하면 아마 초등학생들도 코웃음을 칠 테지요.

사정이 이러하니 한국을 떠나 이민 가고 싶다는 사람들이 많습니다. 지난 인류사에서 일찍이 없었던 기적을 이루어 놓고 왜 본인들은 그런 장한 나라를 떠나고 싶어 할까요? 왜 우리들은 이렇게 힘들게 살고 있는 걸까요? 혹자는 우리의 이런 현실을 두고 매우 비관적인 말을 하기도 합니다. '한국 사람들은 별 수 없지. 한국 애들이 하면 얼마나 하겠어?'라느니 '한국 놈들은 저래서 안 돼'라느니 하는 말을 마구 합니다. 이런 태도는 현상을 올바로 바라보는 태도가 아닙니다. 문제의 핵심은 바로 보지 못한 채 감정적으로 단정하고 있기 때문입니다. 그리고 사람이나 집단은 얼마든지 변할 수 있습니다. 한국인들도 이 참담한 상태에서 벗어날 수 있습니다.

한국인들이 변한 예를 하나 들어 볼까요? 한국인들은 모든 일을 너무 빠르고 바쁘게 한다는 평을 받습니다. 그러나 한말이나 일제기, 더 나아가서 제가 어릴 때인 1960년대만 해도 한국인들은 자립심도 없었고 남 탓만 하며 얼마나 게으른지 몰랐습니다. 자기는 일 안 하면서 그저 친척 신세만 지려고 하고 조금만 서운하게 대하면 욕을 하고 다녔습니다. 책임감도 없었고 느려 터지고 말 바꾸기가 일쑤였습니다. 이것은 특히 제가 고향이라는 곳에 가면 항상 느낄 수 있는 정서였습니다. 그런데 지금 한국인들은 어떤가요? 바로 앞에서 거론한 단점들이 다 극복된 것은 아니지만 한 가지는 확실히 바뀌었습니다. 한국인들은 더 이상 게으르지 않다는 것입니다. 아니 게으르기는커녕 일을 너무 빨리해서 문제 아닌가요? 이렇게 사람이나 집단은 변합니다. 그러니 한국인의 현재 상태를 놓고 낙심할 필요는 없습니다.

우리나라는 현재 부의 불평등 분배라는 문제가 있습니다만 이전과는 비교도 안 되게 물질적인 풍요를 누리고 있습니다. 따라서 요즘에 돈이 없어서 불행하다고 할 때 이것은 이전과 다른 의미가 되었습니다. 1950년대나 1960년대는 정말로 먹을 게 없어서 힘들었습니다. 그러나 지금은 돈이 없다고 해도 사람들이 먹고사는 데 그다지 지장이 없습니다. 인간이 느끼는 행복은 물질적인 것이 어느 정도만 해결되면 그 다음에는 마음가짐이 문

제라고 할 수 있습니다. 같은 상황에서도 어떤 마음가짐을 가지
냐에 따라 행복과 불행이 갈립니다. 돈이 별로 없는 사람도 재
벌보다 훨씬 행복할 수 있습니다. 좋은 마음가짐을 가지면 자신
이 처한 외적 환경과 관계없이 즐거움을 느끼고 행복하게 살 수
있다는 것이죠.

마음가짐은 문화가 만든다

그러면 좋은 마음가짐은 어떻게 가질 수 있을까요? 이것은 문화가 만들어 내는 겁니다. 마음가짐을 다른 말로 하면 가치관이라 할 수 있겠지요. 가치관을 만드는 것은 바로 문화입니다. 가치관이 바로 잡혀 있고 건전하다면 그 가치관 혹은 마음가짐을 가진 사람은 재산이나 지식, 권력의 유무 등과 같은 외적 조건에 관계없이 행복할 수 있습니다. 그런데 우리는 이런 마음가짐이 아직 갖추어지지 않았습니다. 우리가 아직 좋은 문화를 만들어 내지 못했기 때문이지요.

지금 우리가 갖고 있는 문화로는 행복해지기가 아주 어렵습니다. 지금 우리가 누리고 있는 문화는 우리 자신이 만들어 낸 것인데 우리는 자신이 만들어 낸 이것에 옭매여 아주 괴로워하고 있습니다. 더 안 좋은 것은 빠져나올 방법을 모른다는 겁니다. 왜 그럴까요? 스스로 만들어 낸 것이라 무엇이 문제인지 객관적으로 보기가 힘들기 때문일 테지요. 이처럼 무엇이 문제인지가 잘 잡히지 않으니 해결의 실마리를 잘 찾지 못하는 것입니다.

그런 예를 하나 들어 볼까요? 지금 우리를 괴롭히고 있는 큰 문제 중에 하나는 분명 교육일 텐데요, 그중에서도 사교육 문제는 모든 가정의 골칫거리일 겁니다. 지금 사교육 시장의 규모는 엄청난 것으로 알려져 있습니다. 세상에 사설학원이 이렇게나 많은 나라가 또 있을까요? 사설학원이 이렇게 많아진 것은 학부형이 조장해서 아이들이 갖게 되는 경쟁심에서 기인하는 바가 클 테지요. 그런데요, 아이들 교육에 관해 아빠의 역할을 별로 없습니다. 흔히들 이렇게 말하지요. 한국 아이들의 진로는 '할아버지의 경제력'과 '엄마의 정보력' 그리고 '아빠의 무관심'에 의해 결정된다고 말입니다. 아무튼 어떤 아이가 어떤 학원에 다니는 가장 큰 이유는 옆집 아이가 다니기 때문입니다. 동급생 중에 누가 하나 학원을 다니던지 과외를 시작하면 주위에 있는 친구들이 다 시작합니다. 무한 경쟁 체제라 자신만 하지 않으면 뒤처지는 것 같아 어쩔 수 없습니다. 그래서 모두가 학원으로, 과외로 불나방처럼 뛰어듭니다.

사교육 문화를 누가 만들었습니까? 우리가 만들어 놓고 여기서 빠져나오질 못하는 것입니다. 흡사 모래 구덩이에 빠진 느낌입니다. 아무리 발버둥 쳐도 헤어날 수 없는 그런 구덩이 말입니다. 아이들은 어떤가요? 살인적인 스케줄 앞에서 속수무책입니다. '갑'이 시키는 명령에 굴복하는 '을'처럼 그저 당하고만 있습니다. 아이들은 아직 어리니 반항할 힘이나 지략이 없을 겁니다. 그냥 학원에 끌려다니느라 자기 시간이 없습니다. 그런데 학원에서 배우는 것들이 인생의 성장에 조금이라도 도움이 된다면 그나마 참을 수 있지만 현실은 전혀 그렇지 않습니다. 거의 도움이 되지 않는 것들만 가르치고 있습니다. 대학에 들어가면 다시는 생각하지 않을 것들입니다.

엄마들은 또 무슨 죄를 저질렀기에 저리도 고생해야 합니까? 한국 여성들은 결혼해서 자식을 낳으면 그 다음부터는 자기 발전은 접어야 합니다. 그리고 인생의 진정한 목표가 되어야 할 자아실현은 자식을 통해서 합니다. 모든 관심을 자식에게만 쏟습니다. 이것은 결코 좋은 현상이 아니지요. 어느 누구도 자신의 성숙을 대신 해주지 않으니까요. 자신은 자신만이 다듬고 만들 수 있습니다. 그러니 이 땅의 엄마들은 헛삽질을 하고 있는 것이나 다름없습니다. 이렇게 우리는 누구에게도 도움이 되지 않는 일을 하고 있는데 이 일이 얼마나 어리석은지는 자신도 압니다. 그런데 옆집 아이가 뭘 시작하면 어쩔 수 없습니다. 내 아이도 무조건 해야 합니다. 이게 지금 한국 사교육의 실상입니다. 서로 떨어지지 못하게 머리끄덩이 붙들고 끝까지 가는 겁니다. 그러나 해결책은 전혀 안 보입니다.

'폐유'와 '폐서'가 만들어 낸 기형적인 한국 문화

왜 이렇게 됐을까요? 이 문제에 대해서는 여러 분석이 가능하 겠지요. 그러나 가장 기본적인 것은 우리들의 마음가짐 혹은 가 치관이 잘못되었기 때문입니다. 이게 어떤 식으로든 고쳐지지 않으면 어떤 해결책도 미봉에 그치고 말 겁니다. 비유를 들자면 사교육을 줄이겠다고 여러 정책을 쓰는 건 흡사 가마솥에 끓고 있는 물을 식히려고 끓는 물에 찬 물을 붓는 것과 같다고나 할 까요? 아무 소용없는 짓이라는 얘깁니다. 끓는 물을 식히려면 가마솥 밑에 있는 장작불을 꺼야 합니다. 그래야 근본적인 치유 가 됩니다. 그런데 지금까지 있었던 사교육 문제에 대한 대책은 끓는 물에 찬 물 붓는 꼴이었습니다. 아예 과외를 금지한 적도 있었지만 이 역시 성공하지 못했습니다. 사람들의 마음가짐이 바뀌지 않았기 때문입니다.

도대체 어떤 마음가짐이기에 이렇게 바뀌기가 힘들까요? 그 것은 전체 사회(의 공익)를 위하는 마음보다 내 가정 혹은 내 새 끼만 위하는 마음이 큰 생각입니다. 사회가 어떻게 되든 관심

없이 오로지 내 자식만 잘되는 것을 바라는 것이지요. 이 생각이 바뀌지 않는 한 한국의 교육 문제는 해결되지 않을 겁니다. 이런 사고방식은 자기 집안만 중시하는 유교에서 비롯된 것입니다. 조선조 우리 조상들이 다소 심한 당파 싸움을 한 것은 이런 성향에서 기인한 바가 큽니다. 우리 집안, 도당, 고장, 학파 등을 중심으로 똘똘 뭉쳐 집단행동을 하는 것은 유교권 사회에서 흔히 볼 수 있는 현상입니다. 이러한 경향은 다른 사회에서도 발견되지만 유교권 사회에서 그 강도가 더 강한 것 같습니다.

물론 이것은 잘못된 유교입니다. 저는 이것을 '폐유弊儒'라고 부릅니다. 낡아 빠져서 좋지 않은 것만 남은 유교라는 것이지요. 폐유는 김빠진 탄산음료 같은 것입니다. 탄산수는 톡 쏘는 맛에 먹는 것인데 미적지근한 단맛만 남았으니 그다지 마시고 싶지 않겠지요. 그렇다고 버리자니 또 아까운 생각이 듭니다. 그러나 이런 음료는 갖고 있어 봐야 쓸모가 없습니다. 결국엔 버리게 되지요. 지금 우리가 갖고 있는 유교적인 가치관이 이와 비슷한 처지에 있습니다. 오늘날 한국인들에게 유교란 '김빠진 사이다' 같다는 얘깁니다.

물론 유교 사상에도 좋은 점이 있습니다마는 장점은 사라지고 유교의 단점들만 남은 느낌입니다. 어쩔 수 없는 일일 테지요. 유교가 나라의 종교였을 때에는 유교의 좋은 점이 작동할 수 있었는데 그 유교가 지금은 한국인들의 마음가짐을 전체적으로 지배하고 있지 못하기 때문에 그 좋은 점들이 작용하지 못해서 그렇습니다.

예를 들어 볼까요? 유교에서는 제대로 된 인간이 되려면 '예의염치'를 바로 가져야 한다고 강조합니다. 만일 이런 덕목을 강조하는 유교가 살아 있었다면 현대 한국인들이 보이는 파렴치한 뻔뻔함은 그 강도가 훨씬 약해져 있을 겁니다. 아니, 예의까지는 바라지 않고 염치라도 있으면 사람들이 지금처럼 이렇게 막살지는 않을 겁니다. 그런데 더 큰 문제는 이 폐유적인 마음가짐에 잘못된 서양의 마음가짐이 또 가미된다는 것입니다. 그래서 상황이 더 악화됩니다. 서양의 잘못된 마음가짐이란 무엇을 말하는 것일까요? 저는 이것을 '폐유'에 빗대서 '폐서弊西'라고 부르고자 합니다.

왜 폐서라고 하는 것일까요? 잘 알려진 것처럼 서양은 개인주의가 강합니다. 그런데 그 개인주의는 개인이 아무것이나 다 해도 된다는 그런 무책임한 신조가 아닙니다. 자기 책임을 다하고 남을 배려하는 그런 개인주의를 말합니다. 그리고 자신도 남으로부터 그런 대우를 받을 것을 정당하게 요구할 수 있습니다. 그런데 우리 한국인들은 개인주의를 반만 받아들인 것 같습니다. 책임은 다하지 않고 자기 하고 싶은 대로만 하는 그런 개인주의 말입니다. 이것은 개인주의가 아니라 이기주의입니다. 한국인들은 개인적인 일로 문제가 생기면 좀처럼 양보하질 않습니다. 다시 말해 개인적인 이해가 걸리면 그게 아주 작은 것이라도 잘 양보하지 않는다는 겁니다. 그래서 굉장히 이기적으로 보일 때가 많습니다. 그저 막무가내입니다. 이렇게 보면 한국인들은 개인으로 있을 때에 이기적 개인주의를 신봉한다고 할 수 있겠습니다.

그리고 원래 우리 사회는 집단주의가 아주 강한 사회입니다. 나보다는 우리 가족 혹은 우리 회사라는 집단이 더 중시되는 사회입니다. 그런 한국인들은 집단적 행동도 매우 강하게 합니다. 혈연은 말할 것도 없고 학연, 지연이 강한 것이 한국 사회의 특징입니다. 집단주의가 아직도 강한 분야는 말할 것도 없이 정치권입니다. 선거 때마다 우리 고장 사람이면 무조건 찍겠다는 지역감정을 넘지 못하는 게 한국 사회에 아직도 집단주의가 강하다는 증거이겠지요. 집단주의가 다 나쁘다는 것은 아닙니다. 자기가 속한 집단의 이익을 위해 열심히 하는 게 무엇이 문제이겠습니까? 문제는 우리 집단이 다른 집단을 배타적이고 적대적으로 대하는 데 있습니다. 우리는 이런 경향이 아직도 꽤 강합니다.

이처럼 한국인들은 서양의 개인주의를 곡해해서 이기주의로 잘못 받아들였는가 하면 유교적 집단주의를 좁게 해석해서 우리 집단만 위하는 폐쇄적 집단주의를 신봉하게 된 겁니다. 곧 한국 사회는 '폐유'와 '폐서'가 혼합된 형태로 돌아가고 있는 것이지요. 물론 다 그런 것은 아니겠지만, 한국인들의 마음가짐은 찌꺼기만 남은 유교와 부분적으로만 받아들인 서양인의 마음가짐이 뒤섞여서 구성되어 있다고 하겠습니다. 우리 사회에 어이없는 일이 자꾸 생기고 그 때문에 우리 모두가 견디기 힘든 스트레스를 받는 것은 모두 이 두 마음가짐의 이상한 결합 때문 아닐까요? 이것을 다른 말로 하면, 한국인들은 스스로에게 맞는 새로운 마음가짐을 아직 만들어 내지 못했다고 할 수 있습니다. 다시 말해 새로운 가치관이나 사상 혹은 새로운 시대정신이 아직 나타나지 않았다는 것입니다. 새로운 가치관으로 우리가 지금까지 지니고 살았던 전통, 특히 유교적인 가치관은 과거의 모습으로는 현대에 맞지 않으니 안 되고 반면 서양 것은 전형적인 동북아적 국가인 한국에는 맞지 않으니 또 안 됩니다.

한국인들이 행복해지려면 필수적인 조건으로 우리에게 맞는 새로운 가치관 혹은 사상, 정신, 마음가짐이 만들어져야 합니다. 새로운 문화가 나와야 한다는 얘깁니다. 그런데 새로운 문화의 창출은 어느 한 사람이 획기적으로 제시할 수 있는 게 아닙니다. 그리고 단기간에 확 바꿀 수 있는 것도 아닙니다. 그래서도 안 되고 그럴 수도 없습니다. 그럼 어떻게 해야 할까요? 우선 이 주제에 대해 문제의식을 느끼는 사람들이 많아져야 합니다. 그런데 그 문제의식도 피상적으로 느끼면 안 되겠지요. 확실하고 제대로 문제를 파악해야 합니다. 그런 사람들이 많아져서 일정한 임계점에 다다르면 자연스럽게 집단지성으로 해결책이 하나둘 나오기 시작할 겁니다. 그러다가 이 과정이 순탄하게 진행되면 비약적인 해결책이 나올 수 있을 테지요. 물론 여기까지 가려면 엄청난 노력과 많은 시간이 듭니다. 또 성공한다는 보장도 없습니다. 그러나 우리는 이제 더 뒤로 갈 여유가 없습니다. 무조건 앞으로 가야 합니다. 그만큼 긴박합니다. 그런데 이 과정에서 가장 우선시해야 하는 것은 문제를 바로 아는 일입니다. 저는 이 책에서 여러분들과 함께 이 문제를 파헤치는 데 에둘러치지 않고 곧장 맞닥뜨리고자 합니다.

인간을 구원하는 것은 문화다

　인간은 문화(그리고 자연) 속에서 그 안에 있는 여러 요소들을 향유하면서 행복과 기쁨을 느낍니다. 좋은 음악을 듣는다거나 좋은 음식을 먹는다거나 문화적으로 창조적인 행동을 하면서 행복을 느끼는 것이지요. 사실 문화가 없다면 인간에게는 구원이 없다고 할 수도 있습니다. 저는 통상 그런 말을 합니다. 우리 인간은 종교에서 말하는 교리를 믿고 구원을 받는 게 아니라 좋은 문화를 통해서 구원을 받는다고 말입니다. 아무리 종교적 신념이 강해도 그것이 구체적으로 드러나는 것은 문화를 통한 일상생활이기 때문입니다. 강조하건대 인간을 행복하게 하고 구원하는 건 종교적 신앙이 아니라 문화입니다.

　인간의 생활은 문화 그 자체입니다. 문화 아닌 것이 없습니다. 우리는 문화를 떠나서 살 수 없습니다. 따라서 우리가 인간답게 살려면 좋은 문화를 만드는 것 말고는 다른 도리가 없습니다. 김구 선생이 새로운 나라 대한민국에 가장 중요한 건 문화라고 강조한 것도 이와 맥을 같이할 겁니다.

문화의 요소 가운데 인간에게 가장 중요한 것이 있다면 그것은 인생의 중요한 순간에 이웃들과 의례와 축제 — 사실 '축제'라는 말은 제사를 의미하는 '제祭'라는 글자가 있어 영어의 'festival'을 의미하지는 않습니다. 정확하게는 '축전祝典'이라고 해야 합니다만 관례적으로 '축제'라고 쓰기 때문에 그것을 따랐습니다 — 를 더불어 나누는 일일 테지요. 인생의 중요한 순간이라는 것은 삶이 변하는 마디를 말하고, 이때 우리는 통과의례를 하게 됩니다. 사람은 태어나서 두세 번의 중요한 전환점turning point을 겪는데, 그 가운데 결혼하고 죽는 것은 가장 중요한 인생의 마디일 겁니다. 따라서 이때 행하는 의례는 우리의 삶에서 가장 중요한 일 중에 하나입니다. 결혼식과 장례식은 인생에서 한 번씩밖에 하지 않는 — 물론 재혼하는 경우도 있지만 대체로는 — 대단히 중요한 의례인지라 거기에는 그 의례가 속한 문화의 많은 것이 상징적으로 들어가 있습니다. 우리는 이 의례를 통해 인생의 다른 단계로 나아가기 때문에 이 의례에는 우리의 세계관이 매우 상징적으로 들어가 있다는 것이지요.

따라서 우리의 의례를 분석해 보면 현대 한국인들이 어떤 생각을 갖고 사는지, 혹은 세계관이 어찌 바뀌었는지 아니면 세계관이 어떻게 허물어졌는지를 적나라하게 알 수 있습니다. 지금 제가 이야기하고 싶은 것은 우리 한국 문화가 얼마나 바닥을 치고 있는지에 대한 것인데 이 의례들을 보면 그 참상의 맨얼굴을 마주할 수 있습니다. 그런데 한국인들은 워낙 과거 문화와 단절되어 있는 채로 살고 있어 자신들의 문화가 얼마나 잘못되어 있는지 잘 모르고 있습니다. 게다가 그동안 고급문화를 거의 접해보지 못한지라 문화의 품격이 어떤 것인지도 모릅니다. 그래서 우리가 하는 결혼식이나 장례식이 얼마나 어떻게 잘못되어 있는지를 알 수가 없지요.

인생에서 가장 중요한 순간의 의례들이 어떻게 일그러지고 있는지, 그리하여 충만한 행복은커녕 불행한 소란만 남는 우리 자화상을 이제부터 뜯어봅시다. 외면하지 않고 거칠지만 솔직하게 말이죠.

기이하고 불행한
결혼식

오늘날 한국인들은 전투 같은 결혼식을 치르고 나서 한결같이 말합니다. "결혼은 두 번해도 결혼식은 두 번 못하겠다." 식을 마친 신부와 신랑은 다음 번 사람들의 예식을 위해 서둘러 자리를 비워야 합니다. 결혼식이 진행되는 내내 신랑 신부의 부모들은 마네킹처럼 앉아 있을 뿐입니다. 주례사를 주의 깊게 듣는 하객은 몇이나 있나요? 버스를 대절해 예식장에 들어선 친지들은 곧바로 밥을 먹으러 갑니다. 하객들은 3만 원을 낼지 5만 원을 낼지 고민에 빠지죠. 아무튼 봉투를 내고 밥을 먹습니다. 결혼식장에서 맛있는 밥을 먹었다는 사람은 거의 없습니다. 대체 결혼식장의 주인공은 누구입니까? 결혼식을 치르며 마음 깊이 충만한 행복을 느끼는 이가 있나요?

전통과 현대의 기괴한 동거

현대 한국인들이 '거행'하고 있는 결혼식을 보면 이렇게 혼이 없는 의례를 어떻게 이리도 많은 돈을 쓰며 할 수 있을까 하는 생각에 고개가 절레절레 흔들어집니다. 한국 문화가 '산산이' 깨진 현장을 보고 싶으면 다른 곳을 갈 것도 없이 한국인들이 하는 혼례만 보면 됩니다. 현대 한국의 혼례에는 한국의 전통적인 것과 현대 서양적인 요소가 아주 어색하게 동거하고 있는 모습이 보입니다. 외양은 현대 서양의 모습을 띠고 있는데 속에는 근대 조선적인 요소가 엿보이고 여기에 다시 현대 한국적인 생각이나 모습이 가미되어 이것들이 한데 뒤섞여 있는 게 한국의 결혼식이라고 할 수 있습니다.

이것을 다른 말로 표현해 보면, 한국인들이 결혼식에 대해 갖는 생각은 옛날 농촌 사회 시절인 과거에 걸려 있는 데에 반해 결혼식의 겉모습은 현대적이라는 것입니다. 그래서 생기는 엇박이 심한데 한국인들은 그런 데에서 생기는 문제나 모순을 잘 알지 못하고 있습니다. 지금 한국인들이 하는 결혼식을 단도직입적으로 표현한다면 혼알맹이이 빠져 있어 그것을 가리려고 외양만 화려해진 전형적인 저질의 졸부 스타일의 의례가 되고 말았다고 할 수 있을 겁니다.

결혼 과정에는 단지 식만 있는 것이 아니라 그 이전에 하는 몇 가지 절차가 있습니다. 현대 한국인들이 하는 혼례를 보면 서양식으로 하는 결혼식 앞뒤로 조선 시대 때 따르던 『주자가례』의 편린이나 조선 고유의 모습이 군데군데 보입니다. 이런 것들이 두서없이 뒤섞여 있는데, 그 알맹이는 없어지고 형해形骸만 남은 꼴이 되었다는 것이 제 생각입니다. 결혼 과정은 꽤 복잡하기 때문에 여기서는 주로 식 자체에만 집중해서 보려고 합니다. 이것만 보아도 결혼이라는 한국인의 통과의례가 얼마나 잘못 치러지고 있는가를 알 수 있기 때문입니다. 결혼식 자체는 서양식이라 전통의 모습이 그다지 보이지 않습니다. 그 대신 전통의 모습, 즉 『주자가례』의 영향을 살펴보려면 결혼 전에 행하는 몇 가지 절차를 보면 됩니다.

그중 간단한 예를 들어 보면, 결혼 날을 조금 앞두고 신랑 집에서 신부 집으로 사주四柱단지라는 것을 보내는 순서가 있는데 여기에는 신랑의 사주와 청혼서와 예물이 들어 있습니다. 이것은 『주자가례』에 나오는 납채納采라는 순서가 변형된 것으로 보입니다. 이렇게 신랑 집에서 예물이 오면 이에 대한 화답으로 신부 집에서는 예단禮緞이라고 해서 허혼서와 예물을 답례로 보내는데 이것은 가례에는 없는 것으로 현대에 와서 가미된 것으로 생각됩니다.

그런가 하면 결혼 바로 전날쯤 하는 '함 보내기'는 가례에 나오는 납폐納幣 순서의 변형으로 보입니다. 납폐는 말 그대로 폐백을 드리는 것으로 결혼을 승낙해 준 데에 감사를 드리고자 신랑 집에서 신부 집에 보내는 것을 말합니다. 이 순서에서는 신부가 결혼식 때 입을 옷을 만들 수 있는 옷감을 보냈기 때문에 가례에 따르면 식을 올리기 적어도 10일 전에는 납폐를 보내야 합니다. 그랬던 것이 지금은 결혼 전날에 신랑 친구들이 떠들썩하게 몰려가서 함을 파는 것으로 바뀌었는데 이런 풍습이 언제 어떤 연유로 생겼는지는 전문가들도 잘 모릅니다.

대체로 여기까지가 결혼하기 전의 일인데 이 과정에서 양가 간에 수많은 잡음이 오고간다는 것은 잘 알려진 사실입니다. 그 잡음은 말할 것도 없이 두 집안 간에 혼수婚需를 둘러싸고 생기는 추악한 이기심과 자존심의 싸움입니다. 이 문제는 우리의 주제에서 벗어나는 것이니 여기서는 결혼식 자체에만 집중하기로 하지요.

잔치 없는 잔치

오늘날 한국인들이 하는 결혼식은 인류학자들의 연구 대상이 될 수 있을 정도로 기괴한 모습들로 가득 차 있습니다. 사람들은 이 결혼식의 연원이 어떤 것인지 전혀 모른 채 그냥 남들이 하니까 따라 하고 있습니다. 사실 거개의 사회 구성원들은 관습형, 즉 사회의 관습에 별 의문을 갖지 않고 그냥 따르는 유형에 속하기 때문에 무슨 일을 할 때 별로 생각하지 않고 그냥 사회의 관례를 따릅니다.

우선 이러한 결혼식이 어디서 비롯되었는지부터 봅시다. 그래야 지금 한국인들이 하는 결혼식이 얼마나 웃기는 것인 줄 알 수 있을 테니까요.

현대 한국인들이 치르는 결혼식의 원형은 무엇일까요? 다시 말해 주례를 세우고 신랑과 신부가 따로 입장해 서약을 하고 같이 퇴장하는 순서로 진행되는 결혼식이 어디서 왔느냐는 것이지요. 말할 것도 없이 이것은 서양의 개신교 교회 — 혹은 천주교 성당 — 에서 하던 것입니다. 여기서 주례란 목사를 의미합니다. 이 결혼식에서 가장 중요한 것은 신랑 신부가 목사를 통해 신에게 영원한 결합을 서약하는 것입니다. 인생에서 가장 중요한 일이라고 할 수 있는 결혼을 신께 고하고 신 앞에서 앞으로 절대로 마음 변하지 않고 갈라서지 않을 것을 약속하는 것입니다. 그런 까닭에 교회에서 하는 결혼식에는 '죽음이 두 사람을 갈라놓을 때까지 절대로 이혼하지 않을 것'이라고 서약하는 순서가 있는 것이지요. 이런 식의 결혼식을 한국에서 제일 처음에 한 사람은 고종의 아들 중에 누구라고 하는데 확실한 것은 알려지지 않았습니다.

이런 식의 기독교 결혼식은 그 자체로 훌륭한 (종교) 의례입니다. 사람의 일생에서 가장 중요한 일이 결혼일진대 이것을 자신들이 믿는 신에게 고하고 신의 뜻대로 살겠다고 서약하는 것은 그들로서는 당연한 것입니다. 그리고 이 의례의 순서도 그들의 신앙에 맞추어 잘 짜여 있는 것을 알 수 있습니다. 그런데 문제는 한국인들이 그런 서양 기독교적인 맥락을 무시하고 식의 순서만 따오면서 생기기 시작했습니다. 한국인들은 이런 서양식 결혼식에다가 임의로 한국의 실정에 따라 없던 순서를 집어넣었습니다. 그래서 전체 의례가 이상하게 된 겁니다.

하기야 한국 결혼식에 웃기는 게 한두 가지이겠습니까? 예컨대 식을 올리기 전에 하는 이른바 '웨딩 촬영'도 제가 보기에 황

당하기는 마찬가지입니다. 신성한 결혼식을 치르기 전에 웨딩드레스를 입고 공원을 설치고 다니는 것은 기독교적인 맥락에서는 상상하기 어려운 일입니다. 사진 촬영이 필요하다면 당연히 식이 끝나고 나서 이루어져야 하겠지요. 한국 결혼식의 웨딩 촬영은 1980년대 전반만 해도 없던 것인데, 이제는 한국 결혼식에서 빼놓을 수 없는 순서가 되었습니다.

한국 결혼식에서 상당히 재미있는 것은 사회자가 있다는 것입니다. 그런데 가만 생각해 보세요. 사회자가 결혼식에서 꼭 필요한 존재일까요? 결혼식 순서는 별로 복잡하지 않기 때문에 주례가 혼자 진행해도 아무 문제없습니다. 교회에서 결혼식을 할 때에는 목사나 신부가 알아서 다 진행합니다. 사회자가 따로 필요 없지요. 한국 결혼식에서 사회자가 등장하게 된 건 아마도 주례가 성직자의 기능을 하지 않기 때문일 것입니다. 통상의 결혼식에서 주례는 성직자 기능이 없기 때문에 목사처럼 전체 의례를 집전하지 않습니다. 주례는 주례사를 하는 역할만 하는지라 다른 순서를 진행시키기 위해 보조로 사회자가 필요했을 겁니다.

현재 결혼식에서 또 재미있는 것은 이미 대본이 만들어져 있어 사회자가 각 순서마다 해야 하는 말이 대개 정해져 있다는 것입니다. 그래서 하나의 대본을 여러 예식장이 같이 쓰고 있습니다. 이 대본을 누가 처음에 만들었는지는 모르지만 그 내용이 조야하고 판에 박은 듯 똑같지요. 문화의 품격이 전혀 느껴지지 않습니다.

현대 한국인들이 하는 의례는 거의가 다 이런 상황에 처해 있습니다. 중요한 통과의례를 보면 전통적인 요소들이 깨져 나가 단편적으로만 남아 있는데 여기에다가 현대 한국인들이 확실하지 않은 지식으로 순서를 채워 넣어 의례를 아주 이상하게 만들어 버렸습니다. 이렇게 해서 생겨난 새로운 의례들을 보면, 문화가 무엇인지 잘 모르는 시중 장사꾼들이 만든 난장판 같아 기괴하기 짝이 없습니다.

예컨대 칠순 잔치를 한다고 합시다. 이때 사람들은 보통 큰 식당이나 호텔, 연회장을 빌려서 하는데 가족 가운데에는 잔치의 순서를 아는 사람이 하나도 없는 경우가 많습니다. 전통이 다 깨져 나갔기 때문에 그렇게 된 것이지요. 그래서 가족들은 연회장에서 일하는 사람이 하라는 대로 따라서 합니다. 그런데 이 연회장 인사는 한국 문화에 대해 거의 견식이 없는 사람인 경우가 많습니다. 그들이 제시하는 순서라는 게 전통을 겉으로만 따랐지 내용은 하나도 없습니다. 혼이 없다는 것입니다. 그런데 사람들은 그런 사실을 잘 모릅니다. 무슨 문제가 있는지도 모릅니다. 그저 하라는 대로 시늉을 하다 보면 식은 아주 엉성하게 끝나 버리지요. 그러다 나중에는 술에 취해서 노래방 기계에 맞추어 노래 몇 번 하다 전체 잔치가 끝납니다.

아주 볼썽사나운 돌잔치도 많습니다. 생애 첫 생일을 맞이한 아기를 위해 부모의 친지와 동무들이 모입니다. 돌잔치 전문 사회자가 이끄는 대로 박수를 치고, 추첨을 통해 선물도 받지요. 한 장소에서 네다섯 집이 동시에 돌잔치를 하는 경우도 봤습니다. 이때도 사회는 한 명이 봅니다. 한 집 아기의 차례 때 나머지 집은 멀뚱히 바라보다가, 자기네 차례가 오면 기계적으로 박수를 칩니다. 지금 한국에서 벌어지고 있는 '잔치'의 모습이 대개 이러합니다. 이처럼 현대 한국인들의 잔치는 그야말로 형해만 남은 아주 천박한 잔치가 되었습니다.

그러나 이전에는 가정이나 마을에 이런 잔치를 어떻게 해야 하는지에 대해 잘 알고 있는 사람이 있어 그의 지시를 따르면 되었습니다. 이분들은 전통 문화에 정통한 사람들이었죠. 예를 들어 한 마을의 훈장 같은 사람들이 이런 역할을 했는데 이들은 그 마을에서 가장 유식한 사람이었습니다. 가령 장례식을 할 때에는 제일 먼저 호상護喪을 뽑는데 이 사람은 보통 노령자로 마을에서 예식을 제일 잘 아는 사람입니다. 지금으로 하면 장례 위원장쯤 되겠지요.

이런 분들이 이끄는 잔치는 모든 마을 사람들이 같이 즐기는 진정한 잔치였습니다. 정말로 유쾌하게 놀았던 잔치였죠. 지금 그러한 잔치성festivity은 눈을 씻고 봐도 찾을 수가 없습니다. 모든 순서가 인위적이고 엉성하기 그지없습니다. 오늘날 우리에게 남은 건 많은 돈이 들어갈 뿐 건조하고 공허한 잔치에 불과합니다.

엄마들은 왜 화촉을 밝히는가

이전에는 결혼식이 신랑 입장으로 시작했는데 지금은 양가의 어머니들이 나와서 촛불을 켜는 것으로 시작합니다. 아마도 이것은 전 세계 어느 나라에도 없는 기이한 장면일 겁니다. 식순에 화촉 점화를 넣은 것은 아마도 '화촉을 밝힌다'는 의미이겠죠. 그러나 이전에 행해지던 전통 결혼식에서는 엄마들이 나와서 이렇게 '설치는' 것은 있을 수 없는 일이었습니다. 왜냐하면 화촉이란 신방에 두는 초라 그 방 안에 있었으니까요. 따라서 결혼식에 엄마들이 나와 촛불에 불을 붙이는 순서는 있을 수가 없는 것이겠죠.

왜 이런 일이 벌어지는 걸까요? 아마도 현대 결혼식에서는 그만큼 엄마들의 자리나 역할이 크기 때문이 아닐까 싶습니다. 그래서 식을 시작하자마자 화촉 점화 순서를 넣게 된 것 아닐까요? 현대 한국의 가정을 보면 겉으로는 아버지가 중심인 것 같지만 그 속사정은 다릅니다. 대부분의 한국 가정은 엄마가 주인공이라 모든 결정이 엄마 중심으로 돌아갑니다. 아이들과 관계된 일에는 특히 엄마의 입김이 강합니다.

결혼도 아이들 일이니 엄마의 발언권이 셀 수밖에 없습니다. 그래서 중매에서 혼수 준비 등 대부분의 절차가 양가 모친을 중심으로 진행됩니다. 이처럼 한국 결혼식의 주인은 양가 모친입니다. 결혼식이라고 하니까 주인공이 당연히 신랑 신부라고 생각할 수 있지만 이들은 자기네 엄마들이 연출하는 의례에 출연하는 배우일 뿐입니다. 모든 자금이 양가 모친의 손에서 나오기 때문에 당연한 것이겠지요.

엄마들이 이렇게 중요한 역할을 하기에 결혼식에서도 그들을 위한 순서가 자연스럽게 생겨난 것 아닐까요? 20~30년 전까지는 그래도 가부장제가 꽤 살아 있어 남자들이 어느 정도 권위를 갖고 있었기 때문에 결혼식에서 여자들이 대놓고 '나대는' 일이 없었습니다. 그러나 해가 갈수록 가장의 권위가 급속히 추락하자 주부들이 프론트라인에 나서서 자신의 세를 과시하고 있는 것입니다.

"현대 한국 사회의 모계 선회"라고 명명할 수 있는 이 현상은 꽤 광범위한 주제라서 가볍게 다루긴 어렵습니다. 게다가 아직 체계적인 연구도 되지 않은 상태라 여기서는 아주 간단하게만 살펴보겠습니다. 요즘 아이들에게는 같은 성을 쓰는 친가보다 엄마 쪽의 외가 식구들의 의미가 훨씬 크다는 것이 그런 현상을 말해 주는 것 아닐까요? 그들에게 친척은 엄마 쪽 사람들이지 아빠 쪽 사람들이 아닙니다. 그래서 아이들에게 물어보면 가장 가까운 친척은 이모라고 합니다. 이런 사회 상황이 결혼식 같은 중차대한 의례에 반영되어 엄마가 아주 중요한 순서를 맡게 된 것으로 보입니다.

그렇게 볼 때 결혼식에 참여하는 핵심 가족 중에 가장 비중이 없는 사람 즉 제일 '불쌍한' 사람은 누구일까요? 바로 신랑 아버지 아닐까요? 이유는 간단합니다. 무대에서 맡은 역할이 하나도 없기 때문입니다. 신부 아버지는 그나마 딸 손을 잡고 입장이라도 하지만 신랑 아버지는 시작부터 끝까지 하는 일 없이 의자에 가만히 앉아 있어야 합니다. 결혼식에 들어가는 돈은 사실 자기가 다 대는 것인데 본인이 맡은 순서가 하나도 없다는 것은 그만큼 한국 사회에서 가부장의 권위가 실추되었다는 것을 의미할 테지요. 여기서도 현대 한국 사회에서 가부장이라는 자리가 얼마나 별 볼일 없어졌나를 알 수 있을 겁니다.

"신부 입장!", 주인이 바뀌는 의식

신랑이 들어온 다음에 "신부 입장!"이라는 사회자의 말이 떨어지면 신부가 아빠의 손을 잡고 들어오기 시작합니다. 이쯤 되면 한국의 결혼식이 갑자기 20세기 중반의 미국으로 돌아간 듯한 느낌이 듭니다. 결혼식 때 딸이 아버지 손을 잡고 나오는 것은 어디서 연유한 것일까요? 이것은 가부장이 전권을 행사하던 옛 서양에서 나온 관습입니다. 서양의 전통 사회에서 여자, 그중에서도 딸이란 그다지 의미 있는 존재가 아닙니다. 아버지에게 복속되어 있는 존재이기 때문입니다. 따라서 아버지가 결혼식 때 딸아이를 끌고 들어가서 사위에게 가져다 안기는 것은 다른 주인에게 자신의 권한을 양도하겠다는 것입니다. 주인이 바뀌는 의식을 결혼식에서 하는 것입니다. 이런 의식에서 여성이 갖고 있는 고유성이나 한 인간으로서의 진정성은 찾아보기 힘듭니다. 여성은 그저 남자의 부속품에 불과한 것으로 나타나기 때문입니다. 따라서 이런 사실을 알면 여성으로서는 이것이 절대로 따라 할 수 없는 아주 굴욕적인 순서라는 것을 알 수 있을 겁니다. 하지만 아빠 손을 잡고 등장하는 절차를 거절하는 신부가 없던 것은 아니지만 아직까지 그다지 보지 못했습니다.

그런데 이런 일이 과거 한국에서는 일어나지 않았습니다. 전통 결혼식 때에는 결혼식을 신부 집에서 하고 첫날밤을 신부 집에서 보냈습니다. 그러니 신부 아버지가 신부를 끌고 나오거나 하는 일이 생겨날 수 없었던 것이지요. 여성 비하라면 중국이나 한국 같은 유교 국가도 둘째가라면 섭섭하다고 할 텐데 어떻게 서양에서 더 심한 일이 벌어졌을까요? 이것은 동양과 서양 두 문명의 여성관이 다르기 때문에 생긴 일입니다.

한국인들 중에는 서양인들이 동양인들보다 훨씬 더 여성을 존중하고 아낀다고 생각하는 사람들이 많습니다. 서양 영화를 보면 항상 여성을 우선으로 대하고 아름답게 묘사하는 경우가 많지요? 그래서 서양 사람들이 여성을 귀하게 여긴다고 생각하기 쉽습니다. 서양에서 여성이 이렇게 대접받기 시작한 것은 그들이 근대 사회를 우리보다 일찍 시작했기 때문에 생긴 현상일 뿐입니다. 그들은 동양보다 일찍 신분 질서를 무너뜨리기 시작했고 남녀차별의 혁파를 주장했습니다. 그러나 그 이전에는 동양보다 서양이 훨씬 더 심하게 신분질서나 남녀차별을 조장했다는 것을 잊어서는 안 됩니다. 우리는 이런 차별들을 폐지하는 정책을 조금 늦게 시작한 것뿐입니다(사실 우리의 동학은 남녀차별 관습을 진즉에 없앴는데 안타깝게도 그 정신이 제대로 이어지지 못했습니다).

서양에서는 여성을 어떻게 보았을까요? 우선 그들의 종교인 기독교 ─ 유대교도 포함 ─ 를 알아야 합니다. 전근대에 기독교는 세계 종교 가운데 여성 차별에 관한 한 수위를 달렸습니다. 기독교의 여성관은 예수님의 생각을 빼고는 극히 부정적인 것을 알 수 있습니다. 구약에서 여성이 창조되는 과정을 어떻게 묘사하고 있습니까? 잘 알려진 것처럼 최초의 여성인 이브는 아담의 갈비뼈 하나로 만들어졌습니다. 허파나 심장 같은 중요한 기관으로 만들어진 것도 아니고 하나쯤 없어도 사는 데 별 지장 없는 갈비뼈로 만들어진 것이지요. 이른바 '구약성서'가 만들어질 당시 여성에 대한 유대인들의 시각이 그러했습니다. 여자는 남자의 부속품에 불과한데 그것도 하찮은 부속품으로 본 것입니다. 그래서 구약성서를 보면 여성들이 한 인간으로 대접받기는커녕 일개 사유물처럼 취급받고 있는 것을 알 수 있습니다.

유대 사회에서 여성을 비하한 것은 그래도 이해할 수 있습니다. 그때에는 어차피 거의 모든 인류 사회에서 여성을 그렇게 멸시했으니 말이죠. 여성과 관련해서 유대-기독교에서 가장 문제시 되는 것은 여성을 인류를 타락으로 이끈 극악한 존재로 묘사하고 있다는 데에 있습니다. 구약 「창세기」를 보면 유대인들은 인간의 타락이 이브라는 여성으로 인해 생긴 것으로 못 박고 있습니다. 에덴동산에서 아담은 멀쩡하게 잘 살고 있었는데 이브라는 여자가 뱀의 꼬임에 넘어가 여호와가 하지 말라고 한 일을 한 것입니다. 이브는 먹지 말라는 과일을 저만 먹지 굳이 아담을 꼬여 악의 구렁텅이로 빠지게 했습니다. 여기에서 전 인류의 타락이 생겼다고 하는 것인데 그 주범이 바로 여자라는 얘깁니다. 그러니 유대-기독교적 관점에서 볼 때 여자란 단지 남자보다 열등한 존재가 아니라 인류로 하여금 원죄에 빠트린 말할 수 없이 악한 존재입니다.

뉴욕의 유니온 신학대학에 있는 정현경 교수에게 들은 얘기가 있습니다. 유럽의 여성 신학자들을 만나 여성 신학에 대해 이야기하면 그들은 정 교수를 부러워한다고 합니다. 정 교수는 어떤 것에도 거리낌 없이 의사 표현을 잘하는 유럽 여성들을 늘 부러워했는데, 그들이 정작 자신을 부럽다고 하니 처음에는 의아했다고 하네요.

그들의 사연은 이랬습니다. 자기네들은 어려서부터 교회에서 인류를 타락시킨 게 여자라는 교육을 받아 내면 깊은 곳에 여성으로서 엄청난 죄의식과 열등감이 있다는 겁니다. 그래서 그것으로부터 빠져나오기가 극히 어려운데 동양 여성인 정 교수는 그런 게 없을 터이니 좋지 않겠느냐는 것이지요. 이 이야기를 통해 그렇게 활달하게 보이는 서양 여성들도 내면적인 상처가 깊다는 것을 알 수 있었습니다.

　서양의 결혼식에서 과거에 아버지가 딸을 이끌고 나온 데에는 이런 배경이 있었던 겁니다. 즉 딸이란 여성은 아버지든 남편이든 철저하게 한 남성에게 복속되어 있는 부속적인 존재라는 것을 보여주고 있는 것이지요. 여성은 홀로 독자적으로 서지 못하고 반드시 남자에 기대서만 살 수 있다고 본 겁니다. 이런 배경을 알고 있는 오늘날 서양 여성들은 결혼할 때 더 이상 이런 식의 봉건적인 폐습을 답습하지 않겠다고 한다고 합니다. 대신 그들은 신랑과 대등하게 웃으면서 입장합니다. 그런데 우리나라 결혼식에서 난데없이 이런 순서가 등장한 것입니다. 한국에는 본래 이런 식의 여성 비하 생각이 없어 그렇게 하는 순서조차 없었는데 구닥다리 서양 결혼식에 있는 이 순서를 보고 그냥 따라 한 것입니다. 관습형 인간들의 행태가 또 도진 것이지요. 서양에서는 이미 없어진 것을 별 생각 없이 금과옥조처럼 여기고 따르고 있으니 안타깝기가 그지없습니다.

주례사를 들어본 적이 있나요?

앞에서 저는 한국 결혼식에서 웃기는 것 가운데 하나가 주례라고 지적했지요. 원래는 목사나 신부가 하는 것인데 그것을 세속인인 주례가 대신하는 것이라고 말입니다. 오늘날 한국에서 결혼식 주례는 성직자가 갖고 있는 종교적·초월적 권한은 없이 그냥 식을 진행하고 주례사 하는 정도의 기능만 하는 것입니다. 원래 이런 식의 결혼식에서는 물론 신부와 신랑이 주인공이지만 어떤 면에서는 주례가 더 중요한 역할을 한다고 할 수 있습니다. 주례는 성직자로서 지닌 초월적인 힘으로 결혼이 합법적인 것임을 선포하기 때문이지요. 그런 탓인지 한국인들도 주례가 중요한 역할을 한다고 생각해 될 수 있으면 명망 있는 사람을 모셔 오려고 합니다. 그런데 목사나 신부의 초월적인 권한이 없는 세속인이 권한이 있어야 얼마나 있겠습니까? 양가 가족들 또한 주례에게 특별히 바라는 것이 있습니까?

저도 제자나 아들 친구들의 부탁으로 지금까지 10여 차례 주례를 해보았습니다. 실제로 단에 서 보니 주례는 완전히 액세서리 혹은 바지저고리에 불과했습니다. 결코 과장된 표현이 아닙니다. 주례라는 것이 결혼식이라는 의례에서 중심적인 역할을 하는 게 아니라 일종의 장식이라는 것을 제 경험으로 알게 되었습니다. 제가 신랑 측 소개로 주례를 설 때면 신부 측 부모들은 주례를 선 저에게 아예 인사조차 하지 않습니다. 그런데 제가 만일 신의 대리자인 목사나 신부神父였다면 그렇게 할 수는 없을 테지요.

사실 주례가 하는 일은 성혼선언문을 낭독해 두 사람으로부터 확약을 받고 주례사를 하는 것밖에는 없습니다. 성혼서약을 한다는 것이 얼마나 웃기는지는 다시 언급할 필요가 없을 테지만, 일개 세속인인 주례에게 서약하는 행위가 어떤 의미가 있을까요? 물론 주례로 모신 스승이나 존경하는 어른의 말씀을 새겨듣고 소중히 간직하겠다는 마음도 이해할 수는 있습니다. 하지만 세속적인 인간이 아니라 성직자를 통해 신께 서약을 해야 그 약속을 지키려고 하지 아무 초월적인 권한이 없는 주례에게 한 약속을 누가 무거운 마음으로 지키려 하겠습니까? 그렇지 않아도 이혼을 밥 먹듯이 하는 세상인데 이런 식의 서약이 무슨 필요가 있겠냐는 겁니다.

주례를 서는 사람들이 비단 성직자가 아니기 때문의 문제만도 아닙니다. 결혼식 이후에 '주례 선생님'을 때때로 찾아뵙는다는 사람이 몇이나 있습니까? 주례 앞에서 성혼서약을 하긴 했으나, 부부가 갈라선다고 한들 주례 선생님에게 송구하거나 죄책감을 느낍니까? 이처럼 오늘날 한국의 결혼식에서 주례는 그저 예식의 구색을 맞추기 위한 소품으로 전락하고 만 겁니다.

성혼선언이 끝난 다음에 하는 것이 이른바 '주례 말씀'입니다. 단도직입적으로 말해 요즘 누가 결혼식장에 가서 주례사를 경청하면서 가슴에 새기겠습니까? 식장에는 아이들이 많아 아주 시끄러울 때가 많습니다. 하객들도 체면이나 안면 탓에 오는 경우가 많지 않나요? 그러니 '저 지겨운 주례사 언제 끝나나' 하는 심드렁한 표정으로 앉아 있을 뿐입니다.

사정이 이러하니 주례에 얽힌 재미난 장면들이 심심찮게 벌어지는데요, 제가 들은 한 가지 일화를 소개합니다. 평소 허례를 싫어하며 성격이 유쾌한 어떤 대학 교수가 제자 부탁을 거절하지 못해 주례를 섰답니다. 사람들이 자기 말을 귀담아 듣지 않을 게 뻔하므로 아예 주례사를 프린트로 출력해서 하객들에게 나눠 주고는 신랑과 신부에게 잘 살라고 짧게 얘기한 다음 주례를 마쳤다고 하네요. 아마 그분도 저 같은 경험을 몇 차례 했을 터이고, 그래서 선택한 재미난 해결책인 듯합니다.

아무튼 하객들은 남의 결혼식에 와서 적당히 돈 내고 돈 낸 게 아까워 밥 후딱 먹고 서둘러 식장을 나섭니다. '저 친구가 내 결혼식 때는 축의금을 얼마 냈지? 3만 원만 낼 걸' 따위의 찜찜함과 '예식장 뷔페는 역시 맛이 없어, 헛배만 불러' 따위의 불만을 입에 달고서 말이죠.

이처럼 쓸데없이 사람들을 많이 부르는 건 전근대 사회에서나 하던 일입니다. 한국인들은 현대적인 도시산업 사회에 살면서 전근대적인 농촌마을 사회에서 지니고 살던 행태를 여전히 답습하고 있는 것이지요. 당시는 결혼이 마을 공동체가 모두 참여하는 큰 잔치였기 때문에 마을 사람들이 모두 참여했습니다. 결혼식이 열리면 온 마을이 들뜹니다. 신명 나는 축제가 벌어지기 때문입니다.

그러나 지금은 그런 공동체가 사라진 지 오래입니다. 그렇다면 그렇게 많은 사람이 올 필요가 없습니다. 자신과 아주 가까운 사람만 부르면 됩니다. 그런데 현대 한국인들은 아직도 조금만 안면이 있는 사람들은 다 불러야 하는 줄로 잘못 생각하고 있습니다. 머릿속에 저장 되어 있는 전근대적인 프로그램이 아직 안 바뀐 겁니다. 사람의 생각mental program은 이렇게 바뀌기 어렵습니다. 이런 생각 때문에 아직도 결혼식이 있으면 지방에 있는 친척들이 버스를 대절해서 서울로 옵니다. 물론 이런 결혼식은 잔치축제성와 아무 관계가 없지요. 그러니 그 먼 데에서 서울에 왔다가 식만 잠깐 보고 밥 먹고 또 서둘러 고향으로 가 버럽니다. 사실 요즘은 서울에 사는 사촌들끼리도 잘 만나지 않는데 지방에 있는 친척까지 부른다는 것은 어불성설 아닐까요?

어떻든 이처럼 체면 때문에 온 사람들이니 이들이 결혼식에 와서 적극적으로 참여할 이유가 없습니다. 따라서 결혼식 자체가 진행되는 데에는 그다지 관심이 없습니다. 그런 판국이니 누가 주의를 기울여서 주례사를 듣겠습니까? 따라서 그들에게 주례사라는 건 그야말로 무용지물입니다. 이것은 신부신랑에게도 마찬가지입니다. 결혼식 당일 정신이 온전한 신부신랑이 몇 명이나 되겠습니까? 식이 시작되기 전부터 이미 녹초가 된 상태입니다. 그런 상황에서 주례가 무슨 이야기를 떠든들 그게 들리겠습니까? 게다가 주례사라는 게 다 그렇고 그런 것 아닙니까? 별의미 없는 말에 공연한 찬사만 늘어놓는 것이 주례사이니 공허하기 짝이 없습니다. 이렇게 봐도 저렇게 봐도 무용지물처럼 보이는 주례사를 한국인들은 결혼식마다 하고 있으니 참으로 딱합니다.

자, 다시 결혼식 장면으로 돌아가 봅시다. 공식적인 식을 마치고 퇴장하기 전에 신랑 신부는 부모들에게 절을 합니다. 대개신랑은 엎드려 큰절을 하고, 드레스를 입은 신부는 깊게 허리를숙이지요. 물론 결혼식장에서 부모님께 절을 드리는 건 우리나라에서만 합니다. 이건 그다지 문제될 거 없으니 그렇다 치지요.

효를 중시하는 나라이니 이런 순서가 있는 것은 문제될 게 없겠습니다.

그런데 이런 광경을 볼 때마다 정녕 이해가 안 되는 일이 하나 있습니다. 한국인들이 정말로 효를 중시한다면 왜 두 사람의 부모만 앞에 앉혔느냐는 것입니다. 멀쩡히 살아 계시는 조부모들도 있을 터인데 왜 그분들은 안 모시고 부모만 앉아 있느냐는 겁니다. 효를 준수한다면 당연히 조부모도 모셔야 합니다. 그런데 조부모는 부모 뒤에서 일반 하객들 속에 섞여 앉아 있으니 이상하지 않나요?

정확히 따지자면, 이것은 한국 같은 유교 국가에서는 있을 수 없는 일입니다. 집안의 가장 큰 어른들을 홀대하면 안 되는 것이지요. 이것은 아마도 한국 사회에 옛날의 대가족적인 관습과 현재의 핵가족적인 관습이 혼재되어 있어 생긴 일 같습니다. 그러나 어떤 집안이든 정신이 살아 있다면 어른들을 모시는 것은 꼭 지켜야 할 일입니다. 그런 것이 잘 지켜지지 않는 것은 한국 사회가 아직도 과거와 현대, 그리고 동양과 서양 사이에서 중심을 잡지 못하고 있기 때문으로 생각됩니다.

이렇게 부모에게 큰절을 올린 다음 신랑 신부가 퇴장합니다. 그 다음에 뭘 하는지 아시지요? 하객들을 각 모둠별로 나누어 사진을 찍습니다. 일단은 직계가족부터 친척, 친구, 직장동료 등으로 나누어 계속 사진을 찍는 것은 한국이 여전히 집단주의 문화가 엄청나게 강한 나라라는 것을 느끼게 해줍니다. 이때 신부든 신랑이든 한쪽에 친구가 부족해 조금 세가 딸릴 것 같으면 함께 사진을 찍어 주는 하객 알바를 구할 수도 있습니다. 이쯤 되면 결혼식이 서로의 사랑을 확인하는 것이 아니라 서로 세를 겨루자는 것밖엔 되지 않는 것 같습니다.

사진 찍을 때 '부케 던지고 받기' 순서를 빼놓을 수 없겠죠. 이 또한 서양에서 들어온 관습인데 한국에서는 이상하게 정착되었습니다. 원래 부케는 신부 친구들이 무작위로 잡을 수 있는 것이지요. 신부가 던진 부케를 잡은 사람이 그 다음으로 시집간다고 생각했으니까요. 그런 의미에서 나름 재미가 있는 것인데 한국에서는 알다시피 부케 받을 사람을 미리 정해 놓습니다. 그러니 재미도 감동도 없고 단지 사진 찍기 위해서만 하는 형식적인 행위로 변질되었습니다. 원래의 취지를 잃어버린 순서들을 왜 굳이 하려고 할까요? 젊은이들에게 물어봐도 별 뾰족한 이유는 없습니다. 그냥 남들도 다 그렇게 하니까 따라 하는 것뿐이지요. 또 예식장에서 잡은 순서니까 아무 저항감 없이 받아들이는 겁니다. 이처럼 원래 취지는 모조리 퇴색해 버리고 서양 결혼식의 껍데기를 쓴 것에 불과한 한국 결혼식에는 마음에 드는 구석이 하나도 없습니다.

저는 묻고 싶습니다. 자기 일생에서 가장 찬연히 빛나는 행복하고 소중한 순간의 장면들을 왜 이다지도 피동적인 마음과 아무 의미도 없는 행동들로 채웁니까? 좀 거칠게 말하면, 예식장의 리모컨에 조종되어 움직이는 '신랑기계' 또는 '신부기계'가 아닙니까?

폐백 미스터리

이렇게 해서 서양식 결혼식이 끝나면 마지막에 한국식으로 하는 순서가 하나 더 남습니다. 바로 폐백입니다. 도대체 예식장에서 하는 폐백이란 무엇일까요? 저는 폐백의 정체를 제대로 아는 사람을 아직 보지 못했습니다. 대부분 그냥 결혼식을 서양식으로만 하면 서운하니까 한국식으로 한 번 더 한다는 정도로만 알고 있을 뿐이지요. 그런데 또 궁금합니다. 폐백을 할 때 왜 신랑 측 식구들만 참석할까요? 예식을 한국식으로 한 번 더 하는 것이라면 신랑 신부 양쪽 집안이 함께해야지 왜 신랑 집 사람들만 들어가느냐는 것입니다. 물론 요즘은 양가가 같이하는 경우가 간혹 있다고 하지만 대체로 폐백은 신랑 집안만 치르는 의식이지요.

현대 결혼식에서 폐백은 불필요한 것입니다. 이를 알기 위해 우선 전통 결혼식의 진행 과정을 간략하게나마 살펴보고자 합니다. 일단 결혼식은 전통에 따라 신부 집에서 합니다. 원래『주자가례』에 따르면 결혼식부터 일체를 신랑 집에서 해야 합니다.

하지만 한국에서는 부여나 고구려 이래로 결혼식을 신부 집에서 하던 관습이 있어서 그것을 고칠 수 없었던 것이죠.

신부 집에서 결혼식을 한 신혼부부는 첫날밤을 보내고 신랑 집으로 갑니다. 이때 식을 다시 한 번 하면 좋으련만 식은 신부 집에서 이미 했으니 다시 올릴 수는 없습니다. 그러나 시댁 사람들에게 인사는 해야겠지요? 따라서 신랑 집에서 신부가 시댁 어른들에게 인사하는 순서를 마련합니다(이것은 『주자가례』에는 부현구고婦見舅姑 순서로 되어 있습니다. 즉 며느리가 시가에서 나름의 식이 끝난 뒤 시부모에게 인사를 올리는 순서입니다). 이것이 바로 폐백이 나온 유래입니다.

그런데 며느리가 처음으로 시댁에 인사를 하는 것이니 빈손으로 갈 수는 없는 법입니다. 지금도 결혼할 때 이바지 음식을 장만하는 사람들이 있는데 이것은 바로 신부가 시댁에 갈 때 가지고 가는 음식입니다. 이 때문에 폐백을 할 때에는 자연스럽게 시댁 식구만 들어오게 됩니다. 시댁에서 인사를 올리니 그럴 수밖에 없지 않겠습니까? 그런데 이런 앞뒤 맥락을 고려하지 않고 현대 결혼식에 폐백 하나만 가져와 행하니 마치 신부 집을 차별하는 것 같은 이상한 일이 벌어지고 있는 겁니다.

제가 현대 결혼식에서는 폐백을 할 필요가 없다고 말한 까닭을 아시겠죠? 전통 사회에서는 식은 처가에서 올리고 폐백은 시가에서 함으로써 각각 역할 분담을 한 것입니다. 그런데 지금은 양가가 전부 모인 가운데 같이 식을 올리니 신랑 집 식구만 참여하는 의식을 더 할 필요가 없는 것 아니겠습니까? 굳이 전통식으로 결혼식을 하고 싶은 사람이 있다면 그것은 양가 식구들이 다 모인 가운데에 하면 될 일입니다. 그래야 의미도 바로 서고 형평에도 맞는 것 아닐까요? 그런데도 지금처럼 기어코 남자쪽 식구만 폐백을 하는 것은 결혼식에 대한 몰이해가 심한 행동일 뿐이며, 여성 비하를 조장하는 일이기도 합니다. 딸 가진 부모는 폐백을 할 때부터 서러워진다는 말을 우스갯소리로 들어서는 안 됩니다.

이처럼 우리 결혼식은 서양식도 아니고 전통도 아니고, 그렇다고 이것들이 아닌 것도 아니고, 이런 여러 것들이 어지럽게 섞여 기괴한 꼴이 되어 버렸습니다. 결혼식이 의례와 축전festival으로서 갖추고 있어야 할 엄숙성과 환희는 온 데 간 데 없고 껍데기만 남은 겁니다. 사람으로 치면 혼이 없는 '강시僵屍' 같다고나 할까요? 겉은 멀쩡한데 속에 든 것은 아무것도 없으니 말입니다.

그러니 겉치레에만 돈과 정력과 영혼을 낭비합니다. 비싸고 화려한 것으로 무장하여 남에게 과시해야 위세가 높아지는 줄 아는 것이지요. 예컨대 재벌 집안이나 유명 연예인들의 결혼식에 신부드레스가 몇 천만 원에서 억 단위의 가격표가 붙었다고 대놓고 자랑합니다. 단호히 말하건대, 이런 건 우리 집안이 참으로 천박하다고 자백하는 것일 뿐입니다. 진짜 훌륭한 집안, 진짜 자신감 있는 집안이라면 할머니나 어머니가 입었던 드레스를 입겠지요. 그래야 그 가문의 품격이 느껴지지 않겠습니까? 그것이 바로 자존감이며, 그것이 바로 문화를 만드는 것입니다. 그리고 그 자존감 높은 문화가 우리를 행복으로 이끕니다.

참으로 자존감 있는 사람, 참으로 자존감 높은 문화를 긍정하는 사람은, 남보다 비싸고 화려한 드레스나 턱시도를 입으려고 발악하지 않습니다. 휘황찬란한 결혼식을 하면 행복할 거라고 착각하지 않습니다. 집안의 역사가 묻어 있거나 내게 의미 있는 옷을 예복으로 입는 게 외려 개성적이고 남에게도 깊은 인상을 준다고 생각하는 게 그렇게 어려울까요?

생애 '단 한 번뿐'인 결혼식에 예쁜 드레스를 입는 게 소원이라고 대개들 말하지요. 그런데 그 소원이란 게 왜 그렇게도 천편일률적일까요? 생애 '단 한 번뿐'이기 때문에 더더욱 남들과 다른 무엇을 해보는 게 어떨까요? 남들도 죄다 하는 걸 나도 똑같이 하는 게 '한 번뿐'인 소중한 의식을 아름답고 즐겁게 해줄까요? 그것이 오롯한 나만의 추억과 행복으로 남을까요?

남에게 보여주기 위한 건 순간일 뿐 지속적인 행복의 자리를 마련해 주지 못합니다. 남에게 보이기 위한 것이 아니라 나 스스로가 만족하는 자존감으로부터 우리 문화도, 우리 행복도 시작되지 않을까요? 결혼식은 우리 각자가 그 자존감을 되찾고 높이는 가장 적합한 시험대일 수 있다고 생각합니다.

그러면 언제쯤이어야 한국인에게 적절한 결혼식이 나올까요? 이것은 한국인들에게서 새로운 세계관이 나왔을 때만이 가능한 일입니다. 결혼식처럼 우리의 삶에서 가장 중요한 의례는 그 사회의 구성원들이 가지고 있는 세계관과 깊은 연관이 있습니다. 아니, 아예 이 세계관에서 비롯된다고 할 수 있습니다. 그래서 서양에서는 이런 의례가 모두 기독교의 교리에 따라 만들어졌고 실제의 의례 역시 교회에서 행해지게 된 것이지요. 그와 마찬가지로 조선 시대에는 이런 의례들이 모두 유교에 따라 만들어졌고 의례는 모두 집에서 행해졌습니다. 따라서 만일 새로운 의례가 나오려면 우선 한국인들이 자신들에게 적합한 새로운 세계관을 만들어 내야 합니다. 새로운 세계관에 따라 새로운 의례가 생겨날 것입니다.

3/8

죽음을 모독하는
장례식

병원은 죽음을 연장하려 하고, 장례식장은 죽음을 받아들이는 곳입니다. 이처럼 죽음을 다루는 상반된 공간이 한국에서는 한곳에 공존합니다. 언제부터 장례식장은 병원에 부속되었을까요? 대개 장례식장은 병원의 지하 또는 병원 내 가장 구석진 건물에 위치합니다. 병원은 죽음을 은폐하는 걸까요? 병원 장례식장은 죽음의 존엄함과 망자를 떠나보내는 이들의 마음을 돌보고 있습니까? 한 인간의 죽음을 손쉽게 처리하는 '편리함' 말고 어떤 의미가 있을까요?

고인의 영혼이 쫓겨나는 장례식

한 개인이 결혼식 다음에 하는 것으로 가장 중요한 의식은 — 시간은 훌쩍 건너뛰지만 — 아마도 장례식일 것입니다. 우리가 살면서 거쳐야 하는 가장 중요한 과정을 '관혼상제'라 했을 때 이제 우리는 결혼을 거쳐 상례로 온 것입니다. 그런데 상례도 결혼식처럼 껍데기만 남고 쓸데없는 데에 돈 쓰는 짓으로 바뀌었다는 것은 예견하기 어렵지 않겠지요. 우리 주위의 문화가 다 그 모양인데 상례만 제대로 치러질 리가 있겠습니까?

이런 중요 의례와 관계해서 한국인이 갖고 있는 가장 심각한 문제는 의례의 신성함이나 경이로움이 전혀 없다는 것입니다. 앞 장에서 이야기 나눈 오늘날 우리네 결혼식의 풍경처럼 말이죠. 사람이 태어나고 결혼하고 죽는 것은 한 사람의 일생에서 가장 중요한 사건이라 이전에는 여기에 항상 종교적인 성스러움이 있었습니다. 예를 들어 전통 사회에서는 아이가 태어나면 삼신할머니에게 빌어 양육을 맡기는 일도 해야 하고, 뒷산에 있는 암자에 가서 칠성님께도 신고하면서 아이의 건강과 장수를 빌었습니다. 그리고 만일 사당이 있는 양반집이라면 이 사당에서 조상들에게 후손이 태어났음을 알리는 예를 올려야 합니다. 지금은 어떻습니까? 아이들은 모두 병원에서 태어나 곧 엄마와 떨어져 신생아실에 있다가 바로 집으로 돌아옵니다. 이 과정의 어느 순간에도 신성함이란 찾을 수 없습니다. 철저하게 세속화된 공간만을 전전할 뿐입니다.

생명이 탄생하는 순간이 모두 이러한 터라 사람의 생명이 성스럽다거나 신비롭다거나 하는 그런 느낌이 전혀 없습니다. 한 인간이 태어난다는 게 그저 세속적인 사건일 뿐입니다. 그러나 사람의 탄생은 사실 신이하기 짝이 없는 사건입니다. 하나의 생명이 우리에게 온다는 것은 우주를 영접하는 것과 같습니다. 그래서 온 힘을 다해 기려야 합니다. 이럴 때 우리는 보통 종교 의례에 기댑니다. 이해를 돕기 위해 다른 종교의 의례를 예로 들어 보겠습니다. 교회에서 예배를 보고 미사를 드리는 게 그런 것입니다. 기독교 의례 안에는 예수의 구원 사업을 증거하기 위해 신비로움을 한껏 깔아놓았습니다. 찬송과 기도를 하고 (예수의 피와 살을 먹는) 영성체를 나누는 등 모든 것이 신비롭게 구성되어 있습니다. 사람이 태어날 때에도 이런 신비로움이 있어야 합니다. 사람의 생명은 그런 것입니다.

우리는 모두 객지에서 죽는다

지금 세상은 삶의 신비라고 할까요, 무언가 신비로움이 사라지고 세속적인 것만 남았습니다. 당최 삶이 삶 같지를 않습니다. 그냥 날탕으로 살다 날탕으로 가는 것 같습니다. 이런 모습은 우리의 임종에서도 발견됩니다. 이전에는 임종을 당연히 집에서 맞는 것으로 알았습니다. 외려 집이 아닌 곳에서 죽으면 객사했다고 해 아주 꺼렸지요. 그런데 지금은 반대가 되어 오히려 집에서 죽음을 맞이하기가 아주 어렵습니다.

왜 집에서 임종을 맞는 게 힘들어졌을까요? 여기에는 몇 가지 이유가 있습니다. 우선 주거지가 이전과 다르다는 게 첫 번째 이유일 겁니다. 특히 아파트에서는 관을 승강기에 실어 주지 않습니다. 한국인들은 사람의 죽음을 금기시 하고 혐오하는 정도가 아주 강해 죽은 사람을 절대로 승강기에 넣지 못하게 합니다. 부정 탄다는 것이지요. 사정이 이러니 노환 상태인 부모가 집에 멀쩡히 잘 있다가도 임종이 임박하면 자식들이 병원으로 모시고 갑니다.

당사자를 끝까지 치료하는 것도 그 이유 가운데 하나라 하겠습니다. 이전 같으면 치료를 포기하고 조용히 임종을 기다릴 텐데 요즘은 의료가 하도 발달되어 끝까지 치료를 포기하지 않습니다. 치료를 받으려면 병원에 있는 수밖에 없겠지요. 그래야 위급한 상황에 대처하기가 수월하니까요. 아울러 환자 간병도 집보다는 병원이 편하니까 병원을 선호합니다.

우리가 병원에서 임종을 맞고 장례식을 할 수밖에 없는 이유는 또 있습니다. 집에서는 문상객들을 접대할 수가 없기 때문입니다. 아파트는 워낙 좁아 어찌할 수가 없습니다. 고인을 모실 자리도 마땅치 않습니다. 따라서 이러저러한 이유로 우리는 대부분 병원에서 이 세상과의 마지막 순간을 보냅니다.

사정이 이런지라 우리 한국인들의 대부분은 삶의 마지막을 낯선 환경병원에서, 남들이 숱하게 썼던 침대 위에서, 남들이 입던 환자 옷을 입고 맞이합니다. 자기가 늘 깔고 덮던 이불은 간데 없고 자기가 즐겨 입던 옷도 없습니다. 몸에는 자신에게 맞지 않는 환자복만 있을 뿐입니다. 일생을 그렇게 힘들게 살고 나름대로 열심히 잘 살다가 왜 죽을 때는 이렇게 날탕으로 최후를 맞이해야 할까요? 이런 죽음에는 도무지 존엄이니 신비로움이니 하는 게 없습니다. 그냥 장바닥 같은 곳에서 삶에 연연하다 죽음에 끌려가는 느낌입니다.

사람이 70~90세까지 살았다면 그것은 정말로 수고 많이 한 삶입니다. 그래서 마지막에는 인간으로서 품위를 지키고 자신의 삶을 잘 정리하고 사랑하는 가족들과 충분한 시간을 갖고 이별을 해야 합니다. 그런데 병원에서는 이렇게 하기가 아주 힘듭니다. 가족과 함께 머물며 밥 먹고 잠을 자던 편안한 내 집이 아닌, 소독약 냄새 가득한 병원에서 맞는 죽음이 객지에서 죽는 것과 무어 다를 바 있겠습니까? 우리는 모두 집이 아닌 객지에서 죽는 쓸쓸한 삶을 살고 있음을 인정해야 합니다.

이렇게 한국인은 지극히 세속적인 곳에서 임종을 맞이해야 하는데 문제는 그 뒤에도 계속됩니다. 임종 당사자가 죽으면 그의 몸은 곧 차가운 냉동고로 옮겨집니다. 몸의 온기가 아직 채 가시기도 전에 차가운 곳으로 가야 합니다. 그러나 내가 사랑하는 부모님이, 또 배우자가 조금 전까지만 해도 살아 있었는데 임종하자마자 그분들을 차디찬 냉동고로 보내는 건 너무 야박하지 않습니까? 병원에는 나름대로의 규칙이 있으니 달리 어찌할 방도가 없을 테지요. 시신은 그곳에 있다가 입관할 때 잠시 꺼내서 한번 보이고 다시 냉동고로 옮겨집니다. 고인과는 그게 마지막입니다. 그 뒤에는 관만 볼 수 있을 뿐입니다. 이렇게 진행되는 장례 과정이 너무 속화되어 쓸쓸합니다. 우리들 대부분은 이렇게 임종을 맞이하건만 이런 환경에 대해 별 문제점을 느끼지 못합니다. 그것은 아마 다른 방법이 없어서 그럴 겁니다. 그렇다고 해서 한 인간의 죽음을 처리하는 이런 식의 절차를 아무 저항감 없이 받아들이기만 해서는 안 되지 않을까요?

임종 당사자와 가족이 당사자의 삶을 잘 정리하고 존엄하게 죽음을 맞이하기란 힘듭니다. 품위 있게 죽음을 맞이하기 위해 가장 필요한 것 가운데 하나는 임종이 임박했을 때 당사자와 가족들만 있을 수 있는 방이 있어야 한다는 것입니다. 그래야 그곳에서 임종자와 가족들이 사적으로 충분하게 이별을 나눌 수 있을 테니까요. 그런데 지금 한국의 종합병원 가운데 이런 방을 갖고 있는 곳이 그리 많지 않습니다. 따라서 현실에서는 임종자와 가족들이 다인실에서 다른 환자와 그 가족들과 같이 임종을 맞는 경우가 많습니다. 생판 남인 사람들 여럿이 같이 있으니 임종자 가족들만의 사적인 대화를 하기가 힘듭니다. 일반 병실도 이러한데 중환자실은 오죽할까요?

환자 상태가 위중해지면 중환자실로 들어가는 경우가 많은데 중환자실에서는 온갖 의료 기계에 의존한 채 생명만 연장합니다. 그 상태에서 임종자는 사랑하는 가족들과 하루에 면회때 한두 시간밖에 보지 못하고 지내다 임종을 맞이합니다. 그것도 의식 불명 상태가 되어 이승을 헤매다가 속절없이 가는 경우가 비일비재합니다. 이렇게 임종을 한다면 여기에 무슨 삶의 의미가 있으며 무슨 인간의 존엄이 있겠습니까? 그저 숨을 거두지 않기 위한 처절한 사투만 있을 뿐입니다.

호스피스 의료는 존엄하게 임종을 맞이하기 위한 한 방법인데, 한국인들이 이 의료를 받는 경우는 9퍼센트밖에 되지 않는다고 합니다. 게다가 한국인들은 호스피스 병실로 가는 것을 꺼려합니다. 자신이 죽는다는 사실을 받아들이기가 싫기 때문일 테지요. 그 대신 그저 삶에만 집착하다 때가 되면 아주 힘들게 몸을 벗습니다.

이처럼 한국인들은 임종을 맞이할 때 인간으로서 존엄하게 대처하지 못하는 것은 물론이고 큰 고통 속에 아주 힘들게 갑니다. 우리들에게는 이런 식으로 처절하게 죽음을 맞지 않을 수 있는 방법이 많이 있습니다. 그런데 한국인들은 다른 방법이 없는 줄 알고 이렇게 황망하게 임종을 맞이합니다. 죽음을 적극적으로 공부하고 대비하면 지금처럼 힘들게 임종을 맞이하지 않을 수 있습니다. 얼마든지 존엄하고 아름답게 죽음을 맞이할 수 있다는 얘깁니다. 이런 문제는 임종할 때만 생기는 게 아닙니다. 이제부터 시선을 장례식장으로 옮겨 봅시다. 장례식장에서 벌어지는 일들이야말로 한국 문화가 품위는커녕 바닥을 치고 있음을 극적으로 보여줍니다.

왜 병원에서 장례를 치를까

다시 말하지만 한국인들은 부모나 배우자가 임종할 때 가족들과 더불어서 임종을 맞을 방이 없습니다. 이런 방이 없는 이유는 아주 간단합니다. 보험 처리가 안 되기 때문이랍니다. 임종실처럼 필요한 시설을 만드는 데에는 관심이 없는 한국인들이 인간의 죽음과 관련해 유독 투자를 많이 하는 곳이 있습니다. 바로 장례식과 이 의례가 벌어지는 영안실입니다. 한국에서 영안실은 끊임없이 진화해 왔습니다. 삼성병원이나 연대의대 병원이 그 대표적인 경우인데, 이 병원들의 장례식장은 한국 최고의 시설을 자랑합니다. 그러나 그 안에서 벌어지고 있는 장례식은 속 알맹이가 비어 있습니다. 물론 다른 병원에서 치러지는 장례식도 다를 바 없지요. 한국인들이 병원의 장례식장에서 하는 의례는 겉으로만 화려하되 속은 공허하다는 점에서 결혼식과 꼭 닮았습니다.

한국의 장례 문화를 살펴보면 이상한 점을 많이 발견할 수 있습니다. 우선 드는 의문은 왜 장례식장이 병원에 붙어 있느냐는 것입니다. 결혼식은 따로 마련되어 있는 식장에서 하면서 장례식은 왜 장례만을 위한 식장에서 하지 않고 병원에서 할까요? 병원은 사람의 병을 고치는 곳이지 사람의 마지막 의례를 하는 곳은 아니지 않습니까? 과문한 탓인지 몰라도 장례식을 병원에서 하는 나라는 아직 보지 못했습니다. 게다가 지금은 많이 나아졌지만 이전에는 영안실이 병원 지하층에 있는 경우가 많았습니다. 대개 그곳들은 아주 음침하고 우중충했지요.

사정이 이렇게 좋지 않은데도 한국인들은 왜 병원에서 장례식 지내는 것을 당연하게 생각할까요? 가장 큰 이유는 우리 한국인들이 죽음을 염오하고 부정하며 외면하기 때문일 겁니다. 한국인들은 가능한 한 죽음을 멀리하고 바투 직면하려 하지 않습니다. 우리가 죽는 곳이 대부분 병원이니 아예 거기서 죽음과 관계된 모든 일을 해결하자는 것 아닐까요? 죽음만 위해서 존재하는 아늑하고 차분한 별도의 공간을 마련하지 않고 병원이라는 차디찬 의료 공간에서 그냥 후딱 해치우는 것이지요. 그런 생각이니 죽음을 겪을 때 집과 먼 곳에서 죽음을 만날 뿐만 아니라 그 기간은 가능한 한 짧게 잡습니다. 그래서 의례 역시 빨리 끝내고 바로 잊어버리고 싶은 마음에서 모든 죽음 관련 의식이 병원에서 벌어지는 것일 테지요.

그러나 병원은 병 고치는 곳이지 사람의 죽음을 관장하는 곳이 아니지 않습니까? 인간의 죽음은 엄중한 사건이라 별도의 공간을 마련하고 그곳에서 사람들이 사랑하는 이의 죽음을 충분하게 직면할 수 있어야 합니다. 여유롭게 시간을 갖고 고인을 생각하고 추모해야 하며 유족들을 위로해야 한다는 것이지요. 그런데 한국인들은 죽음을 일상적인 공간으로 가져오기 싫었던 것 같습니다. 죽음과 직면하고 죽음에 대해서 사색하고 고뇌하기 싫었던 것입니다. 그래서 죽음을 병원이라는 지극히 차가운 공적인 공간에 가두어 놓고 잠깐 동안의 의례만 치르고 곧 잊으려고 했던 것 아닐까요? 병원은 인간의 병을 고치는 곳이라 죽음까지는 같이 갈 수 있지만 장례식마저 병원에서 하는 것은 여간 '생뚱맞은' 일이 아닙니다. 이해하지 못할 바는 아니지만 성숙한 사회의 모습은 아닙니다.

죽음 앞의 효도

　한국에서 하는 의례들이 대개 그렇듯 장례식에도 조문객들이 무진장 몰려듭니다. 한국인들이 이처럼 중요한 의례를 할 때 친척이나 아주 친한 친구만 초청해서 단출하고 여유롭게 지내지 않고 조금이라도 안면이 있는 사람을 죄다 부르는 이유에 대해서는 앞 장에서 결혼식을 다룰 때 이미 언급했습니다. 그 가장 결정적인 이유는 옛 관습을 벗지 못한 탓이라고 말입니다. 전통 사회에서는 결혼식과 마찬가지로 장례식도 마을 전체의 행사였습니다. 따라서 온 마을 주민이 동원되었는데 그렇게 식을 하던 관습이 전승되어 오늘날의 한국인들도 자신도 모르게 그것을 따라 하고 있는 것입니다.

　게다가 결혼식 때와 마찬가지로 장례를 치를 때에도 최대한 많은 사람을 불러 한번 위세를 부리고 싶은 생각도 적지 않게 있는 것 같습니다. 돌아가신 우리 부모 또는 그 자녀인 내가 이렇게 많은 사람들에게 영향력 있던 ─ 또는 영향력을 미치고 있는 ─ 사람이라는 걸 보여주기 위해 될수록 많은 사람들에게 연락을 하고 화환을 많이 받아 다른 이들에게 그 세를 뽐내고 싶은 것이지요. 장례식장에 화환을 보내고 받는 게 얼마나 바보 같은 일입니까? 기껏해야 2~3일 쓰려고 비싼 꽃들로 만든 화환을 가져다 놓다니, 그건 돈을 그냥 버리는 것 아닙니까? 그런데도 한국인들은 이 어리석은 관습을 고치지 못합니다.

한편 상주들은 남들이 보고 있기 때문에 돌아가신 부모를 위해 효를 다한다는 것을 보여주기 위해 돈을 아끼지 않습니다. 수의나 관棺이 대표적인 예라 하겠습니다. 특히 화장을 하는 경우라면 수의나 관은 그 자체가 문제투성이입니다. 상식적으로 생각해 봐도 시신에 비싼 수의를 입히고 비싼 관에 넣어 태우는 것은 어리석은 일 아닙니까? '부모님 마지막 가시는 길'에 자식 된 도리를 정성껏 하겠다는 이들에게 제 표현이 더러 불편하기도 할 겁니다. 하지만 그 생각을 과감히 벗어야 합니다. 이제부터 차근차근 살펴봅시다.

사람의 몸은 영혼이 있을 때에만 의미가 있는 것입니다. 영혼이 없는 몸은 물질에 불과하기 때문에 빨리 흙으로 돌아가게 하든지 아니면 화장을 하는 것이 좋습니다. 따라서 시신에는 기본적인 것 이상의 투자를 하는 건 바람직하지 않습니다. 제가 '기본적'이라고 표현한 것은, 이 시신은 그래도 고인이 수십 년을 쓴 몸이니까 그 몸에 대해 예의를 지켜야 한다는 뜻입니다. 시신을 청결하게 하는 것과 같은 최소한의 예의는 당연히 갖추어야 합니다. 이것마저 지키지 말라는 것은 결코 아닙니다. 그러나 한국인들은 그 이상으로 너무 과한 행동을 하는 것 같습니다.

무엇이 과하다고 하는 것일까요? 한국인들은 부모의 상을 당했을 때 '저승으로 떠나는 부모님의 마지막 길'이라는 논리를 앞세워 효를 다하겠다고 그 무정물에 불과한 시신에 수백만 원을 호가하는 수의를 사서 입히는 경우가 많습니다. 그런데 한 번만 생각해 보면 얼마나 어리석은 짓인지 알 수 있습니다. 시신은 2~3일 뒤면 매장되거나 화장될 터이니 수의는 그때까지만 유용한 옷이기 때문입니다. 땅속에 묻히면 곧 썩어서 없어질 테고 화장을 하면 곧바로 태우니 이 옷이 하등 쓸모가 없는 것임은 명약관화한 일 아닌가요? 그런데 한국인들은 왜 이런 이해할 수 없는 일을 할까요? 저는 그 이유를 물질에 대해 갖는 한국인들의 강한 집착에서 찾고자 합니다.

한국인들은 눈에 보이지 않는 '영靈' 같은 것은 잘 인정하지 않는 경향이 있습니다. 대신 눈에 보이는 몸 같은 물질에 대해서는 믿음이 강합니다. 이것은 아마도 유교의 영향 때문이겠지요. 무덤을 한국인처럼 정성들여 가꾸고 그 앞에 음식을 잔뜩 늘어놓고 절을 하면서 제사를 지내는 민족은 별로 없을 것입니다. 한국인들이 이렇게 하는 이유는 무덤을 집으로 생각하고 그 안에 실제로 고인이 (살고) 있다고 생각하기 때문일 겁니다. 그래서 열심히 벌초를 하고 무덤에 대고 절을 하는가 하면 제사를 드릴 때에는 고인이 좋아하는 음식을 차립니다. 머리로는 고인이 진짜로 무덤 안에 살고 있다고 생각하지 않지만 몸으로는 고인이 언제 죽었건 여전히 무덤 안에 있다고 생각하는 것이지요.

이에 비해 일본인들은 우리와 다른 생각을 갖고 있는 것 같습니다. 일본인들은 무덤도 거의 쓰지 않을뿐더러 무덤이 고인의 집이라는 생각도 하지 않습니다. 일본에서 국민적 사랑을 받은 〈천千의 바람이 되어〉라는 노래를 들어보셨나요? 영혼이 살아 있는 이에게 "나는 지금 무덤에 있지 않으니 내 무덤 앞에서 울지 마세요. 나는 수없이 많은千 바람이 되어 하늘을 날고 있어요"라는 게 이 노래의 내용입니다. 이런 노래가 일본의 대표적인 유행가가 되었다는 것은 일본인들이 무덤을 고인의 집으로 생각하고 있지 않다는 걸 말해 줄 겁니다(그런데 이 노래 가사는 일본에서 만들어진 게 아니라 북미 인디언들 사이에서 회자되던 것이라고 하더군요).

아무튼 한국인들이 값비싼 수의를 선호하는 게 이해되지 않는 건 아닙니다. 하지만 문제는 수의 제도가 비합리적으로 운용되고 있다는 데에 있습니다. 이 문제를 푸는 게 간단하지는 않겠지만, 과거 우리의 전통 속에 이미 해답이 나와 있습니다. 특히 한국 종교를 개혁한 것으로 유명한 신종교 운동에서 그 해결책을 찾을 수 있습니다. 저는 그것의 가장 좋은 예를 원불교의 가르침에서 발견합니다.

원불교의 2대 교주인 정산鼎山 송규宋奎 선생은 교도들에게 상을 당했을 때 수의 쓰는 것을 금하고 그 대신 고인이 즐겨 입었던 옷을 잘 빨아 입힐 것을 권했습니다. 사실 이 방법이야말로 합리적일 뿐만 아니라 고인이나 가족 모두에게 좋은 것 아닐까요? 정산은 한 걸음 더 나아가 이런 데에 돈을 쓰면 고인의 복을 삭감하는 일이 되니 반드시 삼가고 대신 그런 돈이 있으면 사회에 기부하라고 갈파했습니다. 그래야 고인에게 복덕이 쌓이기 때문이지요. 이 얼마나 명쾌하고 합리적인 대처입니까?

수의를 고인이 평소에 즐겨 입던 옷으로 하면 아마 고인도 좋아할 겁니다. 그렇지 않겠습니까? 다른 사람들이 입던 병원 환자복을 입은 채로 임종을 맞기를 누군들 원할까요? 병원에 잠시 입원해 있을 때는 환자복을 입는 게 편하겠지만 이 생을 떠나 새로운 세계인 영계로 가는 마당에 환자복을 입고 가는 것은 바람직해 보이지 않습니다. 새로운 세계로 가는 장엄한 순간에 내 옷을 입고 가면 더할 나위 없이 좋지 않을까요?

그런데 다행히도 요즈음 수의를 따로 마련하지 않고 고인이 입던 평소의 옷으로 하는 이들이 조금씩 생겨나고 있다고 합니다. 여러분들도 이 생각에 동의한다면 실천할 준비를 하면 어떨까요? '묻지도 않고 따지지도 않는' 상조회사들이 여러분들의 결심에 훼방을 놓을지도 모르겠지만, 남의 시선 따위에는 아랑곳하지 않는 자신만의 고집스러움으로 돌파해 나가길 바랍니다. 한 가지 말씀드리면, 수의로 쓸 옷은 조금 큰 옷을 준비하는 게 좋습니다. 고인의 몸이 굳어 있기 때문에 큰 옷이라야 입혀드릴 때 불편하지 않을 테니까요.

수의뿐 아니라 관도 마찬가집니다. 지상에서 불과 2~3일밖에는 이용하지 않건만 많은 한국인들은 또 예의 '효도심' 때문에 터무니없이 값비싼 관을 삽니다. 다시금 '부모님 마지막 가시는 길'이라는 논리에 함몰되어 불합리한 짓을 하는 겁니다. 매장을 하는 경우에는 시신을 보호한다는 명목에 좋은 관을 쓴다고 하는 것이니 이해가 안 되는 바는 아니겠죠. 그러나 화장의 경우에 비싼 관을 쓰는 것은 아예 고인에 대한 모독으로 보아야 합니다. 하루 이틀 뒤면 홀랑 태울 것을 알면서 수백만 원 들여 관을 쓰는 것은 차라리 고인을 욕되게 하는 것 아닙니까?

화장을 한다면 가능한 한 저렴하고 실속 있는 관을 사용해야 합니다. 심지어 종이로 만든 관도 있습니다. 종이관은 저렴할 뿐만 아니라 화장 시간도 현저히 줄일 수 있고, 소각할 때 아무것도 남지 않아 친환경적이어서 좋습니다. 사실 화학 처리한 나무로 만든 관을 소각하는 것은 좋지 않겠죠. 유해물질이 많이 배출되고 화학적인 찌꺼기가 남을 수 있기 때문입니다. 게다가 한국은 관 원목을 대부분 수입한다고 하는데, 외국 나무를 사들여서까지 나무관을 고집하는 건 어리석은 일 아닐까요?

지금 한국에는 수의나 관 문제를 합리적으로 해결하는 사람들이 점차 늘고 있다고 합니다. 참으로 반갑고 다행스러운 일입니다. 이것은 진정한 효도를 실천하기 위해 자기만의 생각을 굽히지 않고, 과거의 관습에서 벗어나려고 하는 소중한 노력들 아닐까요? 바로 이것이 불행한 문화를 바꾸는 작지만 소중하고 자존감 있는 행동입니다. 이런 작은 시도들이 모여 큰 개혁이 이루어지지 갑자기 하늘에서 최고의 개혁안이 떨어지는 법은 없습니다. 그러니 여러분들도 이런 작은 실천들을 남의 눈치 보지 않고 지금 나부터 실천하겠다는 생각을 가져 주십시오.

고인과 잘 이별하는 법

수의나 관보다 더 문제가 되는 것은 한국에서 횡행하고 있는 장례식 자체입니다. 단도직입적으로 말해 한국의 장례식에는 내용이 없습니다. 장례식에서 가장 중요한 게 뭐라고 생각하시나요? 유족에 대한 위로와 고인에 대한 추모 아닙니까? 한국 장례식에는 이 두 가지가 없습니다. 관, 수의, 화환 같은 껍데기들만 화려하고 정작 있어야 할 알맹이는 없는 것이지요.

추모와 위로 없는 공허한 한국의 장례 문화는 문상객들의 행보를 보면 극명하게 드러납니다. 여러분들은 문상할 때 어떻게 합니까? 한국 장례식에서 문상객들이 와서 하는 일은 정형화되어 있지요. 즉 고인의 빈소에서 두 번 절하고 — 고인 가족이 기독교면 이마저도 안 합니다 — 잠깐 유족들과 인사 나눈 다음에 접객실로 이동하면 그걸로 끝입니다. 그 다음에는 다른 문상객들과 어울려 잡담하면서 자리만 채우고 있다가 눈치를 봐서 이제 가도 될 것 같으면 곧 식장을 빠져나옵니다. 이런 상황 속에서 고인 추모와 유족 위로를 여유롭고 진지하게 할 수 있을까요?

이 정도 되면 장례식을 왜 하고, 그런 의례에 왜 가는지 알 수 없을 지경입니다. 의례를 하자는 것이 아니라 그저 서로 면피하자는 것에 불과합니다. 특히 문상객은 상주에게 눈도장을 찍어 자기도 왔다는 걸 알려서 체면 차리겠다는 것 말고는 다른 의도가 없습니다. 의례의 경건함이나 유용성은 전혀 느껴지지 않습니다. 이런 장례식은 차라리 하지 않는 게 낫지 않을까요? 도대체 누구를 위한 장례인가요? 우리는 한 인간의 죽음을 올곧고 풍요롭게 마주하며 기억할 수 있을까요?

장지나 화장장으로 떠날 때 고인의 관을 모시는 방법도 심각하게 따져볼 문제입니다. 돈이 넉넉한 사람들이야 검은색 리무진에 관을 실으면 되겠지만 재정이 허락지 않으면 그냥 버스에 관을 싣습니다. 이른바 '장의葬儀 버스'라고 하지요. 외관이야 관광버스와 다를 바 없지만 관청에서 받은 허가 내용이 조금 다릅니다. 그렇다고는 해도 그냥 관광버스와 다를 바 없는데 문제는 관을 어디에 넣느냐는 것입니다.

한국인들이 장의 버스에 관을 넣는 걸 보면 어이가 없습니다. 보통 화물칸에 관을 넣지요? 그런데 거기다 관을 넣으면 어떻게 되겠습니까? 유족들이 관 위에 타고 앉는 꼴이지요. 이것은 고인에 대한 불경입니다. 부모님 시신을 발밑에 놓고 가겠다는 발상이 어디서 어떻게 나온 것인지 안타깝기만 합니다. 그나마 1960대나 1970년대의 장의 버스를 보면 관을 버스 뒤 칸의 가운데에 넣었습니다. 그리고 유족들은 관 옆에 앉았기 때문에 고인을 곁에서 모시고 가는 느낌을 가지고 장지로 향했습니다. 그러던 것이 지금은 관이 밑으로 깔리게 된 겁니다. 이전 같으면 상상도 못할 일이 벌어지고 있는데도, 한국인들은 무엇이 잘못됐는지조차 모르고 있습니다. 현대 한국 문화는 이렇게 처참히 깨져 나갔습니다.

그러면 장례식을 어떻게 하면 좋겠습니까? 가장 먼저 하지 말아야 할 일은 너무도 간단합니다. 결혼식에서 그랬던 것처럼 우선 어중이떠중이들을 죄다 부르지 않는 겁니다. 고인을 잘 알지도 못하는 사람들이 체면상 오는 문상을 막아야 한다는 것입니다. 대신 고인을 잘 알고 있고 가족들과도 친분이 두터우며 고인을 진정으로 추모하고 싶은 사람만 오게 해야 합니다. 그래서 유족들과 진정으로 슬픔을 나누고 고인에 대해서 많은 이야기를 나누도록 해야 합니다. 말이야 쉽지 아마도 이를 실행하려면 많이 망설여질 테지요. 그간 살면서 다른 장례 때 부조한 본전 생각도 날 테고, 혹 연락을 안 해 서운해 하는 사람은 없을까 따위의 염려도 있을 겁니다. 하지만 그 고리를 끊어야 합니다. 그러한 생각의 결박을 풀지 않는 한 검소하고 존엄한 장례를 맞이하기는 어려울 겁니다. 문상객의 숫자가 우리의 행복과 결코 비례하는 게 아니란 걸 깨달아야 합니다.

가족들도 할 일이 있습니다. 문상객들이 와서 고인에 대해 이야기할 수 있도록 고인에 대한 자료를 정리하면 좋겠습니다. 예를 들어 고인의 생각이 담긴 유품을 정리해 전시하다던가 고인의 일생이 담긴 영상을 만들어 식장에 계속해서 틀어 주는 건 어떨까요? 그 밖에도 생각해 보면 다양한 방법들이 있을 테지요. 가뜩이나 경황도 없을 텐데, 왜 군이 이런 번거로운 일을 해야 하냐고요? 하지만 결혼식 때에는 신부와 신랑의 사진을 편집해 대형 스크린에 상영하면서 왜 그보다 훨씬 중요한 장례식 때에는 하지 않는지 모르겠습니다. 이렇게 하면서 유족들과 함께 고인을 추모하면 유족은 유족대로 위로받고 손님들은 고인을 깊게 생각하는 기회를 가질 수 있어 좋을 것입니다. 이런 관점에서 본다면 현재 한국에서 벌어지고 있는 장례식은 그 의례에서 가장 중요한 존재인 고인이 부재하는 매우 기괴한 현상이 벌어지고 있다고 할 수 있을 겁니다.

우리나라는 어찌 된 게 장례식 자체가 없어졌습니다. 사실 제대로 하려면 장례식도 결혼식처럼 날을 잡아 해야 합니다. 물론 교회 다니는 사람들은 영안실에서 모든 과정이 끝나면 장지나 화장장에 가기 전에 교회나 성당에서 장례식을 하니 이 경우는 예외가 되겠습니다. 하지만 대개는 그냥 병원에 있는 빈소에서 3일째 되는 날 아침 관이 나가기 전에 가족들만 간소하게 (전통) 종교의례 식으로 하는 의례가 전부입니다. 이런 의식을 하는 동안에도 고인을 추억하며 기리는 마음이 깃들기 어렵습니다. 그냥 옆에서 시키는 대로 술이나 따르고 절을 하지요. 아니면 승려가 염불하는 등 매우 진부하고 형식적으로만 진행될 뿐입니다.

고인을 제대로 보내려면 장례식을 위해 고인과 친분이 두터운 사람들이 모여서 그를 마지막으로 생각하고 기리는 순서를 가져야 할 것입니다. 그런데 한국의 장례식에서는 이런 순서는 다 빠지고 3일 동안 북적대기만 하다가 그냥 장지나 화장장으로 향하는 경우가 많습니다. 부산만 떨다 시간 다 보내고 황급하게 장례식을 끝내는 겁니다. 사실 우리나라에는 장례식장이 없습니다. 그냥 영안실에서 가족들만 참여해 간단한 장례식을 하는 것으로 끝입니다. 장례식을 제대로 하려면 개별적인 식장에서 사람들을 불러서 정해진 순서로 해야 합니다. 그 자리에서 고인을 추모하고 유족들을 마지막으로 위로해야 합니다. 그런데 우리나라는 이런 식장이 없습니다. 이것 역시 우리 한국인들이 죽음을 철저하게 피하려 하는 모습을 보여주는 것 같습니다.

자신의 장례를 직접 디자인하라

앞서 확인했듯이 한국인들의 장례식 순서는 천편일률적이며 장례의 의미가 퇴색되었습니다. 지금 우리나라 장례식은 『주자가례』를 대폭 간소화해서 따르고 있습니다. 『주자가례』를 아직도 따르고 있는 나라는 한국밖에 없을 겁니다. 민속학을 전공한 지인이 대만에 가서 한국의 장례 절차를 알려주니, 아직도 그렇게 하고 있느냐며 신기해하더랍니다.

그런데 현대 한국인들은 장례 절차를 거의 모르기 때문에 상조회사에서 시키는 대로 따라 하는 경우가 대부분입니다. 성복成服이 무엇인지, 삼우제三虞祭가 무엇인지 그 의미는 모르고 그냥 하는 겁니다. 그래서 저는 기회가 닿을 때마다 이렇게 말합니다. 다른 것은 몰라도 자신의 장례식만큼은 당사자가 미리 디자인해 보자고 말입니다.

자신의 장례식을 디자인한다는 게 무슨 말일까요? 지금의 획일적인 순서를 지양하고 자신이 직접 기획해 보자는 것입니다. 곧 자신의 죽음을 피하지 말고 당당히 대면하자는 뜻이기도 합니다. 죽음을 끝까지 피하기만 하다가 자신은 속절없이 떠나 버리고 그 뒤의 장례는 후손들에게 맡기는 게 아니라, 자신의 장례식을 자기만의 생각과 마음으로 디자인해 보자는 것이죠.

제가 과문한 탓인지는 몰라도 한국에서 임종자 본인이 기획한 장례의 예를 본 적이 없습니다. 반면 서구에서는 임종자가 죽기 전에 자신의 장례식을 미리 디자인하는 경우가 심심치 않게 발견됩니다. 남들 하는 식의 기존 방식을 따르지 않고 자신만의 방법이나 순서를 고안하는 것이지요. 가령 장례 순서뿐 아니라 초청할 사람들 명단이나 연락처도 미리 만들어 놓습니다. 그런가 하면 자기가 좋아하는 노래를 같이 부르는 순서도 넣고 어떤 책이나 성전에서 어떤 구절을 뽑아 읽어 달라고 부탁을 합니다. 예컨대 기독교인이면 자신이 좋아하는 찬송가를 선택할 수 있겠지요. 또 조사는 누가 했으면 좋겠다고 미리 밝히기도 합니다. 그리고 마지막으로 자신의 육성을 녹음해 인사말로 대신하거나 자기가 조객들에게 전하는 감사 말씀을 동영상으로 촬영하여 식의 마지막 순서로 상영하는 경우도 있습니다. 준비가 이렇게 철저하다면 장례식 분위기가 침울하거나 무거울 필요가 없을 겁니다. 오히려 고인을 진정으로 추모하고 생각하며 좋은 이별을 나눌 수 있지 않을까요? 이 정도는 되어야 진정한 장례식이라 할 수 있지 않을까 싶습니다.

서양인들이 자신의 장례식을 디자인할 수 있는 것은 아마도 죽음이 삶의 끝이 아니고 새로운 시작이라는 기독교적인 발상 덕분일 겁니다. 이제 몸은 죽지만 영혼은 천국에 가니 장례식에서 굳이 슬퍼할 필요가 없다는 결론을 얻은 것일 테죠. 따라서 지상에서 맺은 인연을 잘 정리하고 천국에서 맞이할 새로운 생활을 꿈꾸면서 장례식을 잘 치르면 되는 것입니다. 이와 비교해 볼 때 유교적인 세계관에 물든 한국인들은 이렇게 적극적으로 자신의 장례를 준비하기 힘들 겁니다. 유교의 가르침에 따르면 죽으면 다 끝난다고 하니 무엇을 어떻게 준비해야 할지 가늠하기 어려울 테지요. 죽으면 아무것도 안 남는다는데, 준비할 일이 뭐가 있겠는가 하는 생각을 하는 것 아닐까요?

이웃나라 일본에서 있었던 실례 하나를 소개합니다. 장례식이 끝나고 문상객들이 화장장으로 가는 버스에 탔습니다. 아무래도 버스 안의 분위기가 무거웠겠죠. 그러던 중 갑자기 버스 안에 설치된 TV가 켜지더니 화면에 고인이 등장했습니다. 화면 속 고인은 사람들에게 어리둥절해 하지 말라며 인사말을 이어갑니다. 이렇게 날씨도 궂은데 자신이 마지막 가는 길을 함께해 주어서 감사하다는 말과, 그동안 자신을 생각해 준 여러분들께 진심으로 고맙다는 인사를 합니다. 그러자 무거웠던 분위기도 활기를 띠게 되었고, 문상객들은 기쁜 마음으로 장례식을 끝까지 잘 참석했다고 합니다.

그런데 궁금하지 않습니까? 고인은 그날의 날씨를 어떻게 알고 궂은 날에도 와 주어서 고맙다는 멘트를 했을까요? 그것은 날씨 상태에 따른 몇 개의 버전을 만들어 놓았기에 가능한 일이었다고 합니다. 참으로 용의주도할뿐더러 참신한 발상 아닙니까? 이렇게 고인이 마지막으로 자신의 삶을 회고하고 자기가 사랑하는 사람이나 신세진 사람들에게 따스한 말을 남긴다면, 그 사람은 정말로 유종의 미를 거두는 것입니다. 그리고 그런 말을 듣는 사람들 역시 애통한 마음보다는 고인을 기리고 추모하고 싶은 마음이 생길 테지요.

사실 저는 가급적이면 '죽는다'는 말을 쓰지 않으려고 합니다. 이 말이 갖고 있는 어쩔 수 없는 부정적 이미지 때문에 그렇기도 하지만 죽음이란 끝이 아니라고 믿기 때문입니다. 죽음이란 육체로서는 종말이지만 또 다른 몸, 즉 영체靈體로서 태어나는 새로운 시작입니다. 믿지 못하는 분들이 많겠지만, 제가 오랜 기간 죽음학을 연구하며 내린 결론입니다. 그래서 저는 '죽는다'는 말보다는 '몸을 벗었다'는 말을 선호합니다. 다만 이 책에서는 독자의 편의를 위해 일반적 언어를 사용했을 뿐입니다.

사람이 죽으면 육신을 벗을 뿐 자기의식생각은 계속됩니다. 죽으면 모든 게 끝이라고 대개들 생각하지만 생명이라는 것은 그렇게 간단한 게 아닙니다. 게다가 우리 의식은 그냥 없어질 정도로 약한 것도 아닙니다. 죽음 뒤의 미래에 관해서는 제가 쓴 죽음학 관련 책들을 참고하시면 좋겠습니다. 사후세계는 지금의 이 물질세계와는 비교할 수 없을 정도로 장대합니다. 그러니 죽음을 두려워하며 피하려고만 하지 말고, 죽음을 직시하면서 잘 맞이하려 노력해야 합니다. 우리의 삶은 죽음을 생각할 때 완성되지 삶 하나만으로는 충분하지 않기 때문입니다. 이처럼 장례식을 본인이 스스로 디자인하는 건 죽음을 생각하고 대비하는 것입니다. 그렇다면 '몸을 벗기' 전에 우리가 또 해야 할 일은 무엇이 있을까요?

삶의 완성을 위한 유언장

흔히들 이렇게 말합니다. 죽은 뒤에 통장은 물질을 남기고, 유언장은 마음을 남긴다고 말입니다. 우리가 몸을 벗기 전에 반드시 해야 할 일이 몇 가지 있는데, 그중에 가장 중요한 것은 유언장과 사전의료의향서를 작성하는 일입니다. "인생은 괴롭다"는 불교의 첫 번째 교리를 굳이 상기하지 않더라도, 누구나 힘든 생을 살았을 테지요. 그러니 우리는 힘든 삶을 잘 정리하고 가야 합니다. 그래야 삶이 완성됩니다.

유언장을 쓰면서 자신의 삶을 정리하는 것은 곧 유종의 미를 거두는 일입니다. 또한 임종에 임박해서만 쓰는 게 아니라 언제라도 미리 써 놓을 수 있습니다. 외려 정신이 성성할 때 써두는 것이 좋겠지요. 1년마다 유언장을 수정하면서 재작성하는 분들도 많이 생기고 있는데, 좋은 방법입니다.

유언장의 자세한 양식 따위는 여기서 거론하지 않겠습니다. 다만 유언장 작성에 중요한 사항 몇 가지만 이야기하겠습니다. 먼저, 유언장은 자필로 쓰는 게 가장 중요합니다. 그래야 법적

효력을 가질 수 있습니다. 컴퓨터로 출력을 했다면 공증을 받아야 합니다. 또한 날인이 없으면 나중에 무효 판정을 받을 수도 있으니 잊지 말아야 합니다.

내용은 사람마다 당연히 다를 테지만, 대체로 이런 내용이 들어가면 좋을 겁니다. 우선 장법葬法 즉 매장이나 화장 또는 수목장 등 가운데 어떤 것을 원하는지 밝히고, 아울러 어디에 묻히면 좋겠다는 것까지 적시하면 좋습니다. 그 다음에 자신의 재산을 정확히 밝혀야 합니다. 여기에는 집이나 부동산, 저축이나 주식 같은 금융정보 등이 포함되겠지요. 재산을 기부할 것인지, 자녀들에게 상속한다면 어떻게 분배할 것인지 정확히 해야 합니다. 마지막으로 가장 중요한 내용은 자식들에게 꼭 남기고 싶은 말을 쓰는 겁니다.

한편 사전의료의향서 작성은 죽음의 순간을 자신이 디자인하는 것이라고 할 수 있습니다. 즉 임종 직전 자신이 받을 치료 범위를 스스로 결정해 놓는 것으로 삶의 존엄성을 지키는 매우 중대한 행위입니다. 자신이 의식불명 상태가 될 때 받고 싶거나 거부하고 싶은 치료에 대해 정확히 밝히자는 것이지요. 사전의료의향서에는 대체로 심폐소생술, 인공호흡, 인공투석, 인공영양 공급, 진통제 사용 등의 실시 여부에 대해 답하는 것으로 되어 있습니다. 그리하여 무의미하게 생명을 연장하는 것을 자신의 의지에 따라 결정할 수 있습니다.

만일 이 의향서를 작성하지 않으면 자신이 의식불명의 상태가 됐을 때 쓸데없는 고통을 받을 수 있습니다. 여기서 중요한 것은 본인의 건강을 되찾을 수 있는지의 여부에 관한 것입니다. 만일 본인이 건강해질 수 있다면 당연히 앞에서 본 치료법들을 쓸 수 있습니다. 문제는 건강을 되찾을 수 없는 상태입니다. 그럴 때에는 치료법들을 무리하게 적용해서는 안 됩니다. 왜냐하면 심폐소생술 ― 정지된 심장이나 폐를 다시 작동시키기 위해 강한 전기 충격을 주는 기술 ― 이나 인공호흡 혹은 인공투석은 본인에게 고통만 가할 뿐 어떤 효과도 가져오지 않기 때문입니다. 그렇지 않습니까? 이제 생명이 며칠 혹은 몇 시간밖에 안 남았는데 이런 고강도의 치료법을 쓰는 게 무슨 효과가 있겠습니까? 그것보다는 고인이 편안하게 몸을 벗을 수 있도록 자연 상태로 임종을 맞이하게 하는 게 가장 고인을 위하는 길이지 않겠습니까?

그런데 문제는 아직도 많은 한국인들이 무의미한 생명 연장술을 쓰고 있다는 것입니다. 부모님의 상태가 경각에 다다르면 자식들이 너무도 당황한 나머지 그 위중한 상태를 벗어나게 하고자 인공호흡기를 꽂고 인공투석을 합니다. 그러나 그렇게 해봐야 대부분의 경우 몇 시간 내지는 며칠 정도만 생명을 연장하는 것에 불과합니다. 그리고 이런 치료를 받으려면 반드시 중환자실로 들어가야 합니다. 중환자실은 하루에 한두 시간밖에는 면회가 안 됩니다. 그 나머지 시간에는 본인 혼자 온갖 호스를 몸에 꽂은 채 의식불명 상태에서 외로이 지내야 합니다. 그러다 때가 되면 갑자기 맥박이 뚝 떨어지면서 임종을 맞이합니다.

이게 뭡니까? 평생을 그렇게 힘들게 살아 놓고 마지막에 중환자실에서 기계에 의지한 채 혼자 쓸쓸히 죽음을 맞이해야 하겠습니까? 이런 죽음은 가장 피해야 할 죽음인데 한국인들 중에는 아직도 이렇게 끝을 맺는 사람들이 적지 않습니다. 이런 걸 피하기 위해 작성하는 것이 사전의료의향서입니다. 사전의료의향서를 작성하는 방법은 의외로 간단합니다. 심폐소생술이나 인공호흡, 인공투석 등 강도가 센 치료법을 거부하면 됩니다. 반면 진통제나 영양공급은 받겠다고 표시하면 됩니다. 진통제의 투여는 특히 중요합니다. 마지막 순간에 병이 위중해지면 고통이 대단해질 수 있기 때문입니다. 이렇게 아파서는 임종을 존엄하게 맞이할 수 없습니다. 항우 같은 장사도 견디기 힘든 고통일 테지요. 그러나 아무리 심한 고통이라도 모르핀 계통의 진통제를 투여하면 80~90퍼센트는 잡을 수 있다고 합니다.

이를 두고 어떤 이는 이렇게 이야기합니다. 그러다 마약중독이 되면 어떻게 하느냐고 말입니다. 세상에 이렇게 어리석은 생각이 어디 있습니까? 아니 이제 며칠밖에 안 남은 분에게 마약 중독이라니요? 며칠 동안 충분한 진통제를 투여 받고 편안하게 임종하는 게 대수이지 마약에 중독된다고 진통제 쓰는 것을 주저하면 되겠습니까? 그런데 이런 우려 때문인지 우리나라 병원에서는 진통제를 너무 적게 준다고 합니다. 그래서 환자들은 쓸데없는 고통을 많이 겪다가 임종을 맞이한다고 합니다. 이것은 현명하지 못한 일입니다. 가장 중요한 것은 당사자의 고통을 덜어 주는 일입니다. 이런 상황이 닥치면 여러분들은 의료진에게 진통제를 더 투여해 달라고 강하게 요구를 하십시오. 그래야 임종자가 편안해집니다.

사전의료의향서는 쉽게 구할 수 있습니다. 우선 '사전의료의향서 실천모임'이라는 시민단체가 있는데, 이곳에서는 이 서류를 무료로 보내 줍니다. 그리고 의향서와 관련해서 상담도 할 수 있습니다. 굳이 이 단체에 연락하지 않아도 됩니다. 자신이 간단하게 서류를 만들어도 됩니다. 유언장처럼 자필로 해서 자신이 혼수상태가 됐을 때 받거나 받고 싶지 않은 치료법에 대해 명확히 밝히고 도장이나 지장까지 찍으면 서류로서 충분한 효과가 있습니다. 그러나 이 서류가 법적인 효력까지 있는 것은 아닙니다. 자신이 입장을 바꾸고 싶으면 언제든지 이 서류를 파기할 수 있으니 전혀 부담 갖지 마시기 바랍니다.

또한 사전의료의향서는 큰 병원에 모두 비치되어 있으니 노환이 짙어 입원하게 되면 그때 작성해도 됩니다. 그런데 이보다 더 문제는 실제의 상황에 부딪히면 의향서에 적힌 대로 잘되지 않는다는 데 있습니다. 본인이 무의미한 연명 치료법을 안 받겠다고 의향서를 써 놓았어도 자식들이 번복하면 아무 의미가 없기 때문이지요. 실제 상황에 직면했을 때 사전의료의향서를 따르는 경우는 30퍼센트도 안 된다고 하더군요. 위독하신 부모님의 모습이 너무도 안쓰러워 무의미한 연명 치료를 하는 것이지요.

저도 제 모친이 임종을 맞을 때 비슷한 경험을 했는데 마음의 갈등이 많이 생겼던 게 사실입니다. 이때 가장 중요한 것은 의료진의 판단입니다. 만일 의료진이 환자가 살 수 있는 날이 며칠밖에 안 남았다고 하면 과감하게 연명 치료를 포기해야 합니다. 다시 말하지만, 자식들이 자신의 마음이 안쓰러워 연명 치료에 들어가는 것은 고인에게는 큰 고통일 뿐입니다. 물론 매정하게 모든 치료를 끊고 임종을 기다리는 일은 쉽지 않습니다. 하지만 우리는 한층 더 좋은 길을 가야 합니다. 한국 사회에 하루 빨리 이런 합리적이고 수승殊勝한 사고들이 자리 잡았으면 하는 바람입니다.

맹목적 믿음의
쏠림

지금까지의 설명이면 여러분들은 현대 한국인들이 얼마나 비문화적이고 알맹이가 없는 삶을 살고 있는지 충분히 확인했을 겁니다. 현대 한국인들의 삶 속에는 향원香遠, 즉 삶을 구가하며 향기가 멀리까지 가는 문화가 잘 보이지 않습니다. 전통은 엉클어지고 부서진 반면 새로운 문화는 나타나지 않아 한국인들이 하는 일은 많은 경우에 껍데기만 남은 것처럼 보입니다. 물질적인 데에만 온갖 신경을 써 겉은 화려하지만 알맹이는 허약합니다.

한국인들은 병원에서 태어나 장바닥 같은 데서 결혼하고 또 병원에서 최후를 맞는 지극히 저속한 삶을 살고 있는 것 아닙니까? 그래서 어떤 삶이 행복한 것인지에 대한 좌표가 없습니다. 많은 한국인들이 평생을 물질에만 매달려 귀중한 삶을 낭비하고 있습니다. 한국인의 영성에 심대한 문제가 생겼기 때문일 겁니다. 한마디로 말해 영성이 빈약하다는 것이지요. 정신세계가 충일하면 물질이 빈곤해도 사람은 행복할 수 있습니다. 그러나 반대로 물질이 아무리 넘쳐나도 마음이 편하지 않는다면 행복과는 멀어질 수밖에 없습니다.

마음이 행복하고 영성이 충만한 것은 종교와 직결됩니다. 어떤 종교적 세계관을 가졌는가에 따라 그 사람의 행불행이 크게 좌우되기 때문입니다. 따라서 한국 종교계의 모습을 보면 우리의 정신세계가 어떻게 자리하며 돌아가고 있는지 알 수 있을 겁니다. 이제부터는 맹목적 믿음에 포박당한 불행한 우리의 초상을 응시하고자 합니다.

냉철한 이성과 마법적 믿음

문화가 파괴된 것은 물론이고 비이성적인 행태에서 허우적대는 불행한 한국인의 자화상을 가장 극적으로 소묘하는 것이 바로 종교계입니다. 아마 종교라는 것이 삶의 다른 부분과 달리 절대 신념 체계를 갖고 있어 무조건적인 복종을 강요하기 때문에 그런 일이 벌어지는 것 같습니다. 그렇지 않아도 이성적 사고가 약한 한국인들에게 종교는 꽤 훌륭한 의지처일 것입니다. 대부분의 종교에서는 이성을 약화시키고 맹목적인 믿음만 강조하니까요. 그러니 이성적인 것보다는 감성적인 것을 더 선호하는 한국인들이 종교에 득달같이 달라붙었을 겁니다.

기독교는 물론이거니와 인류가 고안한 가장 과학적이고 이성적인 종교인 불교에서조차 한국에서는 맹목적인 믿음을 강조하고 있으니 한국인들의 전반적인 종교심이 얼마나 비이성적인지 알 수 있지 않을까요? 한국인들은 맹목적인 신앙을 갖다 보니 충동적으로 쏠리는 경향도 매우 강합니다. 그래서 어떤 때는 한국인들이 마치 이성은 마비되고 감정만 남은 사람들처럼 보이기도 합니다. 한국인들에게 종교는 행복을 가능하게 하고, 증진시키고, 전파하고 있습니까?

　제가 아는 꽤 유명한 물리학 전공 교수 한 사람이 있는데, 그는 학교에서는 아주 냉철한 이성의 소유자로 명망이 높습니다. 그런데 그가 교회만 가면 그 날카로운 이성적인 사고가 사라집니다. 한국 교회는 대부분 신자들에게 극히 보수적인 믿음을 강요할 뿐만 아니라 앞뒤가 안 맞거나 신화나 마법 수준에 있는 전근대적인 교리를 가르치는 경우가 많습니다. 그런데 그는 이런 교리의 부당성을 감지하지 못합니다. 아니, 감지하지 않는 건지도 모르겠습니다.

　한국 기독교의 어떤 교리가 전근대적이라는 것인지 그 예를 들어 볼까요? 한국에 있는 대부분의 교회에서 가르치는 교리 가운데 가장 대표적인 것을 우선 현대어로 바꾸면 이런 이야기가 될 겁니다. "어떤 백발노인이 하늘에 있으면서 인간들에게 죄와 벌을 주고 있다가 어떤 여자를 임신시켜 아들을 낳게 하고 그 아들로 하여금 지상으로 가는 통로로 삼았다." 이 이야기를 처음 듣는 사람이라면 그 '허무맹랑성'에 놀라지 않을까요? 그러나 많은 한국 교회에서는 이것을 가장 기본적인 신앙으로 가르치고 있습니다. 이것을 교회에서 말하는 기독교 용어로 바꾸어 보면, "하느(나)님이 세상을 너무 사랑하사 자신의 외아들을 동정녀 마리아를 통해 세상에 보내셨다"는 것일 테지요. 이처럼 말하면 어쩐지 매우 근사하게 들립니다. 하지만 바로 위에서처럼 바꿔 말하면 아주 이상한 이야기일 뿐이겠죠. 이런 전근대적인 교리는 진즉에 서양 신학의 극복 대상이었습니다. 서양 신학은 이런 신학을 버리고 근대적일 뿐만 아니라 더 나아가서 포스트모던적으로 일치월장해서 얼마나 발전했는지 모릅니다(물론 서양 신학이 다 그렇다는 것은 아닙니다).

그런데 이 물리학자는 자신이 연구하는 물리학 이론은 최첨단 '포스트모던적'으로 주장하면서 자신이 믿는 기독교 교리에서는 아직도 전근대를 헤매고 있습니다. 그렇지만 그는 이러한 괴리를 알지 못합니다. 전근대의 입장에서 보면 근대나 후後, post근대는 심각한 일탈이고 심지어는 적으로 간주될 수 있습니다. 같이 병행해서 갈 수 없는 것이지요. 사정이 그런데도 이 물리학자의 내면에서는 갈등이나 모순이 일어나질 않습니다. 그가 마음만 먹으면 최첨단의 신학을 얼마든지 알 수 있는데도 말이죠. 그러나 그는 이런 작업을 하지 않을 뿐만 아니라 교회라는 곳에만 오면 전근대로 퇴각하고 맙니다. 다시 말해 아직 이성이 활발하지 못한 과거로 퇴행해 거기에 고착된다는 것입니다. 한국에서 이런 일은 이 물리학자에게만 한정되는 것이 아닙니다. 불행히도 한국 교회의 전근대성으로부터 자유로운 개신교 신자들을 저는 별로 만나지 못했습니다.

기독교 마케팅

한국 같은 동양의 역사 깊은 나라가 거의 준準 기독교 국가처럼 된 것은 대단히 드문 현상입니다. 전 인류 역사를 통틀어서도 매우 드문 일입니다. 기독교 선교사史를 보면 알 수 있습니다. 기독교는 지난 수백수천 년 동안 땅 끝까지 예수를 전도하겠다고 기염을 토했지만 아시아에서는 별다른 성공을 거두지 못했습니다. 한번 동아시아 지도를 펼쳐서 보십시오. 그 광활한 땅에 기독교가 성공한 나라가 한국 말고 또 있나요(물론 필리핀은 제외입니다)? 이 때문에 한국은 로마 바티칸에서 특별 취급을 받는다는 이야기도 있더군요. 바티칸이 아시아에 심혈을 기울여 전도를 했건만 별다른 성과를 거두지 못했는데 유독 한국에서만은 신자가 계속해서 늘어나 지금은 550만 명을 상회하게 되었기 때문이지요. 오늘날 천주교가 이렇게 성공한 나라는 동아시아 국가 중 한국이 유일합니다.

2014년 8월 프란시스코 로마 교황 — 혹은 교종教宗 — 이 아시아 국가 가운데 한국에 제일 처음에 온 것도 이러한 이유에서입니다. 교황 입장에서 보면 이 한국이라는 나라가 얼마나 가상하겠습니까? 12억을 상회하는 전 세계의 가톨릭 신자 가운데 아시아 신자는 3퍼센트밖에 안 되는데 그 많은 아시아 국가 가운데 유독 한국에서만 성장을 거듭하니 얼마나 예쁘겠습니까? 그러니 교황이 한국에 온 진정한 목적을 대충 짐작할 수 있겠지요? 그가 우리의 상처를 쓰다듬어 주려고 그 힘든 길을 왔을까요? 그런 이유도 있겠지요. 그러나 그는 전 세계 가톨릭의 수장입니다. 때문에 누구보다도 가톨릭의 이익을 증진하는 일을 해야 합니다. 교황이 한국에 온 가장 큰 이유는 가톨릭을 아시아에 선교하는 데 한국을 교두보, 즉 전진기지로 만들기 위함이었을 겁니다. 가톨릭 신앙이 이렇게 활발한 나라를 거점으로 전 아시아에 가톨릭을 전교하려는 속셈입니다. 이를테면 로마 가톨릭의 동방공정이라고나 할까요? 그의 의도는 충분히 이해가 됩니다. 다만 우리 한국인들이 이 점을 제대로 알고 교황을 환영하길 바랍니다.

개신교의 상황도 그다지 다르지 않습니다. 한국 개신교는 1980년대에 이르러 신자수가 급격히 늘어나 800만 명에 달하는 성장세를 보입니다. 이처럼 기독교 인구가 그저 증가한 차원이 아니라 아예 폭발한 것은 한국이 유일할 겁니다.

요즘 젊은이들은 기독교가 원래부터 한국에 이렇게 성행했을 것이라고 생각하는 것 같습니다. 그러나 이것은 사실과 거리가 멉니다. 해방 이후 한국에 기독교인은 수십만 명에 불과했습니다. 당시 한국에는 불교나 유교 같은 전통 종교가 확고하게 자리 잡고 있었을 뿐만 아니라 천도교 같은 신종교가 강한 세력을 형성하고 한반도를 점유하고 있었기 때문에 기독교가 그다지 큰 힘을 쓸 수 없었습니다. 잘 알려져 있지 않은 사실이지만, 일제기에 한국을 '리드'하고 있던 종교는 다름 아닌 천도교였습니다. 오늘날 기독교가 한국을 리드하고 있는 것보다 더 강력한 힘으로 한국을 정신적으로 장악하고 있던 종교가 천도교였다는 얘기입니다.

당시의 종교적 상황을 알 수 있는 예를 들어 보겠습니다. 일제기에 일어난 가장 큰 사건은 누가 뭐라 해도 3·1 운동이겠지요. 대체로 사람들은 3·1 운동이 기독교가 중심이 되어 일어난 것으로 알고 있습니다. 하지만 이는 사실과 전혀 다릅니다. 3·1 운동은 처음부터 끝까지 천도교 교단이 주관해서 벌인 것입니다. 전적으로 천도교의 재력과 조직이 있었기에 가능했던 운동이었습니다. 그런데 우리가 3·1 운동을 이야기할 때 가장 먼저 떠오르는 인물이 누구입니까? 바로 유관순 열사겠지요.

그런데 한번 생각해 보십시오. 스무 살도 안 된 한 여성이 그런 전국적인 시위운동을 주도할 수 있었을까요? 그러면 어떻게 해서 유관순 열사가 3·1 운동의 상징이 되었을까요? 이것은 후세에 기독교인들이 만들어 낸 이미지에 불과합니다. 기독교인들은 '유관순 열사'라는 존재를 잘 활용했습니다. 한국인 가운데 기독교인들이 가장 근대적이었기 때문에 자기 종교를 홍보할 수 있는 기회를 잘 이용한 것이지요. '유관순 열사 만들기'는 기독교 마케팅의 대표적인 성공 사례라 할 수 있습니다.

그러나 실상은 어떠했을까요? 많은 사람들이 잘못 알고 있는 매우 중요한 얘기라 거듭 강조합니다. 3·1 운동이라는 거국적인 운동은 천도교의 기획력과 재력 그리고 조직력을 바탕으로 전국적으로 일어났다는 것이 진실입니다. 당시에 이런 거사를 할 수 있는 교단은 천도교밖에 없었습니다. 천도교 측의 주장에 따르면, 개신교 측은 천도교 측에서 거사 참여를 제의했을 뿐만 아니라 5,000원이라는 거금까지 빌려 준 덕분에 이 운동의 한 주요 멤버가 될 수 있었습니다(그런데 아쉽게도 개신교 측은 이런 사실을 잘 밝히지 않습니다). 당시 천도교의 실력을 알 수 있는 객관적인 증거도 있습니다. 1920년대 초 명동성당과 서울역과 더불어 경성서울에서 가장 큰 3대 건물 중 하나가 바로 천도교의 대교회당이었다고 합니다. 이 교회당은 경운동에 있는 운현궁 바로 건너편에 있으니 언제든지 찾아갈 수 있습니다. 당시에 이런 건물을 자기 실력으로 지을 수 있는 종교 교단은 천도교밖에 없었습니다.

이처럼 일제기의 주요 운동을 천도교가 주도적으로 행했음에도 불구하고 흡사 기독교가 모두 한 것처럼 보이는 것은 기독교가 '이미지 만들기'에 성공했기 때문입니다. 그렇지 않습니까? 우리가 사는 이 물리적인 공간에서 어떤 일을 실제로 했는가는 별로 중요하지 않습니다. 그보다는 어떤 이미지로 비춰졌는가가 훨씬 더 중요하겠지요. 기독교인들은 이 일을 아주 잘했던 것입니다.

기독교가 한국 사회에서 이렇게 좋은 이미지를 구축할 수 있었던 것은 말할 것도 없이 한국인 가운데에 상대적으로 개명된 사람들이 기독교를 택했기 때문일 겁니다. 그래서 경제적으로 윤택했고 서구 문물을 빨리 받아들였으며 근대 교육을 수혈 받은 사람 가운데 기독교인이 많았던 것입니다. 자신들의 선배 이미지를 재빨리 좋게 바꾼 덕에 기독교가 한국을 근대화시켰을 뿐만 아니라 독립운동도 앞장서서 한 것으로 이미지가 정착되었습니다. 게다가 한국에서 기독교인들이 사회에서 좋은 자리를 선점할 수 있었던 데에는 미군정의 전폭적인 지원도 큰 요인으로 작용했습니다. 해방 후 많은 적산 가옥이 미군정에 의해서 기독교 교회에 불하된 것은 그 적나라한 증거입니다.

그러나 기독교인들의 노력에도 불구하고 1960~1970년대 이

전까지는 한국에서 기독교 신자들의 수가 그리 늘지 않았습니다. 기독교인들이 기하급수적으로 증가한 것은 1970년대를 거쳐 1980년대에 들어선 이후의 일입니다. 이때 신자 수가 갑자기 급팽창했는데, 그 가장 주된 요인은 한국이 범사회적으로 강하게 미국으로 기울어진 데에서 찾아야 할 것입니다. '한국의 미국화Americanization' 과정이 이때부터 빠르게 진행된 것이지요.

한국은 그 이전에도 친미 일변도 국가였지만 이런 현상이 누적되어 빛을 발하기 시작한 것은 꽤 늦은 시기인 1980년대 이후의 일로 보아야 합니다. 조금 과장해서 이야기하면 이승만이 미국의 지원 아래 획책하려고 했던 '한국의 친미 기독교 정권 수립하기' 시도는 1980년대에 와서야 그 빛을 발하기 시작했다는 겁니다.

이승만은 미국과 결탁해 기독교를 파격적으로 우대했습니다. 예컨대 1950년대 중반 미국의 부흥사 빌리 그레이엄Billy Graham 목사가 한국에서 부흥회를 할 때에 그 장소인 동대문운동장 — 당시엔 서울운동장 — 에 이승만 자신은 물론이고 장관들도 참석하게 한 것 등이 대표적인 예입니다. 여러 종교가 공존하는 국가에서 대통령이 각료들을 이끌고 특종 종단의 집회에 참석하는 것은 있을 수 없는 일입니다마는 당시에는 그런 일이 가능했습니다. 또한 크리스마스를 공휴일로 정하는 등 기독교를 전폭

지지했지만 그다지 성과를 거두지 못합니다.

사실 크리스마스가 우리나라 사람들이 믿는 종교의 축일 가운데 가장 먼저인 1950년에 공휴일이 되었다는 것도 이해하기 힘든 일입니다. 아니, 어떻게 몇 십만도 안 되는 신도를 가진 낯선 서방 종교의 교주 생일을 그렇게 일찍 국가 공휴일로 정할 수 있었을까요? 그리스도교보다 신자가 훨씬 많았던 불교의 교주인 석가모니의 생일, 즉 '부처님 오신 날'은 1975년에 와서야 공휴일이 되었는데 말입니다. 이것은 모두 미국을 등에 업은 이승만이 밀어붙인 결과라고 할 수 있습니다.

하지만 그때 이승만을 비롯한 한국의 개신교인들이 들였던 노력은 곧 효력을 발하지는 못하고 1980년대 와서야 결실을 보게 됩니다. 한국은 개신교 장로나 천주교도가 대통령이 되는 나라가 되었으니까요. 한국인들은 자신들의 대통령이 기독교도라는 사실을 이상하게 생각하지 않지만 다른 아시아 국가들을 보면 이것은 아주 이례적인 것입니다. 동아시아, 동남아시아, 동북아시아에 기독교도가 대통령을 하는 나라는 필리핀 말고는 없으니까요.

1980년대에 실로 많은 사람들이 교회로 몰려들었습니다. 사회의 대세가 기독교로 흐르니까 한국인들은 별다른 거부감 없이 교회 십자가 앞에 발길을 멈추었습니다. 그전까지 내가 무엇을 믿었으며, 내가 어떤 세계관에 따라 살았는지에 대해서 깊게 돌아보거나 고민하지 않고 교회로 몰려가 기독교인이 되었던 겁니다. 기독교 신자가 되기 전에 기독교는 어떤 종교인지, 그것을 믿는 사람들은 어떤 사람인지, 나와는 잘 맞는 종교인지 등등을 곰곰이 따져 본 사람이 몇이나 있었을까요? 교회에 몰려들어 십자가 앞에 무작정 무릎을 꿇고 기도하기를 택한 사람들에게 과연 '사유하는 힘'이 있었을까요? 자신의 종교를, 자신의 신앙을, 자신의 절대자를 받아들이는 데 반드시 필요한 치열한 내적 고민과 갈등은 접어두고 일단은 신자가 되었습니다. 이른바 '묻지도 않고 따지지도 않고' 무조건 기독교를 자신의 종교로 받아들였던 겁니다. 남들이 하니까 그냥 자신도 따라 한 것이지요.

사실 생각해 보면 기독교에는 유교나 불교에 친숙한 한국인들이 쉽게 받아들일 수 없는 교리가 너무나 많습니다. 아니, 동양 종교를 잘 아는 사람이라면 결코 받아들일 수 없는 교리가 기독교에는 많이 있습니다. 이것은 굉장히 큰 주제라 여기에서 상세하게 설명하긴 어렵겠고, 논의의 전개상 아주 간단하게만 살펴보겠습니다.

동양인 입장에서 신이 있다는 교리 정도는 받아들일 수 있을 겁니다. 그러나 인간은 기본적으로 죄인인데 그 죄에서 인간을 구하려고 신의 아들이 직접 지상에 내려왔다가 잡혀 죽임을 당했을 뿐만 아니라 3일 만에 다시 살아나 또 얼마를 유暡하다가 하늘로 갔다는 이야기는 동양인에게 너무도 생경합니다. 동양 — 인도 문명권과 중국 문명권 — 종교에는 이런 교리가 어느 한 군데에서도 발견되지 않습니다. 게다가 처녀가 아이를 낳았다느니 신의 아들을 안 믿으면 아무리 착한 일을 해도 지옥에 간다느니 하는 교리들도 받아들이기에 부담스럽기는 마찬가지입니다. 기독교는 대개의 교리가 동양인들에게는 이렇게 생경했기 때문에 동양에서의 선교가 바닥을 친 것입니다.

하지만 한국에서 이변이 일어났습니다. 기독교가 '대박'을 터트린 것이지요. 그런데 여기에서 우리는 이상한 점을 발견할 수 있습니다. 원래 어떤 종교가 선교를 위해 새로운 지역에 전파되면 여러 가지 갈등이나 투쟁을 겪기 마련입니다. 지극히 당연한 일 아닌가요? 새로운 가르침이 기존의 가르침들과 다르기 때문에 토착민들은 그냥 받아들일 수 없겠지요. 예컨대 가장 평화적인 종교인 불교가 중국에 전파되었을 때에도 세계관의 충돌 때문에 불교는 호된 신고식을 겪어야 했습니다. 수레나 자동차 같은 물질문명은 전파되는 데에 별다른 문제가 없지만 정신문명의 전파는 어쩔 수 없이 많은 갈등과 문제를 수반합니다. 물질이야 편리하고 유용한 것을 채택하는 데에 큰 저항감이 없겠지만,

정신을 바꾸는 일은 지금까지 자신이 견지하던 세계관이나 믿음을 바꾸는 것이기에 굉장한 고통과 갈등을 겪지 않고서는 가능하지 않습니다. 따라서 사람들은 자신의 세계관이나 믿음에 도전받는 일이 생기면 자신의 것을 바꾸기보다는 새로 들어온 것을 배척하는 쪽으로 방향을 잡습니다. 종교가 전교되는 초기에 많은 희생자가 생기는 것은 이 때문이라고 할 수 있습니다.

그런데 한국에서는 갈등의 과정을 별로 겪지 않고 신구교가 안착을 했습니다. 물론 천주교구교는 수천 명의 교인이 순교하는 참담한 일을 겪었습니다. 그런데 천주교의 순교는 천주교인들이 조상 숭배라는 조선의 오랜 종교적 관습에 저항함으로써 생겨난 일이지 두 개의 세계관이 비슷한 수준에서 충돌했다고 보기 어렵습니다. 한쪽에서 일방적으로 다른 한쪽을 무시한 것이지 쌍방이 이론 논쟁을 한 것은 아니라는 얘깁니다. 제사라는 의례는 단순한 종교적 행위에 그치는 게 아니라 유교 국가인 조선에서는 국가를 통치하는 수단 가운데 하나였습니다. 따라서 제사를 부정하는 것은 국가 체제에 맞서는 반역죄에 해당하기 때문에 당시 조선에서는 천주교인들을 엄하게 다스릴 수밖에 없었던 것이지요.

이때 겪었던 것 외에 천주교는 교리적으로 별다른 갈등이나 논쟁을 거치지 않고 조선에 선교되었습니다. 이러한 경향은 개신교로 오면 더욱 두드러집니다. 개신교는 천주교처럼 순교자도 거의 배출되지 않았을 뿐만 아니라 아무 마찰 없이 한국 사회로 전해졌고 또 그대로 수용되었습니다. 한국에서의 개신교 정착은 종교 전교傳敎의 역사에서 볼 때 아주 특이한 경우라 하겠습니다. 한 종교가 다른 지역에 전교될 때에는 언제나 마찰이나 갈등이 있기 마련인데 한국 개신교는 이런 과정을 겪지 않았으니 말입니다.

불교가 중국에 전교됐을 때에도 토착 종교였던 유교로부터 거센 도전을 받았습니다. 효의 문제라든가 영혼의 존재 여부, 지옥이나 천당 개념, 공空과 같은 불교에만 있는 교리를 둘러싸고 유교와 불교는 첨예하게 대립했습니다. 이때 유교가 중국의 정통 사상의 자리에서 주로 공격하는 입장이었다면 불교는 수세적 입장에서 변호하는 형세였습니다. 이 논쟁은 상당히 치열했는데 그때의 정황은 중국 양나라 때인 6세기 초에 나온 『홍명집弘明集』이라는 책을 통해 아주 잘 알 수 있습니다(『홍명집』은 7세기 중엽에 확대 개정되어 『광홍명집廣弘明集』으로 다시 편찬되었습니다). 이 책은 이 논쟁을 불교적 입장에서 상세히 적고 있는데, 이런 논쟁이 발생하는 것은 당연한 일이고 충돌하는 서로에게도 유익한 일입니다. 이런 치열한 논쟁이 있어야 양 종교가 서로 간에 유사점과 차이점을 확실하게 알 수 있지 않을까요? 그래서 상호 이해가 깊어질 뿐만 아니라 자기 종교에 대한 이해의 폭도 넓어져 결과적으로 인류 문화가 발달하게 하는 역할을 하니 좋은 것 아니겠습니까?

그런데 한국에서는 세계관끼리의 논쟁 과정을 거의 거치지 않고 기독교가 한국 사회로 들어왔습니다. 한국인들이 덥석 기독교를 문 것이지요. 그러다가 1980년대에 기독교가 폭발적으로 팽창했고 그 상태로 지금까지 온 겁니다. 여기에서 주목해야 할 중요한 사실이 있습니다. 천주교는 전교된 지 200여 년, 개신교는 100여 년이 흘렀는데 그동안 한국에서 전통 종교와 기독교 간에 논쟁다운 논쟁이 한 번도 없었다는 것입니다.

물론 두 종교의 교리를 비교하는 학술 논문은 많이 있습니다. 하지만 이런 연구들은 개신교가 전통 종교의 교리를 연구한 다음 기독교와 비교하는 방식이 대부분입니다. 전통 종교인 불교나 유교 쪽에서 기독교를 연구하고서 비교종교학적으로 쓴 논문은 찾기가 어렵습니다.

예를 들어 봅시다. 기독교의 '원죄론'은 인간을 본질적으로 부처라고 보는 '불성 사상'과 정면으로 배치됩니다. 하지만 이런 교리를 가지고 두 종교에 속한 학자나 성직자들이 첨예하게 대립한 적은 없었습니다. 굳이 기독교와 불교 간에 일어났던 접촉을 거론한다면, 일부 개신교도들이 불교에 대해 자행하는 극히 몰상식적이고 광신적인 공격만 있었을 뿐입니다.

이처럼 한국인들은 어떤 사안에 대해 깊게 생각하지 않고 무조건 흡수하든가 아니면 배척하는 정도가 지나칩니다. 양 극단만 있고 그 중간이 없다는 것입니다. 종교라는 것은 절대 신념 체계이기 때문에 받아들일 때 많은 생각과 결단이 필요한 법인데 한국인들은 치밀하게 생각하기보다는 감정적으로 대처한 것입니다. 그래서 남들이 믿으면 자신도 별 생각 없이 받아들였던 것 아닐까요? 한국의 대형 교회들은 이를 압축적으로 보여 줍니다.

대형 교회, 닫힌 교리

한국인들의 '무작정 쏠림 현상'을 극명히 알 수 있는 예로 우리는 한국의 대형 교회들을 절대로 빼놓을 수 없을 겁니다. 세계에 또 다른 유례가 있었을까 하는 의구심이 드는 게 바로 한국 교회의 팽창입니다. 한국 개신교가 세계 기독교계에서 볼 때 믿기 힘든 수많은 기록을 갖고 있다는 건 잘 알려진 사실입니다. 세계에서 제일 큰 교회가 서울 여의도에 있고, 세계 50대 교회 가운데 절반가량이 한국 교회이며, 세계 2위의 선교사 파송국 — 해외 선교사는 약 25,000명이며, 인구 비례로 따지면 미국을 앞서 세계 1위 — 이라는 통계는 실로 놀랍기만 합니다.

한국에 기독교가 들어온 지 130년 정도밖에 안 되는데 어떻게 규모 면에서 세계적인 대형 교회가 수십 개나 나올 수 있었을까요? 물론 이에 대해서는 사회과학적으로 다양한 해석이 가능할 테지요. 앞서 말한 것처럼 한국 사회의 강한 미국화 현상 등으로도 부분적으로는 설명이 가능할 겁니다. 그러나 어떤 이론으로 아무리 증명하려 해도 한국인들이 깊은 내면에 지니고 있는 것처럼 보이는 무목적인 충동 혹은 쏠림 현상이 아니면 한국 기독교의 '폭풍 성장'을 설명하긴 어려울 겁니다.

한국의 대형 교회들은 거의 대부분 매우 보수적인 교리를 견지하고 있습니다. 이때 보수적이란 '오직 예수주의'를 말하는데, 이러한 믿음 형태는 대체로 미국의 기독교인들이 1960년대 이전에 지녔던 신앙으로 보면 되겠습니다. 이러한 신앙의 내용을 알게 해주는 좋은 자료를 소개해 보지요. 대형 교회에 속한 한 원로목사는 몇 해 전2012년 9월 하순 중앙 일간지 신문 광고에 자신의 신앙을 공개했습니다. 이 광고에서 그는 최근에 세계교회협의회 WCC : World Council of Churches가 지지하는 강령을 동의하지 않는다고 밝혔습니다. 그 강령들이란 '종교다원주의', '동성결혼 허용', '공산주의 포용' 등을 말하는데, 자신은 이런 것들을 인정하는 WCC를 인정할 수 없다고 한 겁니다.

WCC라는 단체가 어떤 곳입니까? WCC는 세계 교회들이 교파의 갈등을 초월하여 사회문제를 적극적으로 푸는 데에 앞장서자는 취지로 1948년에 결성된 매우 진보적인 단체입니다. 물론 WCC에 세계 기독교의 모든 교단들이 참여해 움직이는 것은 아닙니다. 예컨대 천주교나 미국 개신교파 중 가장 큰 교파인 남침례교는 WCC에 가입하지 않았습니다. 그러나 러시아 정교회는 가입되어 있습니다. 한국에서는 예장예수교 장로회이나 기장기독교 장로회, 감리교 같은 큰 교단들이 참여하고 있습니다.

WCC는 세계에 있는 여러 기독교 단체 가운데에는 매우 진보적인 성향을 보이며 건실한 것으로 알려져 있습니다. 기독교는 이런 단체들이 있었기 때문에 2,000년 동안 이어 왔고 이를 통해 많은 사람들에게 빛과 자유를 주었습니다. 다시 말해 기독교는 교조화되기 쉬운 교단의 교리나 조직을 끊임없이 유연화하고 변화시키면서 시대에 발맞추어 나아갔기 때문에 오랫동안 대종교의 역할을 했다는 겁니다.

종교다원주의 같은 새로운 이념을 받아들인 것도 기독교의 유연하고 적극적인 대처였습니다. 사실 종교다원주의는 수십 년 전까지만 해도 기독교가 결코 받아들일 수 없는 교리였습니다. 지난 2,000년 동안 기독교는 예수만이 유일한 구세주라고 주장해 오면서 다른 종교를 인정하지 않았으니까요. 하지만 세계가 하나로 묶이면서 기독교도들도 다른 종교들을 경험하게 되었고 많은 갈등과 대화를 거쳐 불교나 이슬람교, 힌두교 등 다른 종교들도 매우 훌륭한 종교라는 사실을 깨달았습니다. 다른 종교들을 인정하고 더불어 사는 게 유익하다는 것을 알게 된 것이지요. 뿐만 아니라 다른 종교와의 대화를 통해 다른 종교를 배움은 물론 자신의 종교인 기독교 전통도 더 새로워지는 체험을 하게 됩니다. 그래서 기독교 유일주의를 배제하고 세상에 있는 종교들의 다원성을 인정하는 생각을 자연스럽게 갖게 되었습니다. 그러니까 기독교만이 진실된 종교가 아니라 전 세계에 산재되어 있는 여러 훌륭한 종교 가운데 하나에 불과하다는 것을 인정한 것입니다. 기독교의 상대주의화라고나 할까요? 세계 기독교는 이렇게 진화하고 발전해 온 겁니다.

이처럼 서양의 기독교인들이 종교다원주의를 받아들인 것은 세계의 변화에 능동적으로 대처하기 위한 것이었습니다. 자신만의 좁은 우물에서 나와 넓은 세계를 본 것이지요. 세계와 소통해 보니 기독교만을 고집한다는 게 어불성설이라는 것을 깨달은 것입니다. 이것은 아주 당연하고 상식적인 일 아닐까요? 타자를 배척하기만 하는 독불장군 같은 생각만으로 무장해서야 어떻게 세계 종교의 위상과 역할을 이어갈 수 있겠습니까?

그런데 한국의 대형 교회들은 아직도 이 입장을 받아들이고 있지 않습니다. 이것은 비상식적일 뿐만 아니라 시대의 변화를 읽는 능력이 없는 미련하고 우악愚惡한 행태입니다. 앞에서 인용한 기독교계의 원로 목사는 자기 신앙을 보수라고 천명했습니다. 세계는 변화하면서 다원주의를 받아들이고 있는데 자신은 끝까지 저항해 보겠다는 것입니다. 저는 이것을 '종교 쇄국주의'라고 부릅니다. 이러한 신조가 불합리하고 미성숙하다는 것은 조금만 생각해 봐도 알 수 있지 않겠습니까? 이런 사람들은 어떤 사안에 처하면 이성적인 사고로 성찰하지 않고 그냥 감정적으로 받아들이고 의지로 밀어붙이는 경우가 많습니다. 인간의 지적 능력을 포기하는 것이지요. 여기에는 그저 들끓는 쏠림만 있지 냉철한 논리나 지성이 없습니다. 한국인들은 새로운 무언가를 받아들일 때 그것이 과연 자신에게 맞는지 어떤지를 따져 보는 데에는 자신의 지적 능력을 잘 쓰지 않는 것 같습니다. 그러나 일단 감정적으로 받아들인 다음에는 그 내용이 어떻든 자신의 모든 능력을 동원해 방어합니다. 이럴 때에는 한국인들이 반드시 이성적인 능력이나 추론적인 생각이 부족한 것 같지도 않습니다. 왜냐하면 자신이 받아들인 비이성적인 신앙을 변호할 때에는 온갖 논리나 추리를 동원해 아주 똑똑한 것처럼 보이기 때문입니다.

사실 종교학계의 사정으로 보면 종교다원주의도 한물 간 생각입니다. 지금 세계 종교학계는 이보다 훨씬 앞서 가고 있습니다. 즉 종교다원주의를 넘어서 '절대 실재 중심주의Ultimate Reality Centrism' 같은 것이 대두했으며, 이것마저도 넘어서서 동서양의 모든 것을 통합하자는 움직임이 일어나고 있습니다. 동서양의 모든 것을 통합하자는 대표적인 사람은 말할 것도 없이 미국의 켄 윌버Ken Wilber입니다. 그가 분류한 인간 발달 단계의 시각에서 보면 한국 교회의 입장은 주술적magical 혹은 신화적mythical

단계에 속합니다. 이것은 인간의 발달 단계 가운데 극히 초기 단계인데 대체로 초등학생 수준으로 보면 됩니다. 초등학생도 저학년 수준이지 고학년에 해당하지 않습니다. 고학년만 되어도 산타클로스의 존재를 믿지 않잖아요? 고학년이 되면 대부분의 경우 주술적인 사고에서 벗어나 동화에 나오는 이야기들을 사실로 받아들이지 않으니까요. 사실 월버와 비슷한 사고를 하는 사람들이 보기에는 WCC가 제시하는 신학의 수준도 그리 높은 것이 아니라고 할 수 있습니다.

그런데 한국 기독교인들은 기본적인 단계라 할 수 있는 종교 다원주의를 넘어서지 못하고 아직도 19세기의 수준에 머물러 있습니다. 흡사 조선조 때 중국의 신유학계의 흐름을 모조리 무시한 조선의 유학자들과 그 양상이 아주 비슷해 놀랍기만 합니다. 주자학의 종주국인 중국에서는 주자학과는 다른 진리관을 지닌 양명학이 나와 더 광범위하게 세계나 실재를 파악하고 있었는데 조선의 주자학자들은 그런 발전을 전혀 인정하지 않았습니다. 그들은 새로운 현실을 외면하고 주자학 유일주의만을 주장했습니다. 조선의 주자학은 편협한 자기만의 세계에 갇혀 종주국의 새로운 경향도 인정하지 않은 것이지요.

세계교회협의회의 위상으로 보건대 만일 과거 중국의 명나라나 청나라에 이런 단체가 있었다면 '세계성리학총연합회' 정도가 되지 않았을까요? 이런 단체가 있다면 성리학을 총괄해서 연구하고 새롭게 펼치는 역할을 했을 겁니다. 이 단체가 이 정도의 위상을 갖고 있다면 여기에서 성리학에 대한 어떤 결정이 나오면 성리학의 접수국에 불과한 조선은 그 결정을 따르는 게 순리일 겁니다. 그런데 만일 조선의 유학자들이 이 단체가 틀렸다고 하면서 탈퇴하겠다고 하면 이 단체의 수뇌부들은 과연 어떻게 생각할까요? 그들의 입장에서 보면 조선의 태도가 웃기지 않을까요? 장사로 치면 어떤 잘나가는 지점 하나가 본점에서 탈퇴하겠다는 것인데 이게 얼마나 가소로운 일일까 하는 생각이 듭니다.

오늘날 한국의 보수 기독교계가 세계교회협의회가 하는 일이 틀렸다고 말하는 것이 바로 이와 같습니다. 나무로 비유하면, 뿌리나 밑동에서 여러 사안들을 잘 정리해서 위로 올렸는데 가지나 이파리들이 뿌리 보고 너희가 틀렸으니 자기들 마음대로 독존하겠다고 하는 것과 같다고 하겠습니다. 이 얼마나 이치에 안 맞는 말입니까? 뿌리 없이 자기들이 어찌 독존하겠다고 하는 것일까요? 이것은 참으로 웃기는 짓일뿐더러 스스로를 파괴하는 일이기도 합니다. 한국 개신교의 교세가 조금은 더 지속될는지 모르지만 이렇게 폐쇄적으로 일관하면 교세가 크게 기울 수밖에 없을 겁니다. 자고로 타자나 시대와 소통하지 않는 사람이나 집단은 반드시 스스로 괴멸하지 않았던가요?

교회 세습과 가부장제

한국에는 종교다원주의를 견지하고 기독교 신앙의 현대화를 위해 진력하는 목사나 교회도 있습니다. 하지만 이들은 극소수일 뿐 아니라 아주 작은 교회에 국한되는 경우가 대부분입니다. 한국의 대형 교회들 대개는 '깡'보수 신앙으로 철저히 무장하고 있습니다. 문제는 심각합니다. 이런 현상은 또 다른 문화적 요소와 섞이면서 아주 희한한 사회 현상으로 나타납니다.

한국 사회의 곳곳에는 유교적인 가부장제가 여전히 지독한 암세포처럼 퍼져 있는데 교회도 예외는 아닙니다. 가부장제가 지닌 여러 특성 가운데 하나는 세습입니다. 아버지의 직종이 아들에게 그대로 계승되는 것인데, 사적인 영역에서는 전혀 문제가 될 게 없겠지요. 그러나 현대 사회의 공적인 영역에서는 그 어떤 지위의 세습도 용인되어서는 안 됩니다. 교회의 당회장 자리주임목사직처럼 지극히 공적인 지위가 세습된다는 것은 있을 수 없는 일입니다. 교회에서의 세습이 한국에서는 공공연하게 이루어지고 있는데 이것은 아마 기독교 2,000년 역사에서 처음으로 있는 일이 아닐까 합니다. 특히 종교계는 매우 공적인 공간일 뿐만 아니라 일반 사회와는 달리 초월적인 영역까지 관장하고 있으니 어느 곳과 비교해도 월등히 강한 공공성을 담지하고 있어야 합니다. 그런데 한국 교회에서는 이처럼 어처구니없는 일이 벌어지고 있습니다.

교회의 당회장직 세습 작태가 아무리 어처구니없는 일이라 해도 한국에서는 정서적으로 거부감이 없으면 그냥 인정하는 판국이 되어 버렸습니다. 신자들의 감정에 호소해서 괜찮으면 그 다음에는 문제가 안 되는 것이지요. 물론 감리교단 같은 곳에서 세습을 금하는 법안을 만든 것처럼 교회 세습제에 대한 반성이 전혀 없는 것은 아닙니다. 그러나 그러한 시도가 한국 개신교 전체에 얼마나 많은 영향을 미칠지는 미지수입니다. 목사직을 세습하는 일이 얼마나 비기독교적이고 전근대적이며 비인간적인가 하는 것에 대해 아무리 논리적으로 설명해 봐야 잘 통하지 않습니다. 이런 악습에 찬동하는 사람들은 이게 얼마나 잘못된 일인가에 대해서는 그들의 머리를 써서 판단하지 않습니다. 대신 일단 이 악습을 받아들인 다음부터 머리를 굴리기 시작합니다. 목사직을 세습할 수밖에 없는 이유를 만들어 낼 뿐만 아니라 목사직 세습에 어떤 장점이 있는가를 떠벌리지요.

목사직 세습 문제와 관련해서 한국의 대형 교회 안팎에서는 믿기 어려운 이야기들이 횡행하고 있습니다. 세습을 하고 못하고가 문제가 아니라 아예 "세습을 못하면 바보"라고 한답니다. 신도들이 흡사 예수처럼 떠받들고 큰 돈벌이도 되는 목사라는 권력의 자리를 내 핏줄이 아닌 다른 사람에게 물려주는 것이 아깝다는 생각에서 나온 천박한 발상일 테지요. 어떤 대형 교회는 주임목사의 매달 판공비가 몇 천만 원이 된다고 하니 그 자리를 남한테 주기가 싫은 겁니다. 심지어 '주임목사직은 아들에게도 물려주기 아깝다'라는 기가 막힌 이야기도 들립니다. 어찌됐든 여기서 더욱 큰 문제는 세습이 벌어져도 신자들이 그리 심각하게 문제 삼지 않는다는 데 있습니다. 애초부터 세습을 반대하거나 문제제기를 하지도 않습니다. '우리 목사님'이 하시는 일이니 다 옳은 일이라고 생각하는 걸까요?

한국 사회가 비이성적으로 보이는 것은 이처럼 기독교계만 살펴보아도 충분히 알 수 있을 겁니다. 정연한 논리가 안 통하는 사람들은 어느 사회에도 있기 마련이지만 한국은 이런 집단이 소수에 그치는 것이 아니라 사회 구성원의 대다수를 차지하고 있다는 데에 문제가 있습니다. 특히 한국 개신교도 가운데에는 불교를 비롯한 다른 종교들은 모두 우상숭배에 불과할 뿐만 아니라 같은 기독교인 천주교 역시 이단이라고 굳게 믿는 사람들이 많습니다. 그래서 그들은 망자에게 절하는 것은 우상숭배라 여겨 제사 때나 장례식장에서 결코 망자를 향해 절을 하지 않습니다. 자랑스럽고 떳떳하게 말입니다. 이것은 그나마 신앙의 문제로 생각하고 그렇다 칠 수 있지만 천주교를 이단으로 배척하는 것은 어불성설입니다. 천주교와 개신교는 기독교가 발전하면서 나온 다양한 형태로서 어떤 것이 참이고 어떤 것이 거짓이라고 할 수 없습니다. 그러나 많은 한국 개신교도들은 천주교가 이단이라고 철석같이 믿고 있습니다. 그러한 정통 신앙에 대한 강한 신념이야말로 자신의 신앙을 굳건히 지켜 주는 바로미터라고 여기면서 말입니다.

성직자들은 아버지가 아니다

이제부터는 기독교 외의 종교 가운데 가장 큰 종단인 불교로 시선을 옮겨 봅시다. 2013년 세간을 왁자지껄하게 한 조계종 승려들의 도박과 유흥업소 출입 사건을 기억하시겠죠? 누가 도박을 하고 누가 고발했다는 따위의 사실은 언급하지 않겠습니다. 사건의 본질이 아니기 때문입니다. 중요한 것은 조계종의 고위 승려들이 호텔에 모여 도박을 했고 룸살롱에 가서 술을 마셨다는 사실입니다. 이것만으로도 이들은 승려이기를 포기한 겁니다.

불교의 계율은 대단히 엄격합니다. 그것은 사람을 옥죄기 위함이 아니라 수행을 돕기 위해 만들어진 것들입니다. 단도직입적으로 말해 엄격한 계율을 지키지 않으면 깨달음을 얻을 수 없습니다. 계율이란 바깥으로부터 들어오는 삿된 힘을 막아 주는 일을 해주기 때문입니다. 그런 까닭에 불교에서 가장 중요한 것을 삼장三藏이라고 할 때 여기에 '계율'가 '경'과 '론'과 함께 들어가 있는 것입니다. 불교에서는 경·율·론 세 가지를 완전하게 통달한 사람을 '삼장법사'라고 부릅니다. 그야말로 최고의 칭호이지요(따라서 『서유기』에 나오는 삼장법사는 고유명사가 아니라 보통명사입니다).

불교의 계율이 얼마나 엄격한지 간략하게 살펴봅시다. 원래의 계율에 따르면 승려들은 하루에 한 번 오전에만 식사를 할 수 있을 뿐 오후에는 음식을 먹지 못합니다. 이것은 최소한으로 먹고 항상 배고픈 상태에서 승려의 정신세계를 긴장되게 유지하려는 데에 그 목적이 있을 테지요. 사람은 풍족하게 먹을수록 일차적인 본능을 추구하는 데에 많은 시간을 빼앗깁니다. 이를 방지하기 위해서 먹는 것을 대폭 줄이게 하는 것이 이 계율의 일차적인 목표입니다. 사실 명상에 진력할 때에는 많이 먹을 필요가 없습니다. 에너지 소모가 많지 않으니까요. 또한 오후에 밥을 먹으면 정신이 둔탁해져 명상을 제대로 하기 어렵습니다. 그래서 불교에서는 오후에 곡물 섭취를 아예 금지한 것입니다. 어떻게든 머리를 맑게 해 더 깊은 명상으로 이끌기 위한 고육지책이었을 테죠.

아무튼 지금 한국의 승려들이 하루 세 끼를 먹는 것은 원래의 계율에 따르면 합당한 일이 아닙니다. 먹을 거 다 먹고 또 그거 소화시키겠다고 힘들어 하고 게다가 많이 먹으면 배설하느라 힘들고 이래 가지고서야 무슨 도를 닦느냐는 소리가 나올 법도 합니다. 이런 판국인데 술까지 마신다니 상상할 수도 없는 일입니다. 거기다 담배를 피우면서 도박을 한다는 것은 시정잡배들이나 하는 짓이지 인천人天 — 인천이란 사람과 천상의 존재신장이나 천사 등를 아우르는 말입니다 — 의 스승이라는 분들이 할 수 있는 일은 절대로 아닐 테지요. 게다가 여염의 술집에 가서 직업여성들을 곁에 두고 함께 술을 마셨다는 건 언설로 어찌할 수 없는 짓을 한 겁니다.

원래 불교에서는 비구에게 음주를 금하는 것은 물론이고 여성과의 접촉도 계율로 매우 엄하게 다스리고 있습니다(비구니에게 남성과의 접촉을 금하는 것은 더 엄격합니다!). 물론 도박 같은 것은 생각조차 할 수 없습니다. 이런 엄격한 계율 때문에 동남아의 장로소승불교에서는 돈을 소지하거나 아예 만지는 것마저 금하고 있는 나라가 있습니다. 승려가 돈을 멀리 해야 하는 건 지극히 당연한 겁니다. 돈이란 인간의 욕망이 가시적으로 나타난 것 중에 가장 상징성이 클뿐더러 그에 따른 세속적 욕망의 힘이 강하기 때문에 청정수도를 지향하고 있는 승가 공동체에서는 금할 수밖에 없습니다.

음주도 마찬가집니다. 술과 명상은 상극입니다. 명상은 뇌의 상태를 맑게 해서 의식의 깊은 곳으로 가기 위해 하는 것인데 술은 의식을 흐리멍덩하게 만들거나 흥분하게 하니 금하는 것은 당연한 일입니다. 그런데 한국 조계종의 일부 승려들이 술을 마시고 담배를 피우면서 도박을 했으니 불교의 중요한 계율들을 차례로 범한 겁니다. 게다가 유흥주점에 가서 술을 마시며 여성 종업원을 가까이 한 승려는 여성과의 접촉을 금하는 계율 또한 범한 것입니다. 사실 비구들에게 가장 강한 제재制裁는 여성과 관계된 것일 테지요. 수도승들의 결혼이나 이성 교제를 원칙적으로 막는 것은 이러한 사정을 잘 보여줍니다.

한국 승려들의 타락상을 까발리려는 것이 저의 주된 목적은 아닙니다. 제가 문제 삼는 것은 승려들의 이러한 행태에 대한 불교도들의 반응입니다. 이것이 더 심각한 문제입니다. 조계종 간부 승려들의 사건이 터졌을 때 저는 주위 사람들에게 이렇게 말했습니다. '분명 이 일은 처음에는 호들갑을 떨 테지만 슬그머니 그냥 지나갈 것이다'라고 말이죠. 역시나 예상대로였습니다. 사건이 있은 뒤 처음에는 조계종 수뇌부가 총 사퇴를 하느니 100일 동안 참회 기도를 하느니 호들갑을 떨더니 서너 달 지나자 아무도 그 일을 거론하지 않더군요.

사태가 이렇게 흐지부지된 가장 큰 이유는 제 편은 무조건 감싸 주는 한국의 사회적 관습에 있습니다. 이 사건의 추이를 추측해 보면, 조계종에서는 교단 내부에서 일어난 일이니 쉬쉬하며 사건을 덮으려고 애쓰면서 시간이 지나가기만 기다리지 않았을까 싶습니다. 그럼 조계종 이외의 다른 단체에서 이 사건을 추궁할 수 있지 않았을까요? 불가능한 일입니다. 조계종이라는 집안에서 일어난 분란이니 기독교 같은 다른 집안에서 왈가왈부할 수 없기 때문입니다. 한국의 사회 관습에는 남의 집안 일에 절대로 참견하지 않는 것이 불문율이니까요. 옆집에서 격렬한 부부싸움이 일어난들, 옆집 부모가 아이를 학대한들 남의 집 일에 이웃이 끼어들지 않는 것이 대표적인 예일 겁니다. 이역시 유교의 영향이라 할 수 있습니다.

유교에서는 한 집안이 완결된 사회 집단 형태를 띠고 있어 일이 생기면 그 가문 안에서만 해결할 수 있을 뿐이지 다른 집에서는 간섭할 수 없습니다. 조계종 사건도 다른 종교는 말할 것도 없고 태고종이나 진각종 등 다른 불교 종단들 역시 한마디도 무어라 이야기할 수 없습니다. 집안이 다르기 때문이니까요.

조계종 안에서는 이 사태가 어떻게 흘러갔을까요? 우선 일반 신도들은 승려보다 한 단계 밑이기에 승려들을 비판하기가 힘듭니다. 한국 불교에서는 승려들의 지위를 한껏 높여 놓은 터라 신도들은 승려의 권위에 대해 저항하기가 힘듭니다. 그럼 같은 승려들은 어떤 입장이었을까요? 다른 승려 개인이나 단체가 이 사건에 대해 비난한 것은 잘 들리지 않았습니다. 우리 사회의 고질적 병폐인 '제 식구 감싸기' 때문입니다. 제 편은 아무리 잘못을 해도 그냥 덮어 주고 넘어가자는 것이었을 테지요. 더구나 술 마시고 도박한 승려들은 조계종 실세들이었으니 그들에 대한 자유로운 비판도 어려웠을 겁니다. 물론 이 사태에 지극히 비판적인 승려들도 있었지만 이들은 아주 소수이거나 교단의 실세와는 거리가 멀었습니다.

그리고 한국 불교의 신도는 여성이 많습니다. 제가 과문한 탓인지 몰라도 여신도들 가운데 나서서 불교 종단에 대해 비판적인 태도를 취했다는 소식은 들어 본 적이 없습니다. 이들에게 스님이란 가부장제에서 아버지와 같아 어떤 비판도 할 수 없는 존재로 느끼는 것 같습니다. 그래서 승려들이 어떤 오만한 짓을 해도 불평을 갖지 않고 외려 그 오만을 부추겨 주는 인상마저 받습니다. 제가 보기에 한국 불교의 여성 신도들은 친정아버지와 승려를 거의 동일한 수준에 놓고 섬기는 것 같습니다. 한국 기독교 신도들이 목사나 신부를 대하는 방식도 마찬가집니다.

한국의 종교 신자들은 성직자들을 흡사 성인처럼 우대하는 듯 보입니다. 목사나 신부 혹은 승려들이 나쁜 짓을 해도 그냥 두루뭉술하게 넘어가는 경우가 많습니다. 흡사 과거 가부장제 사회에서 아버지가 행하는 웬만한 잘못은 못 본 척하면서 따지지 않는 것과 닮았습니다. 그렇지 않습니까? 아버지가 일은 안하고 매일 술 먹고 행패를 부려도 다른 식구들이 대들기는커녕 복종하기만 했고, 느닷없이 첩을 데려온들 용인하지 않았습니까? 아버지를 거의 하늘과 동격에 놓았던 유교 이데올로기의 영향 때문이었을 겁니다. 제가 보기에는 승려가 성매매를 하는 등 대단히 심각한 계율의 파기를 저질렀어도 눈감아 주는 것은 맥락이 같습니다.

조계종의 승려 도박 사건이나 한국 종교 신자들의 무조건적인 성직자 우대 정신에는 대체로 두 가지 요인이 작용하고 있는 듯 보입니다. 즉 '우리 편 무조건 감싸기'와 '아버지 절대우대'입니다. 이런 행태들 모두가 유교에서 비롯된 것입니다. 다시 말해 내집단inner group은 무조건 옹호하고 아버지를 절대적인 존재로 생각하는 유교의 기본 이념과 아주 잘 맞아떨어진다는 것이지요. 유교적 성향에서 자유롭지 못한 거개의 한국인들은 여기에서 벗어나기가 쉽지 않을 겁니다.

오늘날 유교를 명시적으로 대놓고 신봉하는 사람은 거의 없습니다. 그러나 유교 이데올로기는 그리 쉽게 없어지지 않았습니다. 한국인의 무의식에 짙게 깔려 있는 유교적 생각은 여전히 적지 않은 위력을 발휘하며 삶의 전반을 장악하고 있습니다. 되풀이해서 강조하건대 한국의 종교 신도들이 자기네 성직자를 흡사 아버지처럼 떠받들고 그의 말에 복종하는 행태는 분명한 유교의 유습입니다. 불교도들에 비해 비교적 교육 수준이 높은 기독교인들 역시 유교의 사슬을 끊지 못합니다. 세계 기독교 역사에서 그 유례가 없는 교회 당회장직 세습이 버젓이 벌어져도 저항하지 않습니다. 전 세계적으로 조롱거리가 되어도 전혀 개의치 않지요. 몇 해 전 세상을 가슴 아프게 했던 동일본 대지진을 두고서 "우상 숭배에 대한 하나님의 천벌"이라는 극악한 말을 내뱉는 인간이 대형 교회에서 목사 짓을 하는데도 그 교회와 단절하지 못합니다. 성직자의 품위와 고결함은커녕 인간이라면 당연히 품어야 할 기본적인 애도의 마음도 없는 자의 말을 듣고도 신자들은 고개를 주억거릴 뿐입니다.

생각해 보십시오. 여러분의 친구가 수많은 사람들의 목숨을 앗아간 비극적인 자연재해 장면을 보고 "하나님이 천벌을 내리셨다" 따위의 말을 한다면 그런 사람과 계속 친구 하겠습니까? 인간으로서의 비정상도 정도가 있는 법 아닌가요? 그런데 왜 목사의 말에는 가만히 있을까요? 답답하고 안타깝습니다. 성직자는 아버지가 아닙니다!

이처럼 유교적 폐습은 여전히 우리 한국인들의 삶을 갉아먹고 있습니다. 한국 사회가 이념적으로 아직도 조선 후기의 유교 사회를 잇고 있다면 지나친 말일까요? 아닙니다. 현대 한국의 시계는 전근대의 초침 그대로입니다. (언젠가 브루스 커밍스가 이런 이야기를 하더군요. 북한은 아예 조선조의 연장이라고 말입니다. 한 가지 다른 것은 왕의 성씨가 '이씨'에서 '김씨'로 바뀐 것뿐이고요. 이렇게 보면 한반도는 남북을 불문하고 여전히 조선시대에서 못 벗어난 꼴입니다.)

5 /8

교육,
불행의 밑동

결혼이나 장례 그리고 종교 등이 우리 삶에서 차지하는 위치가 대단히 크고 중요함에도 그것들을 살갑고 행복하게 영위하기는커녕 외려 우리는 더 불편하고 불행해지고 있습니다. 그런데 한국인들 행복의 온도를 현저히 낮추는 데 큰 몫을 하는 중요한 것이 또 있습니다. 바로 교육입니다. 교육은 결혼이나 장례 등보다 훨씬 근본적인 것이기에 문제는 훨씬 더 심각합니다.

교육은 인생의 모든 것을 결정합니다. 교육이 잘못되면 모든 게 어그러집니다. 그래서 교육은 한 인간의 행불행을 결정하는 가장 중요한 요인입니다. 굳이 공자의 말을 빌리지 않더라도, 사람을 참된 인간으로 성숙시킬 수 있는 것은 교육 외에는 다른 방도가 없습니다.

한국인들이 행복하지 않은 것은 어찌 보면 간단합니다. 교육이 잘못됐거나 제대로 된 교육이 부재하기 때문이지요. 교육과 사회의 관계는 닭과 달걀의 관계와도 비슷합니다. 교육이 잘못되면 사회가 잘못되고, 사회가 잘못되면 교육이 잘못되기 때문입니다. 일종의 악순환 구조입니다. 그렇다면 이 악순환의 고리를 어떻게 끊을 수 있을까요?

사회는 반드시 어떤 매체를 통해서만 개선될 수 있습니다. 이때 가장 좋은 매체는 교육입니다. 교육을 바꾸면 사회가 바뀐다는 것이지요. 제 말에 동의하시나요? 그렇다면 문제를 풀기 위해서는 지금 현재 우리의 교육 현실이 어떤지를 먼저 알아야 합니다. 문제를 정확히 알아야 답이 나올 수 있지 않을까요?

한국의 교육 현장에 대한 일반적인 문제제기나 충고는 하지 않겠습니다. 입시를 위한 경쟁에 찌들어 숨 막히게 살아온 한국인들이 공유하는 '스펙의 추억'을 나무랄 생각도 없습니다. 다만 제가 수십 년 동안 교육 현장에 있으면서 생각해 보았던 우리 교육의 문제점과 참모습에 대해서 짧게나마 제 개인적인 생각을 말씀 드리고자 합니다.

도대체 미적분을 왜 배웠을까

우리나라 교육 환경의 특성을 말하려면 많은 단어가 필요할 겁니다. 가장 먼저 떠오르는 건 학생들을 괴물로 만드는 '무한경쟁'입니다. 그리고 '무목적'입니다. 우리나라 학교 교육의 목적은 간단합니다. 더 좋은 상급학교에 진학시키는 것 말고 다른 목적이 있습니까? 이것은 좋은 교육의 목적이 될 수 없으니 무목적이라고 하는 겁니다. 자식을 더 좋은 학교로 보내야 하니 자연히 다른 집 아이들은 경쟁 상대에 불과합니다. 옆집 아이가 어떻게 되든 무조건 '내 새끼'만 시험 잘 쳐서 '좋은' 대학에 가면 그걸로 끝이지요. 더 이상 아무것도 필요 없습니다. 바른 인성? 착한 됨됨이? 입시 공부 앞에 인간됨의 품성을 운운하는 용감한 부모는 많지 않습니다.

학부모나 교사들은 자녀와 학생들에게 무엇을 가르쳐 그들이 기쁨을 느끼게 하고 생을 충만하게 할까 하는 데에는 관심이 없습니다. 무엇이 행복이고, 무엇이 자존감 있는 삶인지 따위의 고민과 방황은 공부를 방해하는 걸림돌일 뿐입니다. 하물며 사

랑의 감정은 공부의 가장 큰 적이요 낙오자가 되는 불행의 씨앗
일 테지요. 그러니까 교육이 기능에만 빠져 배우는 기쁨이나 자
아 발견 같은 교육의 근본 목적과는 전혀 관계가 없습니다. 학
교를 안 다니는 게 외려 나을 수도 있겠지요.

　교육의 목적은 사람으로 하여금 인생의 목표를 깨치게 하는
데에 있다고 할 수 있습니다. 인생의 목표는 여러 가지로 표현할
수 있지만 가장 간단하게 말하면 자아실현, 더 나아가 자아초
월일 테지요. 사람은 누구나 자신만의 과업을 갖고 태어납니다.
이 과업은 사람마다 다 달라서 무엇이라고 일률적으로 말할 수
없습니다. 그래서 교육이 필요한 겁니다. 사람은 바로 교육을 통
해서만 자신의 과업이 무엇인지 알 수 있습니다. 그리고 그것을
실현하는 것도 교육을 통해서만 가능합니다. 모든 교육은 바로
이 목적을 향해 가야 합니다.

　자신만의 과업을 깨닫게 하려면 '인간은 무엇인가'와 같은 보
편적인 주제를 비롯해서 개별 자아들이 자신들을 발견할 수 있
게 다양한 교육이 실시되어야 합니다. 우리가 진정한 '인간'으
로, 그리고 진정한 '나'로 다시 태어날 수 있는 것은 교육이 아니
면 안 됩니다. 그런 의미에서 교육의 중요성은 아무리 강조해도
지나치지 않습니다. 그래서 공자도 자신은 성인이나 군자라기보
다는 배우고 가르치는 데 게으르거나 질리지 않는 선생으로 자

기 정체성을 밝힌 것일 테지요.

우리의 교육 현장을 보면 전부 '가르치기 위해서만 가르치고' 있다는 느낌을 지우기 어렵습니다. 제가 중고교를 다니던 1960년대 말이나 1970년대 초의 상황과 별반 다르지 않습니다. 어찌 보면 제가 학교 다닐 때가 더 나은 듯합니다. 그때는 지금처럼 피 튀기는 경쟁은 없었으니까요. 문학작품도 많이 읽었고 운동도 열심히 했습니다. 교과서 보고 공부했던 기억보다는 교내나 교외에서 동아리 활동을 했던 기억이 훨씬 더 소중하고 또렷합니다. 공부만 잘하는 친구보다는 분위기 잡고 시 한 편 읊을 수 있는 친구가 부러움의 대상이었습니다. 학창시절 동무들이 너도나도 문학청년을 자임하며 시집이나 소설책을 옆구리에 끼고 활보한 것은 미성숙한 객기라기보다는 사색하는 힘을 키우고 있던 순수한 열망이었을 겁니다. 오늘날의 스펙과 하등 상관없는, 외려 스펙에 방해가 되는 짓들만 잔뜩 한 셈이지요. 하지만 저는 알고 있습니다. 청년 시절 방황하고 번뇌하는 시간을 나에게 허락하고 향유한 것이 얼마나 다행이었는지를 말입니다.

자, 각설하고 우리 교육이 얼마나 쓸데없는 데에, 즉 인생과 별 관계없는 데에 집중되어 있는지 봅시다. 거창한 이야기 말고 피부에 와 닿는 얘기를 해보지요. 저는 아직도 중학교 수학에 나오는 음수라든가 허수가 무엇인지 모릅니다. 이걸 명쾌하게 설명하는 사람도 불행히 제 주위에는 없습니다. 수학과 교수에게 물어 보니 설명은 장황하게 하는데 당최 무슨 소리인지 이해가 안 됩니다. 수학에 대한 저의 이해력이 부족한 탓일까요?

여러분들은 저의 고백에 '이런 무식한 대학교수를 봤나'라고 생각하실 테지요. 하지만 더 솔직히 말하자면, 음수든 허수든 그게 무엇인지 알고 싶은 마음보다는 여태껏 학교에서 그런 걸 왜 가르치고 배우는지에 대한 의구심이 더 큽니다. 용기를 내어 무식한(!) 발언을 이어 보겠습니다. 로그는 무엇이고 코사인은 무엇이며 탄젠트는 무엇입니까? 이런 개념들은 실제 과학의 현장에서는 매우 유용하게 쓰이는 것 같은데 그게 무엇을 설명하려고 만든 개념인지 아는 사람이 몇이나 될까요? 학교에서 우리는 공식만 무턱대고 외웠습니다. 문제를 풀어야 하니까요.

인수분해는 또 뭡니까? x, y 등으로 구성된 공식은 자꾸 분해해서 뭘 어쩌겠다는 걸까요? 이런 의문을 갖고 교사들에게 그런 걸 왜 하냐고 종종 물었습니다. 대체로 조직적인 사고력을 키우기 위함이라는 답이 돌아오더군요. 그런데 그게 다른 사람은 몰라도 제게는 전혀 도움이 되지 않았습니다. 공식에 따라 답을 구한다고 사고의 능력이 높아지는 걸 느끼지 못했다는 것이지요. 글쎄요, 이 경우에는 교육이 문제가 아니라 수학을 별로 좋아하지 않는 제가 문제일 수도 있겠다는 생각이 들기는 합니다마는.

고등학교에 진학해서 배운 미적분도 그렇습니다. 미적분은 독일 태생의 세계적인 철학자 라이프니츠가 17세기에 발견한 것으로 알려져 있지요? 그렇다면 미적분에는 매우 의미심장하고 철학적으로나 수학적으로 깊은 내용이 있을 테지요. 그런데 그걸 이야기해 주는 수학 선생님은 왜 한 분도 없었을까요? 아마 추측하건대 그분들도 잘 모르지 않았나 싶습니다. 또는 한국의 공교육에서는 학생들에게 불필요했기 때문이겠지요.

아무튼 예나 지금이나 우리는 공식을 달달 외웁니다. 공식에 대입해서 계산하고 답 내면 그만이니까요. 미적분이 수학사에서 왜 중요하고 일상에서 어떻게 쓰이는가를 안 것은 대학에 들어와 독학으로 수학사 책을 본 다음이었습니다. 학교에서 배워야 할 지식을 왜 독학으로 알아야 하는지 아직도 모르겠다는 생각입니다.

물상物象 혹은 물리학도 대단한 학문인데 이 학문이 대체 무엇을 설명하려고 하는지 학교에서는 전혀 가르쳐 주지 않았습니다. 특히 현대물리학의 위대한 성과는 학창시절에 하나도 들은 바가 없습니다. 아인슈타인의 상대성 이론이나 양자역학 같은 현대물리학의 이론들은 인류가 실재實在, Reality, 즉 '자연이나 우주의 있는 그대로의 모습'을 보는 눈을 송두리째 바꾸어 놓았습니다. 인류는 이런 발견을 통해 재탄생하는 체험을 했습니다. 우주의 생성 원리를 알게 되고 물질의 기본입자에 대해 알게 되었기 때문입니다. 그런데 이런 이론에 대해서는 학교에서 하나도 가르쳐 주지 않았습니다. 그렇다면 우리는 수학이든 물리학이든 그런 학문들을 도대체 왜 배웠을까요? 이런 잘못된 접근을 통해 그 훌륭한 학문들의 세계를 탐구하기는커녕 도리어 등을 돌리게 되진 않았나요?

미래를 위한 현재의 희생이 불행을 만든다

학교에서 우리 학생들은 인간됨이 무엇이고 자연이나 우주는 어떤 의미가 있으며 인생의 의미나 목적과 같은 인간의 삶에서 가장 중요한 부분에 대해서는 가르침을 얻지 못합니다. 가장 예민하고 호기심 넘치는 인생의 한 시절에 그러한 의문들을 스스로 만들고 발화하지 못하게 하는 교육은 실상 필요가 없습니다. 그러면 이런 의문들을 풀기 위해 학교에서는 학생들에게 어떤 교육을 시켜야 할까요?

우선, 고전을 탐독하는 것은 인생을 제대로 알려 할 때 아주 중요한 과정입니다. 인류의 온갖 지혜가 축적된 고전은 말 그대로 마르지 않는 영원한 샘물이니까요. 동양을 알려면 적어도 불교의 『법구경』이나 『아함경』, 유교의 『논어』나 『맹자』, 도가의 『도덕경』이나 『장자』 등을 보아야 할 테고, 서양을 알려면 『기독성서』나 『플라톤』은 기본입니다. 그런가 하면 한국의 문화적 뿌리를 알고 싶으면 『삼국유사』를 필두로 읽을 책들이 부지기수입니다. 이것은 기초 과정일 뿐이고 그 다음으로 동서양에 편재되어 있는 수많은 문학작품들도 읽어야 합니다. 아울러 각 방면의 선지자들이 남긴 저술들은 또 언제 읽을 건가요? 그것들을 남김없이 섭렵하기란 불가능할 테니, 자신에게 가장 관심 많은 분야의 책을 선별해서 읽어야 합니다. 제 경우를 말씀 드리면, 저는 종교와 심리학 등에 호기심이 많았던 터라 프로이트의 『꿈의 해석』과 『정신분석 입문』, 에리히 프롬의 『자유로부터의 도피』와 『너희도 신처럼 되리라』 등의 책을 탐독했습니다. 물론 유교의 경전이나 불경, 신약성서든 세계 종교 경전들도 저의 중요한 독서 대상들이었습니다. 또 한국사를 위시해 세계사 등에 관한 책들도 항상 제 옆에 두고 있었죠.

우리의 삶은 고전을 통하고 그것에 비추어야 합니다. "위대한 고전 속에 모든 곳으로 통하는 길이 있다"는 말을 무겁게 받아들여야 합니다. 그런데 한국의 교육 현실은 어떤가요? 고전을 온전히 접할 수 있는 기회를 줍니까? 기껏 시험에 나오는 지문으로, 논술용 문제로 고전을 제공할 뿐입니다. 아주 얄팍한 짓입니다. 듣기 좋은 몇 구절 뽑은 걸로 고전을 습득할 수는 없습니다. 무릇 이것저것 잡다하게 골라놓은 다이제스트는 섭취하기에는 편리하지만 오독할 가능성이 많은 법입니다. 핵심 요점 정리하듯 남이 간추린 것으로 고전을 읽어서는 안 됩니다. 시작과 끝을 도도히 관통하는 물살에 몸을 싣고, 지난하지만 또박또박하게 그 여정을 마칠 때 고전의 지혜는 육화될 수 있습니다.

고전 교육 못지않게 중요한 것은 예술 교육입니다. 인간은 다른 동물에게는 없는 중요한 상위 능력 몇 가지를 갖고 있는데 그중 중요한 하나가 인간의 예술적 행위입니다. 우리가 살면서 겪는 삶의 환희의 순간들 가운데 예술을 통해 느끼는 기쁨의 순간은 순수하고 수준 높은 것이라 할 수 있습니다.

우리는 정말로 좋아하는 음악을 들을 때 말로 표현할 수 없는 기쁨을 느낍니다. 그런데 음악을 듣는 데에는 어떤 비상한 목적이 있는 것이 아닙니다. 내가 좋아하는 음악을 듣는 게 돈을 벌기 위함도, 지위를 높이기 위함도 아닐 테니까요(물론 직업적인 음악가들은 경우가 조금 다르겠지요). 음악을 듣는 것 자체가 목적입니다. 그 기쁨이 더하고 더해지면 종교적 경지와도 비슷한 느낌에 도달합니다. 듣는 나도 없고 들리는 음악도 없게 되는 그런 경지 말입니다. 듣는 행위만 존재하고 listening only 기쁨만 남게 되지요. 그래서 예술을 통해 얻는 기쁨이 순수할뿐더러 수준이 높다고 이야기한 겁니다. 오직 인간만이 이런 수준의 기쁨을 향유할 수 있습니다.

현자들은 우리에게 인생을 바로 이렇게 살라고 귀띔합니다. 음악을 들을 때처럼 오직 그 순간의 기쁨만을 위해 존재할 뿐이지 과거나 미래에 대한 생각에 얽매이지 말라고 말입니다. 다시 말해 현재의 순간을 미래의 어떤 목적을 위해 희생하지 말라는 얘깁니다. 그 순간 자체가 가장 소중한 시간이기 때문에 미래를 위해서 현재를 희생한다면 현재는 항상 모자라거나 불행할 수밖에 없습니다. 현재가 불행하다면 나는 언제나 불행한 존재일 수밖에 없습니다. 따라서 미래의 행복을 위해 현재의 불행을 인내하겠다는 말은 거짓이거나 착각입니다. 미래未來라는 것은 말 그대로 아직 오지 않는 무엇이니까요. 바로 지금 이곳에서here & now 행복을 찾지 않는다면, 먼 저곳과 미래 역시 불행의 궤도를 벗어날 수 없습니다.

이 점은 다소 어렵거나 오해받을 여지가 있습니다. 그 순간을 위해 산다는 것은 그만큼 쉽지 않다는 얘기이기도 하겠지요. 공자 같은 성인께서도 "칠십이 되니 마음이 욕망하는 대로 따라도 법도에 어긋남이 없다七十而從心所欲 不踰矩"고 하셨습니다. 하지만 우리가 행복해지기 위해서는 이런 경지에 기필코 도달해야 합니다.

이처럼 예술은 인간에게 지금의 삶을 행복과 충만으로 채워 줍니다. 그런데 우리의 교육 현장은 어떤가요? 학교에서 예술 교육을 하지 않는 건 아닙니다. 예컨대 음악 교육은 꽤 비중 있게 행해지고 있습니다. 그러나 한국 학교의 음악 교육은 진정한 예술 정신이 빠진 껍데기 교육일 뿐입니다. 예술을 직접 수행하면서 느끼는 희열이 없기 때문입니다.

좋은 음악을 들을 때도 기쁘지만 직접 연주할 때의 즐거움은 말로 표현하기 어렵습니다. 노래하는 즐거움, 게다가 다른 사람들과 함께 중창이나 합창을 하면서 느끼는 기쁨을 맛본 사람은 알 겁니다. 음악뿐이 아니겠죠. 그림을 그릴 때나 그릇을 만들 때 느끼는 충일감도 빼놓을 수 없을 테지요. 이처럼 아무 목적 없이 자신을 표현하는 예술 행위는 대단히 즐겁고 행복한 일인데 우리의 교육은 외려 이를 차단합니다. 예컨대 학생들은 서양 고전음악의 변천사를 공부합니다. 각 시대별 음악가와 대표작의 이름에 통달합니다. 악보에 나오는 기호도 줄줄 외웁니다. 이유는 오직 하나, 시험에 나오니까요. 그런 것들을 암기하는 건 음악적 교양은 물론이거니와 예술의 희열과 무관합니다.

음악뿐 아니라 미술 작품이나 건축물을 감상하는 것 역시 삶의 질을 한껏 끌어올려 줍니다. 세계 고전 문학작품들을 읽는 것처럼 우리의 삶을 아주 깊은 시각에서 보게 만듭니다. 위대한 예술 작품들은 나 혼자서는 들여다볼 수 없는 우리 인류의 깊은 내면의 세계로 들어갈 수 있게 해줍니다. 예를 들어 스페인 화가 살바도르 달리의 〈기억의 지속〉 같은 작품을 보면, 프로이트가 우리에게 알려준 무의식 세계를 직접 들여다볼 수 있게 해줍니다. 프로이트가 말하는 무의식 세계는 책을 읽는 것 가지고는 잘 알기가 어렵잖아요? 그 의미가 머리에 확실히 들어오지 않습니다. 이럴 때 적절한 이미지가 제시되면 이해하는 데에 큰 도움을 줍니다. 달리의 작품이 바로 그런 역할을 하는 것이죠. 이런 것이 예술 교육의 진정한 목표일진대 우리나라 학교에서 과연 이와 조금이라도 비슷하게 예술 교육이 이루어지고 있나요? 지나치게 단언하는 것일 수도 있겠으나, 적어도 제 아이들 둘을 지켜보니 학교에서 예술의 힘을 키우질 못하더군요.

어떻습니까? 우리는 아름다운 시를 낭송하고 좋은 음악을 듣고 훌륭한 그림을 볼 때 살아 있다는 생동감과 기쁨을 누리지 않나요? 그런데 예술 교육을 하지 않는 건 교육 자체를 포기하는 것이라고 해도 과언이 아닙니다. 이 대목에서 생각나는 사람이 있군요. 프랑스의 문화부 장관과 교육부 장관을 지낸 자크랑Jacque Lang이라는 사람입니다. 아, 이분은 우리나라와도 인연이 있습니다. 지난 2011년 프랑스로부터 조선왕조의궤를 돌려받을 때 — 물론 완전히 돌려받은 것은 아니고 영구임대 형태로 돌려받았지만 말입니다 — 많은 도움을 주었지요. 어쨌든 자크랑은 프랑스 정부의 문화부 장관으로 재직할 때 혁신적인 문화 교육의 대계를 세운 것으로 유명한 인물입니다. 그는 학생들에게 진정한 문화 교육을 시키려면 교육이 우선되어야 한다는 생각 아래 문화부에서 교육부 장관으로 직을 옮깁니다. 물론 이렇게 장관직을 바꿀 수 있었던 것은 당시 프랑스 대통령인 시라크가 이 정책을 강하게 밀어붙였기 때문일 겁니다. 이후 자크 랑은 2000년경에 시작하는 5개년 계획을 세워 초등학교부터 문화 교육, 그중에서도 예술 교육을 실행에 옮깁니다.

자크 랑이 기획한 예술 교육의 내용은 무척 방대한데, 그 핵심은 학생들로 하여금 예술을 생활화하게 하는 것이었습니다. 예를 들어 학생들은 자기네 지역에 사는 연극인을 초청해 교실에서 연극을 관람하거나 모두가 합창을 연습하고 공연하면서 음악을 향유할 뿐만 아니라 협동정신을 일깨우는 등의 활동을 합니다. 자크 랑의 소망은 단순하면서도 아주 야심적이었습니다. 저는 그의 말에 벅찬 감동을 받았는데요, 초등학교 학생들이 프랑스의 아름다운 시를 낭송하면서 학교 정문을 지나가게 하고 싶다는 것이 그의 바람이랍니다. 예술을 생활 속으로 밀접하게 끌어오겠다는 의지를 표현한 말이며, 바로 그러한 삶이 행복한 삶이라는 얘기일 테지요. 프랑스와 우리의 교육 현실을 단순 비교하기란 무리가 있겠지만, 언제쯤 한국은 정부 부서의 수장이 이런 생각을 하고 정책을 세울 수 있을까요? 아니, 정부에서 그렇게 하려 해도 학부모들이 들고 일어나 반대를 해서 못하게 되는 건 아닐까요? 수능에도 안 나올 뿐만 아니라 '스펙' 쌓는 데에도 하등 도움 안 되는 일을 왜 하느냐고 말입니다. 교육 문제는 어디서부터 어떻게 그 엉킨 실타래를 풀어야 할지 난감할 뿐입니다.

교육 문제를 근본적으로 풀려면 '내 가족', 더 세부적으로는 '내 새끼'만 생각하는 잘못된 유교적 사고를 극복해야 합니다. 단언하건대 한국의 교육 문제는 이 근본적인 가치관이 바뀌기 전에는 절대로 풀리지 않을 겁니다. 제아무리 학식이나 덕이 높은 사람이 교육부 장관이 되어도 한국인들의 머리에 들어 있는 폐유弊儒의 잔재를 덜어 내지 않으면 교육 개혁은 성공할 수 없습니다. 따라서 진정한 교육 개혁은 이 나라 사람들이 다시 태어날 때만이 가능합니다. 이 일은 지난하기 짝이 없습니다. 2014년 세월호 사건 이후에 정부에서 외친 '국가 개조'라는 이상한 구호를 실현하는 것보다 훨씬 더 어려운 작업입니다. 그런데 진짜 문제는 정치인이든 기업인이든 학자든 간에 이 문제의 핵심이 무엇인지 모르고 있다는 데 있습니다. 사람들의 머리 안에 들어 있는 것을 바꾸어야 하는데 그런 것은 백안시하고 제도만 바꾼다고 야단입니다. 그러니 교육 문제는 풀리는 게 하나도 없습니다. 노상 거기서 거기입니다.

죽은 나무에는 먼지가 쌓인다

우리를 행복과 멀어지게 만드는 한국 교육의 난맥상은 지금까지 본 인문적인 내용의 결핍에서만 찾을 수 있는 것은 아닙니다. 자연에 대한 교육은 어떻습니까? 이 문제로 오면 안타까움을 넘어 참담하기까지 합니다.

자연은 우리 인간이 속한 가장 큰 부분 혹은 전체입니다. 사람에게 자연은 절대적인 것 아닙니까? 우리가 권력이나 지위가 없어도, 또 책이나 음악이 없어도 살 수 있지만 자연 없이 살 수 없는 건 너무도 당연한 상식입니다. 그런데 공기와 하늘, 흙, 물, 돌, 나무, 풀 등은 어찌할 것이며 자연이 품고 있는 수많은 동물들은 어찌할 것입니까? 지금처럼 자연을 파헤치고 약탈하면서 언제까지 우리 삶이 가능하다고 생각하는 걸까요? 우리의 전부인 자연을 경외하지 않고 어찌 살아갈 것인가요?

도시에서 태어나고 자라나는 요즘 아이들을 보십시오. 이 아이들이 과연 맑은 공기를 언제 마셔 보았을까요? 아니 맑은 공기가 어떤 것인지 모를지도 모릅니다. 또 맑은 물이 어떤 것인지 본 적이 있을까요? 산속에 흐르는 계곡물의 청명함이나 흐르는 시냇물의 경쾌함, 깨끗한 호수의 반짝임, 그리고 저 깊은 속까지 비쳐 보이는 바닷물의 맑음은 아이들에게 기이한 느낌일지도 모릅니다.

어느 곳에서든 발밑을 보십시오. 도시인들은 흙을 밟지 못합니다. 콘크리트와 아스팔트는 발의 감촉을 대지와 분리시켰습니다. 우리는 발바닥으로 전해지는 흙의 생명력을 느낄 수 없습니다. 흙을 밟지 못하고 자라난 청년들은 오히려 신발에 흙이 묻는 걸 지저분하다며 불편해합니다. 학생들을 데리고 유적 답사를 가면 학생들 다수는 흙길을 외면합니다.

그래서일까요? 언제부턴가 유행이 된 이곳저곳의 이른바 둘레길들은 화학약품으로 처리한 방부목이 연결된 길이 많습니다. 때때로 험하고 거친 산길을 안전하고 편하게 걸으라고 흙을 감춘 겁니다. 부드럽기도 하고 불퉁하기도 하며 뾰족하기도 한 자연의 길이 평평하고 직선인 한 가지의 느낌으로 유린된 것이지요.

하지만 자연은 위대한 만큼 위험한 것입니다. 위험한 자연 앞에 맨몸으로 마주 서야 인간은 겸허해질 수 있습니다. 나무 데크를 깔아 놓은 산길은 자연의 위험요소를 배제하고 만든 인간들만의 안전한 길입니다. 자연을 인간의 부속품으로 만드는 짓입니다. 안전하고 편리한 산행을 위해 역설적으로 인간은 자연에게서 소외되어 가는 건 아닐까요? 또한, 잊지 말았으면 합니다. 모든 길은 인간 이전에 짐승이 걸었다는 사실을 말이죠. 이것이 진실입니다.

흙을 접할 기회가 있다면 그냥 가까이 하는 것으로 그쳐서는 안 됩니다. 흙을 보고 느끼고 향유해야 합니다. 흙 속에는 수많은 생명이 있지 않습니까? 수많은 종류의 식물은 말할 것도 없고 작은 동물이나 곤충 혹은 벌레들이 나무와 풀 사이로 저마다 바쁘게 움직이고 있습니다. 저는 이 작은 것에서 우주의 광활함을 느낍니다. 그런데 도시인들은 언제 이런 것들을 보았을까요? 자연을 자세히 관찰한 건 언제인가요? 관찰하는 것만으로는 되지 않습니다. 흙을 만져 보아야 합니다. 흙도 만져 보면 저마다 다른 얼굴을 하고 있습니다. 우리가 지금 살고 있는 세계는 물질계이니 물질적인 접촉이 필요하지 않을까요?

저는 매일 새벽 남산에 갑니다. 벌써 꽤 오래된 습관인데, 몸상태나 날씨가 아주 나쁘지 않으면 새벽 산행을 거르지 않습니다. 이제 저에게는 이 시간이 허락되지 않으면 번잡한 도시의 일상을 견디기 힘들 정도입니다. 그리고 그때가 제일 행복합니다. 이렇게 산에 다니기 시작한 초반에는 산에 있는 나무들이 그저 비슷한 형태의 무정물로만 보였지요. 그런데 나무들과 만남의 시간의 쌓여 가면서 그들의 얼굴을 하나하나 대면할 수 있었습니다. 나무들 제각각이 그토록 특출할 줄은 정말 몰랐던 것이지요. 그래서 그런지 매일 가는 산이지만 지루함을 느낄 틈이 없습니다. 나무 곁에만 서도 좋으니까요.

날마다 저는 고요한 새벽녘에 가만히 나무를 만져 봅니다. 저마다 다릅니다. 같은 촉감이 없습니다. 더 신기한 건 살아 있는 나무는 껍질이 전혀 더럽지 않다는 겁니다. 도심 속 가로수를 보십시오. 평생을 공해에 노출되어 더러울 것 같지만, 만져 보면 전혀 그렇지 않습니다. 산에 있는 나무는 더 말할 것도 없겠지요. 살아 있는 유기체인 나무는 자신에게 해로운 공해로부터 스스로를 지키고 있는 겁니다. 이처럼 나무는 자신을 적극적으로 보호합니다. 죽은 나무를 한번 만져 보십시오. 죽은 나무의 껍질에는 먼지가 수북이 쌓입니다. 이미 생명을 마쳤으니 더 이상 자신을 지킬 수 없기 때문이지요. 생명이 있고 없고의 차이는 이처럼 엄청납니다. 나무를 만져 보면서 저는 생명의 소중함을 깨닫습니다. 그리고 그 생동감이 저를 행복하게 합니다.

저 별들은 왜 저기에 있을까

밤하늘에 별이 하나둘 돋아날 무렵, 그 신비함에 가슴이 뜨거워 본 적이 있나요? 저는 '저 별들이 어떻게 저기에 있을까?' 또는 '저 별들과 우리 지구는 얼마나 멀까?'라는 생각을 여전히 품고 있습니다. 밤하늘에 별이 박혀 있는 게 아직도 신비롭기만 합니다. 매일 보아도 경외의 감정이 듭니다(물론 서울에서는 별이 잘 안 보이지만요).

우주의 신비는 인간이라는 생명체의 존재를 더욱 웅숭깊게 탐색하도록 해줍니다. 우리의 지구가 속한 은하계에는 수천억 개의 별이 있고, 이 우주에는 우리 은하계 같은 것이 또 수백억 내지 수천억 개가 있다고 하지 않습니까? 그런데 이것은 137억 년 전 대폭발로 생겨난 우리 우주 이야기입니다. 그러면 이 우주 외에 또 다른 우주는 없는지, 혹은 우리의 우주 밖에는 또 무엇이 있는지 하는 등등의 의문이 계속 이어집니다. 또 우리 은하계와 가장 가까운 은하계는 안드로메다 은하계라고 하는 데 약 200만 광년 정도 떨어져 있다고 합니다. 그런데 이런 사실을 알게 된 것은 1920~1930년대이니 극히 최근의 일입니다. 그 이전에는 천문학자들도 안드로메다 은하계가 우리 은하계 안에 있는 줄 알았다고 합니다. 그러다 허블 망원경 같은 고질의 망원경이 발명되면서 안드로메다 은하계가 우리 은하의 바깥에 있다는 사실을 알아낸 것입니다. 이처럼 우주와 관계된 이야기들은 참으로 많습니다.

제가 말하고 싶은 건 과학적인 내용이 아니라 아주 일차원적이고 상식적인 이야기입니다. 만약에 밤하늘의 별이 다 보인다면 하늘은 별로 가득 차 있음을 알 수 있다는 겁니다. 하늘에는 그렇게나 별이 많습니다(그런데 이 별들을 다 합한 질량이 전 우주 질량의 5~6퍼센트밖에 안 된다고 하니 이 또한 놀랍습니다. 나머지는 암흑 물질이나 암흑에너지가 차지하고 있다고 하지요). 우리가 그 별들을 다 본다면 엄청난 경외감에 할 말을 잃을지도 모릅니다. 감수성이 예민한 사람이라면 거의 종교적 체험에 가까운 망아경의 상태에 빠질 수도 있을 테지요. 존재와 삶의 의미에 대한 지혜를 찾기도 할 겁니다.

도시의 밤은 진정한 밤이 아닙니다. 별이 빛나는 신비로움을 빼앗긴 밤하늘은 인간에게 어떤 영감도 줄 수 없는 까만 칠판에 불과합니다. 이 도시의 밤하늘에서 우리는 우주에 대한 경외감 앞에 인생을 돌아보고 인간 존재의 궁극적 문제를 사유하기란 그야말로 '밤하늘의 별 따기'보다 어려울지 모릅니다. 서울의 밤하늘은 어떻습니까? 보이는 별이라곤 너덧 개에 불과합니다. 우리 지구와 가장 가까운 별인 금성, 아니면 덩치가 큰 토성 정도만 보입니다. 이전에는 잘 보였던 북두칠성이나 오리온자리의 별들이 어둠 속으로 사라진 지 벌써 오래되었습니다. 그런 큰 별도 안 보이는데 은하수를 본다는 것은 언감생심입니다. 은하수를 마지막으로 본 게 언제인지 기억조차 안 납니다. 그렇게 많은 별들이 인간이 켜놓은 등불에 치여 어둠 속으로 사라졌습니다. 그래서 우리 아이들은 밤하늘은 원래 저렇게 깜깜하다고 생각하고 있는 줄도 모릅니다. 밤하늘에 장엄하게 빛나는 별을 보면서 우주의 신비를 생각하지 않는다면 그것은 사는 게 아닙니다.

　앞으로도 계속해서 이런 식으로만 산다면 인간은 지향해야 할 초월적인 가치를 결코 구하지 못할 겁니다. 그 대신 물질에 대한 욕심과 타인과의 경쟁, 그리고 성적性的 탐욕만 남겠지요. 아니, 지금도 한국인들은 그렇게 살고 있습니다. 보이지도 않는 별자리 이름을 외운다고 우주의 신비가 다가오지는 않을 겁니다. 우주는 까마득히 멀리 있는 것 같지만, 인간은 그 우주를 마음에 품고 살 때 일상이 한결 풍요롭고 행복해집니다.

행복의 주어는 오로지
'나'

결혼식이나 장례식은 우리의 삶에서 가장 중요한 사건이기는 하지만 그 시간은 매우 짧습니다. 그렇지 않습니까? 우리 인생의 대단히 중대한 변곡점이긴 하지만 일생에서 아주 잠시 스쳐 가는 순간일 뿐이지요. 곧 비일상적인 사건이라 할 수 있습니다. 한국인들이 얼마나 불행하게 살고 있는지를 제대로 알려면 우리의 일상을 톺아볼 필요가 있겠지요.

결론이 좀 성급하게 들릴지 모르지만 한국인들의 일상을 보면 이런 상태에서는 사람이 행복하게 사는 일이 거의 불가능하지 않을까 하는 생각이 듭니다. 그만큼 한국인들의 일상적인 삶이 비정상적으로 돌아가고 있다는 것이지요. 그런데 우리는 이런 생활이 얼마나 잘못됐는지 잘 모릅니다. 모두가 다 그렇게 살고 있으니까요. 그러나 조금만 객관적으로 생각해 보면 우리가 정말로 기괴한 삶을 살고 있다는 것을 알게 될 겁니다. 그리고 일상의 비정상성에 매몰된 행복의 느낌을 탈환해야 합니다.

'저기에 있는 남'이 아니라 '여기에 있는 나'를 위하라

딱 잘라 말하지요. 한국인은 자신을 위해 살지 않습니다. 틈만 나면 '파이팅!'을 외치며 열심히 최선을 다하자고 다짐하지만 과연 열심의 대상은 누구입니까? 고난과 역경을 극복하여 모범이 된 사람들은 대체로 이렇게 말합니다. 가족을 생각하며, 특히 자식들을 위해 인내하며 살아왔다고 말이죠. 자신 삶의 원동력이요 희망의 근거를 늘 가족에서 찾습니다. 하지만 가족은 가족일 뿐 오롯한 내가 아닙니다. 저는 묻습니다. 자기 삶은 자기를 위해 살아야지 왜 남을 위해 삽니까?

물론 자식을 낳았으면 책임을 지고 지켜봐야 합니다. 그러나 한국 사람처럼 처음부터 끝까지 자식을 책임질 필요는 없습니다. 이것은 자연스럽지 못합니다. 그런데 한국의 부모들이 어떻게 살고 있습니까? 저는 여기서 한국 가족주의의 폐단을 논할 생각은 없습니다. 또한 부모를 공경하고 자식을 잘 돌보는 유교적 인간됨의 본질에 관한 윤리적 의견을 다투고 싶지도 않습니다. 다만 '여기에 있는 나'의 행복을 '저기에 있는 남'에게 양도

186

혹은 의탁하는 우리네 모습을 솔직히 들여다보고자 합니다.

한국 부모들은 자식 뒷바라지에 평생을 바칩니다. 오늘날 한국 아이들은 초등학교부터 대학 들어갈 때까지는 전적으로 부모가 개입해 그 앞길을 열어 줍니다. 그러니 대학 수업의 수강 신청을 부모가 해주거나, 학점을 낮게 받으면 부모가 항의하는 일도 더러 있습니다. 이것은 제가 직접 학교에서 겪은 일이라 잘 압니다. 이런 학생들은 청년의 몸을 가졌지만 여전히 포대기에 싸인 갓난아이일 뿐이지요. 자식의 삶을 일거수일투족 감시하고 개입하는 건 자식을 불행하게 하는 일만이 아닙니다. 제가 보기에 더 크게 불행한 건 그런 부모들입니다.

한국에는 '어린이책 읽기' 모임을 하는 젊은 엄마들이 꽤 있습니다. 대체로 초등학생 자녀를 둔 주부들이 이런 모임에 참가하는 까닭은 자신의 아이가 좋은 책을 읽게 하기 위함입니다. 아이들이 읽을 만한 책을 선정해 미리 읽고 토론을 하고, 작가를 초청해 강연을 듣기도 합니다. 이런 모임의 취지와 활동은 건강하고 훌륭해 보입니다. 아이에게 공부만 강요하는 엄마들에 비하자면 이들은 깨어 있는 사람들처럼 보입니다.

그런데 저는 한 가지 의구심을 떨칠 수가 없습니다. 자녀들에게 좋은 책을 읽게 하는 건 좋지만 정작 자신들을 위한 책은 왜 읽지 않는 것일까요? 아이들을 위해서는 각종 책들을 전집으로 사서 집에 꽂아 놓는데, 엄마나 아빠 자신들이 볼 문학이나 사회과학 책 혹은 인문교양서는 1년에 몇 권이 살까요? 여기서 한국 성인의 연평균 독서량이 몇 권인지, 평일 독서 시간은 몇 분인지 따위의 수치를 굳이 덧붙이지 않아도 되겠지요. 우리나라처럼 잘사는 나라의 국민 가운데 아마 우리 한국인들이 가장 책을 읽지 않을 겁니다. 그래서 그런지 출판계 사람들은 단군 이래 최대의 불황이라는 말을 노상 입에 붙이고 삽니다. 그런데 우리의 과거는 이렇지 않았습니다. 제가 『한국의 문기』라는 책에서 소상히 밝혔지만, 우리나라는 인류사에 결코 손색이 없는 장구한 문기文氣의 역사와 빛나는 기록 정신을 갖고 있습니다. 그런데 그 정신은 온데간데없이 사라져 현대 한국 성인들의 일상에서는 그 모습을 목격하기 어렵습니다.

어머니들은 아이가 볼 책은 아이 스스로 고를 수 있게 해야 합니다. 어린이 또는 청소년들이 읽을 만한 책을 선정해서 홍보하는 여러 독서 캠페인들의 취지는 십분 이해하지만, 지나친 개입은 독서의 욕구를 감퇴시킵니다. 사실 어린이들이 볼 책을 어른이 골라서 제시하는 건 전적으로 그 책에 대한 어른의 시선 아닐까요? 자신이 원하는 것을 직접 선별하는 것 또한 독서가 키워 주는 중요한 힘 아닐까요?

자녀들에게 책을 읽게 하기 위해서는 먼저 부모들이 좋은 책을 많이 읽어야 합니다. '어린이책 읽기'보다 먼저 '부모들 책 읽기' 같은 모임이 결성되어야 하지 않을까요? 이유는 간단합니다. 자녀들을 변화시키기 위한 가장 좋은 방법은 부모의 변화에서 비롯되기 때문입니다. 자녀는 하나부터 열까지 부모를 보고 배웁니다. 부모가 올곧은 마음을 유지하고 바른 행동을 하면 자녀는 알게 모르게 그 모습을 따라 하게 마련입니다.

정작 자신들은 책 사서 볼 돈과 시간이 부족하다는 이유로 점점 책을 멀리하면서 자녀들에게는 책 많이 읽으라고 권하는 건 깊이 반성해야 합니다. 한국의 부모 특히 주부들은 자녀를 통해서만 자아실현을 하지 자신을 위한 일을 하지 않는다는 비판은 이와 맥을 같이합니다. 하지만 이는 주부들의 개인적 소양의 문제 때문은 아닙니다. 범박하게 말해 한국 사회 체제가 원래 그렇게 '생겨 먹은' 탓입니다.

자, 잠시 조선 시대로 이야기의 배경을 옮겨 보겠습니다. 조선 시대 여성들은 자신의 자아실현은 꿈에도 꾸지 못하고 무엇이든 아들을 통해서만 하려고 했습니다. 조선의 여성은 남편과 자식(아들)을 위해 존재하는 것이라 자신들의 존재는 별 의미가 없었습니다. 가통 이을 아들을 낳고, 제사 지내고, 집안 살림 하면서 일생을 보냈습니다. 이 중에서도 아들 낳는 게 가장 중요했지요. 물론 집안의 대를 잇기 위함이 첫 번째 목적이지만 그녀들에게 아들은 그 매운 시집에서 유일하게 자기편을 들어 주는 존재였기에 그 소중함이란 대단했을 겁니다. 그러니 조선의 어머니들은 아들에게 모든 것을 쏟아 부었습니다. 그냥 자식이 아닙니다. 아들, 특히 맏아들은 거의 종교적 수준의 존재였을 테지요. 아들이 마당에 남긴 발자국만 보고도 감동에 젖었던 사람들이 조선의 어머니들이었으니까요. 물론 먼 옛일이지요.

하지만 열렬했던 과거의 이데올로기는 그렇게 쉽게 없어지는 게 아닙니다. 그 잔재가 많이 남을 수밖에 없습니다. 게다가 새로운 세계관이 등장하여 이러한 유교의 이데올로기를 대체하지도 못했기에 유교의 '장자長子 이데올로기'는 여전히 강력하고 끈덕지게 한국인의 심성에 들러붙어 있습니다.

이렇듯 한국의 여성들은 아직도 자식들에 대한 헌신이 대단합니다. 자식을 위한 희생이 대단하다고 하지만 이것은 한국의 여성들이 이전부터 지금까지 항상 남을 통해서만 자아실현을 했다는 것을 의미하기도 합니다. 제 말이 정서적으로 불편하게 들릴 수도 있겠지만, 자식은 엄연히 '남'입니다. 한 번 더 단호히 말하겠습니다. 백년가약을 맺은 부부라 한들, 핏줄이 이어진 자식이라 한들 그들은 남입니다. 인간 실존에 관한 철학적 담론을 들먹이는 게 아니라 상식적인 얘기를 하는 겁니다. 그런데 한국의 어머니들은 '남'을 통해서 자신의 소원을 실현시키려 합니다.

이것이 얼마나 심각한 문제인지를 알아야 합니다.

이 우주에서 우리는 우선 자신을 위해 존재해야 합니다. 남이 먼저이고 그 다음에 자신이 되어서는 안 됩니다. 자신을 위해 존재하라는 것은 절대로 이기적으로 살라는 말이 아닙니다. 그렇지 않습니까? 이 세상에 자기가 자기를 위하지 않으면 누가 자신을 위해 줄까요? 게다가 자신도 위할 줄 모르는 사람이 남을 위할 수 있을까요? 조금 과장된 비유일 수도 있겠으나 어떤 사람이 남을 위한다고 자기는 굶으면서 다른 사람만 밥을 먹이면 어떻게 되겠습니까? 상식적인 관점에서 볼 때 자신부터 생명을 유지하고 그 힘으로 남을 도와야 하는 것 아니겠습니까?

자아실현도 마찬가지입니다. 반드시 자신이 우선이어야 합니다. 자신부터 뜻한 바를 성취해 나가면 자연스럽게 자식이나 주변 사람들이 따라오는 것이지 그 순서가 바뀌어선 안 됩니다. 내 열정과 안간힘을 내가 아니라 남을 위해 먼저 쏟다 보면 자신이 자신의 자리에서 이탈됩니다. 자신만이 앉아야 하는 고유한 자리에서 자발적으로 추방되는 것입니다. 어떤 사람이 자신이 아니라 다른 사람을 우선한다면 그것은 자신이 자기 자리에 있지 않기 때문에 발생하는 일입니다. 자신이 없으니 자신이 아니라 남을 먼저 내세우는 것이지요.

이렇게 남만 위해 살다 보면 누가 주체인지 모르는 일들로 일상이 가득 차게 됩니다. 아니 주체는 애초부터 없다고 하는 게 맞는지도 모르겠군요. 이게 무슨 말일까요? 우리 부모들은 자신들의 자아실현을 우리를 통해 했고, 우리는 우리 자식들을 통해 같은 일을 합니다. 마찬가지로 우리 자식들은 자기네 자식을 통해 자아실현을 할 겁니다. 이런 식으로 이 사슬은 계속해서 연결될 테지요. 이런 사회에서 누가 자신을 위해 살아갈까요?

우리는 잊지 말아야 합니다. 이 세상에서 가장 중요한 것은 지금 '여기에 있는 나'이지 '저기에 있는 남자식'이 아닙니다. '여기에 있는 내'가 온전하게 자아실현을 하면 '저기에 있는 자식'도 자아실현을 할 수 있는 것이지, 여기 있는 나는 내버려두고 저기 있는 자식을 위해서만 애면글면 산다면 언제까지나 내 자신은 아무것도 아닌 존재로 살 수밖에 없습니다. 주체가 소멸된 삶이 행복할 수 있겠습니까? 그리고 그 불행은 결코 자신에게만 그치는 게 아닙니다. 남을 위해 살아가는 삶의 방식과 생각을 모조리 끊어 내지 못하다면 불행은 내 자식들에게, 또 그들의 자식들에게 연결되어 영속될 겁니다.

행복의 주어는 오로지 '나'이어야 합니다. 목적어 또한 '나'로 설정해야 합니다. 남의 행복을 아무리 기웃거린들 그것은 나의 행복이 될 수 없습니다. 나보다 남을 위하는 삶은 행복의 참맛을 알기 어렵습니다. 곧 나는 나를 위해 살아야 행복할 수 있다는 얘깁니다. 제가 이렇게 구구절절 늘어놓지만, 사실 지당한 말 아닌가요? 내가 즐겁고 행복하지 않다면 남을 돕거나 남의 행복을 소망하기 어렵습니다. 사실 타인에 대한 인간의 이타적 행위는 자신의 행복한 마음씨가 있어야 진정으로 가능한 것 아닐까요? 결국 인간이 이타적이어야 하는 까닭을 부러 말하자면, 내가 행복해지기 때문입니다.

한국은 개인의 개체적 욕망을 억누르고 감시하고 검열하고, 집단의 사명을 우선하는 사회입니다. 그래서 한국인들은 '남을 배려하라', '공동체를 위해 희생하라' 따위의 명제를 귀에 못이 박히도록 듣고 교육받아 왔습니다. 하지만 남이 아니라 나를 배려하는 게 먼저입니다. 나의 욕망, 나의 바람이 우선된 이후에 우리의 욕구가 가능합니다. 언제든 우선순위는 나이어야 합니다. 남의 즐거움과 행복에 관심을 쏟지 마십시오. 자신이 즐겁고 행복한 게 먼저입니다. 이렇게 행복을 느끼는 주어는 오로지 나, 1인칭이어야 합니다. '우리'가 느끼는 건 행복이 아니라 행복하고 즐겁다는 집단적 사명이나 임무 따위가 아닐까요?

'남'과 '내일'을 위해 '나'와 '오늘'을 인내하고 희생하지 마십시오. 내 행복을 양보하지도 의지하지도 마십시오. 그것이 불행의 속도를 늦추는 길이요 나아가 불행에 당당히 맞서는 일입니

다. 그래야만 자존감은 커지고 단단해질 것입니다. 바로 행복의
첫걸음입니다.

언제까지 준비만 하고 살 것인가

우리 한국인들이 일생을 어떻게 보내는지 생각해 보세요. 남이 만들어 놓은 각본 안에서 정신없이 살다가 덧없이 생을 마감하는 것만 같아 안타깝습니다. 여러분은 남과 미래가 아니라 자신과 현재를 위해 살고 있습니까? 어느 누구도 나를 대신할 수 없고, 나 또한 누군가를 대신하지 않는 '삶의 진정성'을 가꾸며 살고 있습니까?

사람들의 인생이야 각기 천차만별이겠지만 제 주위 사람들을 보면, 일단 한국인들은 인생의 초기를 이른바 조기 교육이라는 의미 없는 일부터 시작하는 것 같습니다. 경제적 사정만 허락한다면 한국인들 대개는 다음과 같은 인생의 플롯을 구상할 겁니다. 즉 '좋은' 유치원 가려고 발버둥 치고, 유치원에 가서는 초등학교 진학 준비에 들어갑니다. 이때부터 영어 교육을 시작하지요. 그렇게 해서 초등학교에 가면 여러 종류의 과외가 기다리고 있습니다. 이렇게 많은 과외를 하는 것은 대부분 과열 경쟁에서 비롯된 것입니다. 중학교 때 배워야 할 것들을 먼저 습득하는 것입니다.

이처럼 현대 한국인들은 아직 오지 않은 미래를 위해 현재를 희생하는 일을 어린 시절부터 단련합니다. 미래를 위해 쉬지 않고 달려가지만 정작 그 미래에 도착하면 다시 다음 미래를 위한 준비에 착수합니다. 그러니 한국인들의 일생에는 지속적인 준비 작업만 있을 뿐입니다. 현재란 없는 것일 뿐만 아니라 미래도 없는 것이지요.

그 뒤에도 계속해서 상급학교 시험을 준비합니다. 대학 논술 시험 대비를 중학교 때부터 시작하는 경우도 적지 않습니다. 중학교도 그렇지만 고등학교는 철저하게 대학교 입시를 위한 교과 과정으로만 짜여 있습니다. 그러니 인생에서 가장 날카로운 감성의 날은 무디어져만 갑니다. 인류의 고전을 탐독하며 때론 환희로 또 때로는 비참함을 느끼며 불면의 밤을 보낸 청춘들을 점점 만나기 어렵습니다. 그런데 감수성 예민한 시절에 가장 기본적인 인문 교양을 쌓지 않는다면 이후 그것들을 순수하게 대면하기란 쉽지 않을 겁니다. 세상과의 순박한 불화도, 사랑이라는 괴물과의 불안한 첫 만남도 그 시절에 누려야 하는 지독하지만 아름다운 특권 아닐까요?

교과서와 참고서만 보는 고교 생활이 끝나면 낭만적일 것만 같은 대학 생활이 시작됩니다. 그러나 그 허상에서 벗어나는 데 그리 많은 시간이 걸리지 않습니다. 대학이란 무엇입니까? 대학은 인간을 논하고 삶과 우주에 대해 깊고 폭넓은 공부를 하는 곳입니다. 넓고 깊게 배우기 때문에 대학을 큰 배움터라 하는 것이지요. 그런데 현실은 전혀 그렇지 않습니다.

한국 대학생들은 지금이 아니라 또다시 닥쳐올 다음 단계를 준비하느라 시간을 다 보냅니다. 다음 단계란 말할 것도 없이 취직이겠지요. 지금 한국 대학은 그저 학생들 취직에만 관심이 있는 것처럼 보입니다. 학생들도 대학을 직업 훈련소로 생각하지 인문학이나 사회과학, 그리고 과학을 널리 배워 삶을 성찰하려 하지 않습니다. 한국 학생들의 심성이 그르거나 지적 능력이 부족해서가 결코 아닙니다. 그들도 어쩔 수 없겠지요. 생각해 보십시오. 한국의 청년들이 커오면서 삶에 대해 진지하게 생각할 수 있는 시간을 언제 가질 수 있었겠습니까?

그렇다고 한국 대학생들이 노는 건 제대로 할까요? 축제나 MT 같은 행사 때는 물론이거니와 평소에도 모였다 하면 노상 술입니다. 세계 대학생들 가운데 한국 학생들보다 술을 많이 마시는 학생들이 있을까 하는 의문이 생길 정도로 많이 마십니다. 한국 대학가에 밀집한 술집과 노래방은 이를 증명합니다. 전국 어디든 대학이 있는 곳에는 그 주변에 반드시 술집이 있습니다. 여러 나라를 다녀 본 사람들은 제 말이 무슨 말인지 아실 겁니다. 한국처럼 대학교 앞에 술집이 즐비한 나라가 없다는 걸 말이죠. 이런 풍경은 제가 대학생이었던 1970년대도 그랬고 지금도 똑같습니다.

흔히들 청년들의 과도한 음주 문화는 어른들에게 배운 것이라고 말하지만, 정확히 말하면 어른들이 술에 대해 제대로 가르쳐 주지 못했기 때문에 생긴 현상이라고 할 수 있습니다. 이른바 술자리 예절이란 것도 대개는 어른 앞에서 두 손으로 술 따르고 받는 형식적인 행위를 알려주는 것뿐입니다. 여기까지만 해도 괜찮습니다. 그러고서 막상 자기네들은 취해서 했던 말 반복하고, 큰소리 치고, 훈계하고, 싸움질까지 합니다. 예나 지금이나 한국인들이 술자리에서 뭘 배웠겠습니까? 술 예절은커녕 다툼과 실수를 무한 재생산하는 술버릇을 고스란히 물려받았고, 또 물려주고 있지 않습니까? 더욱 기괴한 건, 지난번 술자리에서 했던 실수를 사과하거나 서로 간에 생긴 다툼과 오해를 풀기 위해 또 술자리를 마련한다는 것입니다. 정신 말짱한 상태로는 사과하기도 멋쩍고, 차분하게 오해를 풀기도 어려우니까 또 술을 마시는 겁니다.

공자도 술과 음악을 즐기는, 요샛말로 하면 좀 놀 줄 아는 사람이었습니다. 다만 공자는 술을 자제할 줄 알았다고 합니다. 일정 주량을 정해 놓고 극도의 인내심으로 지키는 그런 절제가 아닙니다. 술을 마시지 않아야 할 때는 마시지 않았고, 마셔야 할 때는 기쁘게 마신다는 뜻입니다. 공자는 이렇게 사람들과의 믿음을 잃어버릴 수 있는 선을 넘지 않았기에 실수를 하지 않았다고 합니다. 친밀하고 편안한 자리에서 오가는 술은 마음의 벽을 낮추고 삶을 윤택하게 해줍니다. 그런데 우리는 어느 순간 이성을 놓아 버리고 맙니다. 마시고 실수하고 반성하고, 또 마시고 실수하고 반성하는 술자리를 쳇바퀴 돌 듯 되풀이합니다.

대학생들의 음주 이야기를 하다 보니 조금 옆길로 샜군요. 다시 우리의 주제로 돌아갑시다.

대학생들은 대체로 2학년이 되면 이른바 '스펙 쌓기'에 본격적으로 돌입합니다. 사실 스펙 쌓는 작업은 대학에 와서 비로소 시작하는 것이 아니지요. 제가 들어보니까 적어도 중학생 때부터 시작하는 모양입니다. 그게 다 '좋은' 고등학교 들어가려는 목적이겠지요. 좌우간 대학생들도 스펙 하면 사족을 못 씁니다. 특히 영어 공부에 심혈을 기울이지요. 이를 위한 해외 연수는 거의 필수가 된 듯합니다. 교과목도 취직에 도움 되는 것을 우선으로 택합니다. 이 때문에 대학서 인문학 강의는 점점 초라해지고 있습니다. 최근 인문학 열풍의 진원지가 대학이 아니라는 건 이를 반증하겠지요(요즘의 인문학 열풍도 사실 문제가 많습니다. 흡사 CEO들의 액세서리가 된 듯한 느낌이 듭니다). 또 동아리 활동도 취직하는 데 이득이 될 만한 것들이 인기가 있고, 취직과 별 상관없어 보이는 동아리들은 시들해지고 있습니다.

오늘날 우리의 대학은 어두운 얼굴을 한 청춘들이 스펙 쌓기에 '올인'하는 거대한 용광로입니다. 오죽하면 『아프니까 청춘이다』 같은 책이 그렇게 많이 팔렸겠습니까? 한편으로는 비싼 등록금을 감당하느라 서너 개의 알바를 하는 학생들이 부지기수입니다. 졸업 후 학자금 대출을 갚지 못해 신용불량자가 되는 이들도 셀 수 없지요. 현실이 이러하니, '현시창' 즉 자신들의 '현실은 시궁창'이라는 자조는 과장이 아닙니다. 하지만 달리 방도가 없어 보입니다. 시궁창에서 벗어나고자 스펙을 쌓습니다. 오로지 취직을 위한, 이력서에 한 줄 더 써넣기 위한 스펙 만들기에 대학 생활을 바칩니다.

이제 '취업 준비생'이란 말은 '대학생'의 정체성을 대체합니다. 취업 준비생들이 스펙 쌓기에 여념이 없는 캠퍼스에 낭만이나 저항을 발견하기 어렵습니다. 하지만 이들에게 청춘의 패기가 없다느니 영악하게 돈 벌 궁리만 한다느니 따위의 비난을 섣불리 해서는 안 됩니다. 철저하게 현재가 희생당하는 양상은 어린 시절부터 내면화해 온 결과이겠지요.

이처럼 한국인들은 아직 오지 않은 미래를 위해 항상 준비만하고 지금 현재 이곳에서 하는 것에서는 진정한 희열을 느끼지 못합니다. 지금 기쁘지 않으니 기쁜 시간은 없는 것이지요. 미래의 행복을 위해 현재를 계속해서 희생시키고 있으니 행복한 시간은 영영 도래하지 않습니다. 한국인들은 '이렇게 하면 즐겁고 행복해지겠지' 하면서 미래를 준비합니다. 하지만 준비했던 그 미래에 도착하면 또 다른 미래가 기다리고 있습니다. 그러면 한국인들은 그때 도착한 현재를 포기하고 다시 다음의 미래를 준비하기 시작합니다. 행복한 현재는 영원히 오지 않는 것이지요. 대신에 영원히 멀리 있는 미래만 존재할 뿐입니다. 도대체 언제까지 준비만 하고 살 것입니까?

희생하지도 의존하지도 말자

자, 이렇게 해서 대학을 졸업하고 직장을 구했습니다. 어려서부터 '좋은' 대학에 오려 했고, 대학에서는 오매불망하던 '좋은' 회사에 들어가려고 온갖 노력을 해 드디어 취직이 된 것이지요. 회사원이 되려고 자그마치 20~30년을 바쳤으니 목표를 달성한 셈입니다. 이렇게 보면 한국인들의 전반부 인생은 그저 취직을 하기 위한 과정으로밖에는 보이지 않습니다. 그런데 이렇게 천신만고 끝에 들어온 직장에서 한국인들은 행복을 느끼나요? 한국인의 노동시간이 세계 최고 수준이라는 경악스러운 사실이 이제는 식상할 정도로 무덤덤합니다. 최근 몇 해 동안 1위 자리를 멕시코에 넘겨줬다는 통계를 보고 그나마 위안을 삼아야 할까요? 씁쓸할 뿐입니다.

직장 생활을 통해 인간다움의 가치를 구현한다고 말하는 한국인이 몇이나 있을까요? 한국의 회사들은 대체로 사원을 일개 부속품으로 만듭니다. 특히나 대기업이 그렇지요. 부서 간에도 협동보다는 경쟁을 통해서 더 많은 이익을 창출하려고 합니다.

사원 전체가 회사의 이익을 위해서 움직일 뿐이지요. 이렇게 살다 보면 어느덧 회한이 생기기 시작합니다. 기껏 이런 생활을 하려고 지금까지 공부를 한 것인가 하는 자괴감이 생기는 것이지요. 그래서 딴에는 용기를 내어 직장을 바꾸기도 하는데 바꾼다고 대수가 아니지요. 기계처럼 사는 똑같은 삶이 되풀이되니 말입니다.

그러다가 남들 사는 모양대로 결혼을 합니다. 이제는 빼도 박도 못하고 그냥 묵묵히 회사를 다녀야 합니다. 아무리 괴롭고 스트레스가 쌓여도 회사를 때려치울 수 없습니다. 오히려 일자리를 잃을까 봐 전전긍긍합니다. 행복한 가정을 꾸려 오손도손 살겠다는 소박한 꿈은 현실의 무게에 질식할 지경입니다. 이제는 일터를 바꾸기보다 직장 내에서 승진하는 데 절대적인 관심을 쏟습니다. 평사원에서 대리, 대리에서 과장, 과장에서 차장, 차장에서 부장 등등 올라갈 계단이 많습니다. 그렇게 열심히 준비해서 큰 회사에 들어왔건만 또다시 승진 시험을 준비를 합니다. 입사동기에게 뒤처질 순 없겠지요. 그러니 자기계발도 게을리할 수 없습니다. 정체되면 낙오하니까요.

또 그러다 보니 자식이 태어납니다. 그 다음부터는 지금까지 자신이 겪어 왔던 한국인의 일생이 후대를 통해 반복됩니다. 태어난 자식에 대한 양육과 교육이 시작되니 말입니다. 아기가 태어나면 많은 경우 부모들은 자신의 존립 기반을 아이에게서 찾는다고 합니다. 아기를 낳은 엄마는 말할 것도 없을 테고, 아빠들은 지긋지긋한 회사지만 자식을 위해 참고 다닌다고 이야기합니다. 자식들의 현존이 이른바 존재의 이유raison d'être가 되는 것이지요.

이런 상황을 이해 못할 바는 아닙니다. 자식이 귀중하고 예쁘니 당연할 테지요. 하지만 사람은 기본적으로 자신을 위해 살아야 합니다. 자신의 존립 기반을 남에게 두면 안 됩니다. 사람이 자신으로 서지 않고 가장 중요한 가치를 남에게 두면 안 된다는 것입니다. 그것은 자신이 제대로 서지 못할 때 발생하는 병리적인 상태입니다. 자신이 제대로 선 다음에 다른 사람과 관계를 맺는 것이 정상적인 관계입니다.

예컨대 연애를 할 때 자신이 자신으로 서지 못한다면 실패하게 마련입니다. 연인 사이에서 한 사람이 다른 사람에게 지나치게 의존하면 그 관계는 반드시 파탄이 난다는 것이지요. 의존을 당하는 사람이 지나친 하중을 받으면 견뎌내지 못하기 때문입니다. 연애할 때 서로를 아끼는 건 당연하지만 한쪽으로 치우치는 것은 결코 바람직하지 않습니다.

부모와 자식 간에도 마찬가지입니다. 부모가 자식을 아끼는 것은 당연할 테지만 자식을 위해 과도한 희생을 해서는 안 됩니

204

다. 자식을 돌보는 부모의 책임을 방기하라는 말이 아닙니다. 자기의 존재 근거가 남자식이 될 정도로 희생해서는 안 된다는 얘기입니다. 자식을 위한 전면적이고 일방적인 희생을 사랑이라고 착각해서는 안 됩니다.

연인이나 부모자식 그리고 그 어떤 사람들의 관계에서든 지나친 희생과 의존은 오히려 훗날 서로의 관계를 불신과 증오의 관계로 변질시킬 수 있습니다. 인간 사이에 가장 좋은 관계는 스스로 설 수 있는 사람들이 성숙인격으로 만나 진정으로 자기를 위하고 남을 위하는 것입니다. 이것을 불교에서는 '자리이타自利利他', 즉 '스스로 이롭고 다른 사람도 이롭게' 하는 정신이라고 말합니다. 여기에서도 자신을 이롭게 하는 게 먼저이지 다른 사람을 위하는 게 먼저가 아닙니다. 모든 것은 자기로부터 시작하기 때문이지요. 그런데 이런 기본적인 인간관계가 한국에서는 거의 불가능해 보입니다. 그러니 이 사회에서 행복이 가능할까요?

한국 부모들은 자식이 취직할 때까지 자신을 희생하며 전적으로 뒷바라지하지만 부모로서 할 일은 여기서 끝이 아닙니다. 자녀의 결혼식도 부모가 맡아야 하는 부담입니다. 예식장 비용은 물론이고 신혼여행 경비마저 대줘야 할 판입니다. 내 자식의 결혼식이 남들 보기에 초라할 순 없겠지요. 부모들은 자식들의 결혼을 위해 수천 내지 수억 원을 준비해 놓아야 합니다. 자식이 결혼해서 살 집도 부모가 여력이 닿는다면 전세 정도는 구해주어야 합니다. 저는 부모 도움을 받지 않고 결혼식이든 신혼집이든 스스로 해결하는 젊은이들을 거의 보지 못했습니다. 가만 생각해 보면 이것은 참으로 비극적인 현실입니다. 그토록 희생하고 헌신하며 자녀를 키웠건만 부모 곁을 떠나 독립하는 힘을 외려 빼앗아 버린 겁니다.

어쨌든 인내하고 희생하여 자식을 교육시키고 취직과 결혼까지 성공시켰습니다. 그러나 결혼한 자녀가 아이를 낳으면 이제 손주 돌보는 일이 기다립니다. 그렇게 살다 보니 어느덧 60대를 훌쩍 넘기고 일흔의 언저리에 와 있게 되지요. 한국인들 특히나 여성들은 이즈음이 되어서야 비로소 자기 시간이 생깁니다. 물론 그동안 틈틈이 여행도 가고 자기 일을 할 수도 있겠지만 온전하게 자기만의 시간을 갖는 것은 이렇게 인생의 후반기에 진입한 뒤에야 가능합니다. 한국인의 평균 수명이 길어졌다고 하지만 노쇠해진 육체로 도전할 수 있는 일들은 제약될 테지요. 제가 너무 부정적으로만 얘기했다고 생각하나요? 그렇지 않습니다. 대체로 한국인들의 인생은 이렇게 저물어 갑니다. 평생을 자기가 아닌 남을 위해서만 살다가 죽음을 맞습니다. 아, 이게 뭡니까? 무언가 단단히 잘못되었다는 생각을 지울 수 없습니다. 다시 묻습니다. 여러분들은 이런 일생에서 행복이 가능하다고 생각하십니까?

꾸벅 인사하지 마라

한국인들의 인간관계를 보면 우리는 유교의 유습에 포박되어 있음을 단적으로 알 수 있습니다. 한국인들은 누군가를 만나면 거의 대부분 나이를 따집니다. 출생의 순서에 따라 누가 위고 누가 아래인지 결정을 하는 것이지요. 이렇게 상하를 나누고 그 다음에는 친족 호칭을 써서 형님뻘이니 언니뻘이라고 하면서 느슨한 친족 관계를 만듭니다. 상대의 호칭에 이름은 사라지고 '형'이나 '언니'가 들어서는 것입니다. 게다가 나이 확인으로 위아래가 확인되면 존비어 쓰는 패턴이 결정됩니다. 이제 아주 자연스럽게 윗사람은 반말을 쓰고 아랫사람은 존댓말을 씁니다.

이처럼 한국 문화의 뚜렷한 특징 가운데 하나는 명확한 위계질서라고 많은 이들이 지적합니다. 서열을 매겨 높낮이를 설정하지 않으면 무언가 어색하고 불편해 합니다. 그러니 비슷한 연배끼리도 형이나 오빠, 선배와 후배로 호칭을 정하는 것이지요. 아무리 논리 정연한 얘기를 해도 한국에서 선배에게 대드는 건 통상 '싸가지 없는 놈'이 됩니다. "나이랑 계급장 떼고 한판 붙자"라는 말이 실행되는 경우는 거의 보질 못했습니다. "나이도 어린놈이 말하는 싸가지 봐라", "언제 봤다고 반말이냐" 따위의 말을 해보거나 들어보았을 테지요. 한국인들 일상에서 작은 싸움이 큰 싸움으로 번지는 많은 경우는 실제 사건에 대한 의견 충돌보다는 이러한 말 때문 아닌가요?

하이데거Martin Heidegger는 "언어는 존재의 집"이라고 말했습니다. 인간 존재의 에센스인 의식은 언어활동을 통해 형성되고 규정된다는 뜻입니다. 상식적으로 생각하면 명확합니다. 말의 높낮이는 사람의 높고 낮음을 결정하고, 그런 상태가 무수히 되풀이되면 아주 강한 내면화가 진행됩니다. 하대 말의 대상인 사람이 존댓말의 주체를 거역하기는 불가능에 가깝습니다. 존댓말을 쓰는 자는 늘 내적 검열을 통해 자기 생각을 자발적으로 통제하게 됩니다. 한국인들은 아주 어려서부터 존댓말과 하대말을 잘못 사용하면 강한 제재를 받습니다. 평등한 인간관계를 맺기 위한 훈련보다는 그 반대를 학습하는 것이지요.

어려서부터 나이와 학년에 따른 위계를 충실히 학습해 온 한국인들은 대학생이 되면 달라질까요? 가령 대학가에서 이런 장면을 때때로 목격합니다.

"선배님, 안녕하십니까!"

후배로 보이는 학생이 그의 선배로 보이는 학생에게 꾸벅 90

도로 허리를 굽혀 인사를 합니다. 조폭 영화에서나 볼 법한 인사이지요. 몇 명이 떼거지로 "안녕하십니까!"를 다함께 외치는 모습은 보기에 민망함을 넘어 괴기스럽기까지 합니다.

또, 선배로 보이는 학생이 후배로 보이는 학생에게 뭘 물어보았는지, 후배 학생이 이렇게 큰 소리로 대답합니다.

"네, 알겠습니다!"

군대에서나 하는 대답이지요. 군복 입지 않은 이등병입니다. 이른바 선후배 간의 위계라는 이러한 모습은 대개 신입생 환영회에서부터 시작합니다. 아예 이런 '인사법'을 문건으로 만들어 신입생들에게 강제하는 대학생들도 있다고 하더군요. '신입생 예절 지침용'이라는 그 문서에는 선배들에게 인사하는 법과 전화하는 법 등이 적혀 있습니다. 그 문서에 따르면, 인사할 때는 "안녕하십니까, 선배님!" 또는 "안녕히 가십시오, 선배님!"이라고 말해야 합니다. 또 담배는 '선배님 계시면 먼저 허락을 받고' 피워야 합니다. 선배의 전화를 받을 때는 "안녕하십니까 선배님, ○○학번 ○○○입니다", 선배에게 전화를 할 때는 "안녕하십니까 선배님, 통화 가능하십니까?"라고 해야 한답니다.

제가 참으로 안타깝게 생각하는 건 단지 그 딱딱한 말투 때문만이 아닙니다. 대학생이 되어 주체적이고 자유롭기는커녕 집단 내 위계를 중시하는 폐유를 한층 더 학습하는 듯 보여 마음이 아픕니다. 인사란 '나'와 '너'가 주고받는 가벼운 표현일 뿐입니다. 하지만 "선배님, 안녕하십니까?"는 '나와 너'의 인사가 아니라 '집단'의 인사입니다. 집단이 강제하는 이러한 '인사법'이 상용되는 곳에서 질문하는 힘을 키워 나가긴 어렵습니다. 남의 눈치를 보지 않는 자기만의 고집스러운 자존감을 갖기도 힘들겠지요.

하지만 나이에 따른 존대어 문화에 큰 저항감을 느끼는 사람은 별로 만나 보지 못했습니다. 그러나 조금만 객관적으로 생각해 보면 이상한 관습 아닐까요? 외국인들이 한국에 왔을 때 가장 많이 받는 질문이 "How old are you당신은 몇 살입니까?"라는 건 아주 잘 알려진 사실입니다. 외국인들은 우리 한국인들이 왜 그렇게 나이를 묻는지 많이들 어리둥절해 합니다. 그들에게 나이는 인간관계 형성에서 아주 작은 요소일 뿐이니까요. 그러나 한국에서는 신문 기사에서도 인명 옆에 반드시 나이를 병기합니다. 지극히 유교적인 문화의 모습입니다.

그런데 현대화된 세상에 상대가 나보다 나이가 많은지 적은지 따위가 무슨 대수입니까? 조선 시대에 나이를 따졌던 것은 가부장제를 지켜 내기 위해 혹은 종법 질서를 확립하기 위해서였습니다. 그래서 항렬을 엄격히 따졌습니다. 간단하게 말하면 남자들을 기수별로 정확하게 나누는 것입니다. 그러니까 아버지

기수, 내 기수, 아들 기수로 구분합니다. 즉 삼촌은 아버지 기수, 사촌은 내 기수, 조카는 자식 기수에 해당됩니다. 유교에서는 이 천륜의 질서가 무너지면 안 된다고 보았습니다. 유교 사회에서 동성동본 결혼을 극력 꺼렸던 것은 이 질서가 무너지기 때문이었습니다. 유교가 통치 이데올로기로 작동하던 시대의 일이지요.

그러나 오늘날 종법 질서 따위는 그야말로 아무 의미 없는 단어일 뿐입니다. 쓸데없이 나이 묻고 고향 따져 가며 네 편 우리 편 가르는 전근대적인 관습을 깨부수어야 합니다. 그런데 유교를 대체할 만한 새로운 가치관은 아직까지 등장하지 못하고 있습니다. 현대 한국사회는 포스트모던의 외피를 입었지만 전근대의 권위주의로 속은 곪아 있는 형국입니다. 그럼, 우리는 폐유를 묵묵히 따를 뿐 아무런 변화도 일으킬 수는 없을까요?

특히나 청년들에게 당부합니다. 제발 꾸벅 인사하지 마십시오. 기껏해야 서너 살 터울인 선배라는 사람들에게 그 생기발랄한 몸을 구부리지 마십시오. 꾸벅 인사를 받지도 마십시오. 기껏해야 서너 살 터울인 후배라는 사람들에게 그 생기발랄한 고개를 뻣뻣이 쳐들지 마십시오. 꾸벅 인사하는 문화 속에서는 행복이 자리할 틈이 없습니다. 이처럼 일상의 소소하고 구체적인 일들을 내 삶의 방식대로 온전히 행하고 지키는 것이야말로 행복하기 위해 필요한 자존감이 아닐까요?

옛것은 가고 새것은 오지 않고

오늘날 우리 한국인들이 가치관 문제와 관련해 처한 상황은 "옛것은 갔으나 새것은 아직 오지 않았다"라고 요약할 수 있습니다. 옛것이라 함은 물론 유교적인 가치관을 말합니다. 사실 정확히 말하면 옛것이 간 것은 아닙니다. 지금도 유교적인 가치관이 엄청나게 남아 있으니까요. 그런데 '유교 이데올로기는 더 이상 우리를 지배하고 있지 않다'라고 많은 이들이 믿고 있는 것 같습니다. 단호히 말하건대 전혀 그렇지 않습니다. 우리 한국인들은 아직도 완전히 유교적인 가치에 함몰되어 살고 있습니다. 그 문화에 너무 익숙한 탓에 사실을 인지 못할 뿐입니다. 문화란 그런 것입니다. 문화란 흡사 공기와 같은 것이라 사람들은 문화가 항상 존재하고 있다는 것을 제대로 알지 못합니다.

또한 유교의 과도한 혈연 강조는 우리 사회에 패거리주의를 만연케 했습니다. 혈연은 또 지연이나 학연 등으로 확장되어 우리 집단만이 옳고 다른 집단은 무조건 틀리다는 비이성적인 집단주의 문화를 만들어 냈습니다. 한국인에게는 아직도 가족이나 자기가 속한 집단보다 더 상위의 집단, 이를테면 한국 사회 전체라든가 세계에 대한 배려심이 허약합니다. 이런 가치관 속에 함몰되어 있으니 건전하고 합리적인 이성의 힘을 발휘하기 어렵습니다. 조목조목 논리적으로 따져 봐야 잘 통하질 않지요.

이처럼 한국인들은 제가 앞서 '폐유'라고 표현한, 즉 낡아서 더 이상 쓸 수 없는 유교가 만들어 낸 기형적인 문화에 꽁꽁 묶여 사는 불행한 사람들입니다. 너무 야멸차게 들리나요? 그래도 어쩔 수 없습니다. 폐유의 문화에서 벗어나지 못하는 한 불행은 지속될 테고 그만큼 행복은 요원할 겁니다.

폐유를 달리 말하면, 유교의 훌륭한 정신은 다 사라지고 껍데기만 남은 폐습입니다. 유교의 드높은 가르침은 무엇일까요? 앞에서 잠깐 언급했지만 앞으로의 설명을 위해 아주 간략하게 다시 보지요. 조선 시대에는 문자도文字圖라는 게 있었습니다. 문자도는 유교에서 가장 중요한 네 글자 혹은 여덟 글자를 새나 물고기, 꽃 등으로 예쁘게 도안화한 민화입니다. 여기에 가장 많이 쓰였던 글자가 '효제충신 예의염치孝悌忠信 禮義廉恥'였습니다. 이 여덟 글자가 유교에서 가장 중요한 덕목입니다. 그런데 지금 이 덕목 가운데 제대로 힘을 발휘하는 게 남았다고 자신 있게 말할 수 있나요? 대신에 나이와 고향만 따지는 등 유교의 찌꺼기만 남은 것 아닐까요?

그래서 앞에서 지금의 유교는 '김빠진 사이다 같은 것'이라고 했던 것입니다. 냄새를 맡거나 맛을 보면 그 음료가 맥주인지 사이다인지는 알겠는데, 원래의 청량한 맛은 사라지고 그저 몸에 해로운 단맛만 남은 꼴입니다. 마시기도 어렵고 그렇다고 버리자니 아까워 난감할 뿐이지요. 그러고는 공연히 냉장고 자리만 차지합니다. 하지만 새 음료가 생기면 김빠진 사이다는 필요 없겠지요. 버리지 말라고 해도 알아서들 버릴 테지요.

새로운 세계관이 등장하면 김빠진 사이다가 냉장고에서 퇴출되듯 유교는 급속도로 약화될 겁니다. 그러나 현재는 한국인들의 정신세계가 공동화되어 있습니다. 더 높은 정신적 가치를 지향하게 만드는 좋은 가치관이 없습니다. 빈약한 정신의 필연적 결과는 물질에 대한 광신적인 집착입니다. 그런 탓인지 한국인들이 생각하는 중산층은 물질적인 조건으로만 채워져 있다는 보고가 있더군요. 한국인들에게 중산층의 기준이란 대체로 이러합니다. "대학을 나와서 10여 년을 한 직장에 있으면서 한 달에 400만 원 이상을 벌고 30평 이상 되는 아파트에 거주하며 2,000cc 급 이상의 승용차를 타는 것"이랍니다.

그런데 이 진술을 가만히 보십시오. 직장, 월급, 아파트, 자동차 등 물질만 나열되어 있지 예술이나 철학 등 정신적인 가치는 전혀 없습니다. 참으로 참담한 일입니다. 아무리 돈이 많아도 인문적 성찰이나 예술적 시선이 없으면 행복을 체득하기 어렵습니다. 삶의 품격을 느끼지 못하기 때문입니다.

한편 프랑스인들이 생각하는 중산층의 기준은 다음과 같습니다. "중산층은 외국어 하나 정도는 구사할 줄 알아 세계를 폭넓게 경험하고 악기나 스포츠, 음식에도 조예가 깊으며 사회정의에 대한 관심도 있어야 한다." 보십시오. 여기에는 물질적 조건이 전혀 없습니다. 아주 높은 수준의 세계관에 대한 배려가 있는 것은 아니지만 나름대로 예술이나 언어, 생활문화에 대한 품격을 느낄 수 있습니다. 인간의 행복은 문화적 품격의 토대 위에서 가능하며, 인간을 구원하는 것은 정치나 종교가 아니라 문화임을 거듭 강조하고 싶습니다.

우리도 유교가 성성했을 때는 지금처럼 천박하게 살지 않았습니다. 서당 가서 맨 먼저 배우는 천자문부터 얼마나 시적이고 철학적인 작품이었습니까? 예컨대 천자문 맨 앞에 나오는 "하늘은 검고 땅은 누렇다天地玄黃"라는 문장을 보십시오. 철학적으로나 미학적으로 생각할 거리가 풍성합니다. 특히 하늘을 검게 보았다는 것이 오묘합니다. 이것 하나만 제대로 배워도 우리는 품격 있는 대화를 할 수 있을 정도로 훌륭한 문장입니다. 그 밖에 숱한 유교 경전들이 얼마나 수준 높은 철학을 지니고 있는지는 두말할 필요도 없겠지요. 이런 경전들을 통해 품격 있는 교양을 쌓았던 한국인들은 유교가 스러지자 유교의 드높은 인문 정신과 완전히 멀어졌습니다. 폐유만 부둥켜안고 사는 셈이지요. 옛것은 갔으나 새것은 아직 오지 않은 것입니다.

자, 한국인의 불행한 삶을 어떻게 하면 좋을까요? 이 상태를 방치하면 행복의 가능성은 점점 희박해질 뿐입니다. 사실 엄밀히 말하면 행복을 제대로 느껴 본 적이 없기에 행복이 무엇인지도 잘 모를 테지만 말이죠. 앞서 얘기해 온 것처럼 우리는 불행할 수밖에 없는 문화 속으로 우리 스스로를 몰아넣었습니다. 이런 문화를 만들어 낸 게 우리이니 여기서 빠져나오는 것도 우리가 할 수밖에 없습니다. 어떻게 하면 우리가 만든 불행의 덫에서 빠져나올 수 있을까요? 우리에게 행복은 가능할까요?

불행에 맞서는
자존감

사람들은 일반적으로 문화를 좁게 정의하는 경향이 있습니다. 일상생활을 떠나 별도의 시간대에 특정한 공간에 가서 즐기는 어떤 '비일상적인 것'이라고 대체로 생각하지요. 즉 한 달에 한두 편 영화를 보거나 연말에 유명가수의 콘서트를 보러 가는 것 등을 문화적 활동이라고 보는 겁니다. 박물관이나 미술관에 가서 감상하는 건 좀 더 고급스러운 문화적 행위라고 여깁니다. 하지만 이러한 공연과 관람 문화는 일반적인 게 아니라 외려 특수한 문화에 해당합니다. 문화는 이처럼 특별난 것만 있는 게 아닙니다. 단적으로 말해 문화란 삶 전체입니다. 가치관이라든지 생활문화 같은 우리 삶 전체가 가장 기초적인 문화라는 얘깁니다.

문화는 비물질적인 문화와 물질적인 문화로 구분할 수 있습니다. 비물질적 문화란 가치관이나 세계관 등 정신문화를 뜻합니다. 조금 달리 표현하면 머릿속 프로그램 즉 어떻게 생각하는가, 그리고 어떻게 살아야 하는가의 문제와 관련된 것이지요. 바로 제가 이 책에서 여러분들과 나누고 있는 이야기입니다.

자존감은 어디에서 오는가

오늘날 한국인이 행복하지 않은 건 영화나 뮤지컬이 발전하지 않아서가 아니라 생활문화가 제대로 정립되지 않은 탓입니다. 앞서 말했듯이 문화적 삶이란 공연을 보거나 유적을 답사하거나 책을 읽거나 하는 행위에 그치는 게 아닙니다. 문화란 일상생활 전반에 깔린 모든 것입니다. 또한 행복이란 매끼의 밥에서, 늘 입는 옷에서, 머릿속을 채우는 생각에서 느껴야 하는 일상의 상태입니다. 즉 집이나 학교, 직장에서 행복을 향유해야한다는 얘깁니다. 따라서 제대로 된 문화 없이 행복은 가능하지않습니다. 더 많은 상상력을 흡수하고 더 짜릿한 자극이 필요하다면 공연장이나 미술관 같은 특수한 공간을 찾으면 됩니다.

어떤 이들은 우리를 행복하게 해줄 수 있는 것은 일차적으로 정치라고 이야기합니다. 하지만 정치는 스스로를 구원할 수 없습니다. 문화만이 정치를 구원할 수 있습니다. 한국의 정치가 국회의원만 잘 뽑으면 된다는 생각은 잘못입니다. 정치를 이끄는 것은 문화의 힘, 즉 문화력입니다. 문화는 우열을 가릴 순 없습니다. 문화상대주의의 관점을 반드시 견지해야 합니다. 하지만 폭과 깊이, 그리고 포용성에서 차이가 있습니다. 그 문화력의 차이에서 행복의 격차가 발생합니다. 문화력의 폭과 깊이는 행복의 크기와 비례합니다. 즉 문화력은 행복으로 이끄는 추동력입니다.

사람이 행복하기 위한 가장 기본적인 조건이 무엇이겠습니까? 물론 먹고 자고 입는 것을 해결하는 기본적인 물질은 필요합니다. 하지만 그것으로 충분할까요? 그보다 더 중요한 행복의 기본 조건은 자존감입니다. 아무리 돈이 많고, 지위가 높고, 막강한 권력을 가졌다 해도 자존감이 없는 인간은 불행할 수밖에 없습니다. 그 불행은 어떤 일이나 사건 때문에 생겨나는 일시적인 게 아니라 일상을 지배하는 항시적인 것입니다. 반면 자기에 대한 확실한 존중감을 가진 사람은 돈이나 권력의 많고 적음에 관계없이 행복할 수 있습니다.

그렇다면 자존감은 언제 가질 수 있을까요? 어떻게 해야 생겨나고 유지할 수 있는 것일까요? 자존감은 사춘기 때 혹은 성인이 된 다음에 키워야 하는 '무엇'이 아닙니다. 아주 어릴 때, 아니 태어나면서부터 바로 생겨나는 것입니다. 에릭슨E. Erikson이라는 심리학자는 태어난 직후부터 부모가 아이를 어떻게 대하느냐에 따라 아이가 갖는 감정이 달라진다고도 했지요. 곧 부모의 태도에 따라 아이는 죄의식을 갖기도 하고 수치심을 느낄 수도 있다고 합니다. 이는 정치나 종교가 다룰 수 있는 사안이 아닙니다. 그 근본에서 움직이며 인간 삶의 행불행을 결정하는 것은 문화입니다. 아무리 완벽한 법을 만들어도, 아무리 위대한 종교 교리가 있어도 문화력이 아니면 지탱할 수 없습니다.

여기서 오해를 피하기 위해 한 가지 얘기를 덧붙이겠습니다. 사실 정치, 종교, 문화 등이 선명하게 구획되어 설명될 수 있는 건 아닙니다. 물론 각각에 대한 사전적·학문적 정의가 있지만 이것들은 모두 한 영토에 속한 영역들입니다. 비유하자면 서로 유기적으로 얽혀 움직이는 거대한 한 몸체라 할 수 있는데, 제가 이들 영역을 가르는 건 논의의 필요성 때문이니 잘 가늠해서 듣기 바랍니다.

사람이 행복하기 위해 정말 필요한 조건은 자기가 사랑받고 있으며 이 세상에 진정 필요한 사람이란 걸 느끼는 일상에서의 감정입니다. 그 감정이 자존감을 키우며, 자존감은 개인이나 공동의 문화에서 배양됩니다. 행복을 만들고 키우는 토양은 문화라는 얘기지요. 자존감을 유지시키는 것도 문화력입니다. 정치나 종교가 아니라 문화가 행복을 이끌며, 인간을 구원합니다. 결국 행복은 문화의 문제입니다.

'하트'를 쌓으면 행복이 쌓일까

　행복은 결국 각 개인의 자존감이 만들어 내는 각자만의 충만한 감정의 상태라고 말할 수 있습니다. 나의 행복을 남에게 양보해서도 안 되지만, 결코 남의 행복과 견주어서도 안 됩니다. 남과 비교하지 않는 것은 행복해지기 위해 가장 중요한 일이며 자존감을 키우는 가장 근원적인 자세입니다. 남들 하니까 그냥 나도 따라 해서는 안 된다는 얘깁니다.

　한때 광풍이었던 애니팡을 기억하겠죠? 이걸 왜들 그렇게 미친 듯이 했을까요? 남들이 다 하니까 나도 한 거 아닌가요? 애들만 한 게 아니지요. 제가 아는 50대의 한 직장인도 애니팡에 몰두하길래 왜 그러냐고 물어보니까, 이걸 안 하면 동료들과의 식사 때나 술자리에서 소외되기 때문이라 하더군요. 남보다 높은 점수를 쌓으려고 밥 먹을 때도 한 손으로는 애니팡 하는 사람도 자주 봤습니다. 서로서로 '하트'를 날려 주는데 자기만 안하면 공동체에서 제외되는 느낌이 든다고 말하는 사람도 있었습니다. 출퇴근길이나 휴식을 취할 때, 자그마한 액정 속에 들어가 시간을 보냅니다. 하트를 날리며 말이죠. 이런 것은 자존감 없는 행위입니다. 애니팡 좀 열심히 했다고 자존감 없는 짓이라 얘기하다니 언짢을 수도 있겠습니다. 물론 이 게임이 문제인 것은 아닙니다. 남들 한다고 무작정 따라 하는 게 문제입니다. 이런 현상 속에서 한국인들의 무너진 자존감을 읽는다면 너무 지나친 걸까요? 하지만, 애니팡 하트를 쌓아서 행복도 쌓였나요?

오래전에 한국의 어느 대기업의 디자이너들을 교육시키고 있던 미국 디자이너를 만난 적이 있습니다. 그가 저에게 처음 했던 말은 20여 년이 지난 지금도 잊히지 않을 만큼 강렬하게 남아 있습니다. 그는 정확히 이렇게 말했습니다. "They^{한국 디자이너들} try to be either Americans or Europeans." 다시 말해 한국의 디자이너들은 한국적인 것을 창출하려 하지 않고, 미국 혹은 유럽식으로만 생각하고 따라 하기에 급급하다는 얘기였습니다. 의상이든 건축이든 미술이든 분야를 망라하고 디자인이란 그 시대의 정신이나 이념을 상징으로써 표현하는 것입니다. 즉 시대의 화두에 예민하게 반응하여 새로운 방향을 선도하는 감각적인 행위입니다. 그러니 누구보다 예리한 시선을 가져야 할 테지요. 하지만 그가 한국에서 목격한 것은 자신의 생각으로 세상을 마주하며 예견하지 않고 남의 시선이 닿은 곳에만 눈길을 돌리는 한국인들의 모습이었던 것입니다. 저는 지금도 이 말에 반론을 제기하기 어렵습니다. 남 따라 사는 데 능숙한 한국인들의 모습은 여전하기 때문입니다.

또 하나의 얘기가 떠오르는군요. 프랑스의 문화비평가 기 소르망Guy Sorman이 일본 상품의 이미지에 대해 한국의 제품 문화와 비교하면서 의미심장한 이야기를 남긴 적이 있습니다. 선진국의 제품들은 그 나라 문화의 이미지를 잘 살린 것들이라고 하면서, 일본의 제품들에서는 일본 특유의 탐미정신이 느껴진다고 했습니다. 반면 한국의 제품들에는 한국적인 이미지나 정신을 전혀 감지할 수 없다면서, 한국적인 이미지 개발에 애쓰라고 충고했습니다. 해외에서 한국의 상품은 삼성이나 현대 등 일개 회사의 휴대폰, 냉장고, 자동차, 텔레비전 등일 뿐 한국적 이미지를 발견하기 어렵다는 얘기였을 테지요. 기 소르망이 남긴 이 이야기도 유효합니다. 남과 비교해서 이기려고만 하지 자기만의 사유로 자기만의 것을 만드는 데 소홀한 한국인들의 모습 또한 여전하니까요.

남을 따라 살기만 해서는 새로운 가치를 창출할 수 없을뿐더러 자존감을 가질 수도 없습니다. 나의 것이 아니라 남의 것을 쫓기에만 급급한데 행복할 리도 없습니다. 그렇지 않나요? 그저 질질 끌려다니는 사람이 자존감 높은 행복감을 성취하기란 불가능합니다. 남 따라 사는 건 행복의 씨앗을 말려 버리는 겁니다. 좀 서툴더라도 '나만의 것'을 만들고자 노력해야 합니다. 남을 따라 하지 않는 나만의 고집스러움을 잃어서는 안 됩니다. 바로 그 고집스러움이 자존감입니다. 각자만의 단단하고 다채로운 자존감들이 더하고 더해져 큰 문화를 만들고, 곧 나와 너의 행복으로 연결될 것입니다. 남들 시선에 맞춘 주파수를 나에게 돌릴 때 행복은 스멀스멀 피어납니다.

자존감은 모나고 튀어나온다

집단에 매몰되어 나를 망각해서는 결코 행복해질 수 없습니다. 한국인의 집단주의 또는 우리주의Weism는 각 개인의 자존감과 독립적 행복을 어렵게 하는 망탈리테mentalités, 즉 집단적 심성입니다. 집단주의 사회에서 집단은 개인이 지닌 정체감의 주된 근원이고, 개인이 지닌 거의 유일한 안전보호막입니다. 또한 집단주의 사회에서 개인은 집단을 위해 충성해야 하는데, 이를 위배하는 건 이 사회에서 가장 큰 죄악입니다. 한국은 전형적인 집단주의 사회로 분류됩니다. 그리고 그만큼 행복해지기 어려운 사회문화 속에서 한국인들이 살고 있다고 할 수 있습니다.

더욱이 한국은 부계를 중시하는 가부장적 집단주의 문화를 가진 나라입니다. 아시다시피 한국을 포함한 동북아 문화권에서는 유달리 가족을 중시합니다. 사회, 세계, 나아가 우주까지 모두 가족의 확대로 해석했습니다. 국가에도 '집 가家' 자를 붙였고, 우주를 '집 우宇'와 '집 주宙'로 쓴 것도 집의 확대로 본 것입니다. 온 우주가 집이라는 것이지요. 특정한 직업을 가진 사람들의 군群 또한 가족으로 생각합니다. 한 분야에 정통한 사람들은 전문'가', 그림 그리는 사람은 화'가', 사업하는 사람은 사업'가'로 불립니다. 관청도 관가라 부르면서 집의 또 다른 형태로 파악했습니다. 오늘날의 회사라는 형태의 일터도 전통 시대에 있었다면 '집 가' 자를 붙인 단어를 만들지 않았을까 싶네요. 회사에서 사원들을 가족이니 식구니 하면서 부르지 않습니까?

한편 '우리'를 강조하는 우리주의도 같은 맥락입니다. 예컨대 한국인들은 "우리 집에 간다"고 말하지 "내 집에 간다"고 말하지 않습니다. 집단주의와 우리주의 사회에서는 가능하면 '나'를 드러내지 않습니다. 그럼 '우리'란 말은 무슨 뜻일까요? '돼지우리'라고 말하는 데서 알 수 있듯이 우리란 울타리, 다시 말해 집이라는 뜻입니다. 한국인들이 '우리'를 강조하는 것은 같은 집 혹은 같은 가문에 속해 있다는 얘기란 겁니다.

집단주의 문화에서 발견되는 일반적인 현상을 한 가지만 얘기해 보겠습니다. 한국에서 선생질을 하는 사람이라면 누구나 느낄 텐데, 한국의 학생들은 좀처럼 질문을 하지 않습니다. 게다가 여간해서는 선생의 질문에 적극적으로 대답을 하지 않지요. 문화력이 높은 나라의 학생들은 전혀 그렇지 않습니다. 선생에게 질문도 많고, 선생이 질문을 하면 열심히 손을 들고 대답하려 합니다. 예전에 저는 한국 학생들이 질문도 대답도 소극적인 건 과묵과 겸손을 미덕으로 여기는 동북아 사회의 문화 때문으로 알았습니다. 하지만 이는 피상적인 생각이었습니다. 질문과 대답을 기피하는 건 집단주의 문화를 가진 나라에서 일반적으로 일어나는 현상이라고 보는 게 타당한 분석입니다.

집단주의 문화권에서 개인은 항상 자기가 속한 집단을 의식하고 살아갑니다. 따라서 자기 의견을 밝힐 때에도 개인은 집단의 전체 의견에서 벗어나지 않도록 신경을 써야 합니다. 한국 학생들이 스스럼없이 묻고 답하지 못하는 것은, '과연 내 의견이 우리 집단의 의견을 대표할 수 있는 것인가' 혹은 '이렇게 나만의 생각을 드러내면 집단에서 따돌림 당하는 건 아닐까?' 하는 의구심이 호기심을 억압하기 때문입니다. 누군가의 말처럼, 불안이 영혼을 잠식하는 겁니다. 이런 불안은 각 구성원의 의식 속에 프로그램화되어 있기 때문에 어떤 상황에서든 자동적으로 작동합니다. 그러니 "모난 돌이 정 맞는다"는 우리 속담은 집단주의가 프로그래밍 한 한국인들 삶의 자세를 드러낸다고 볼 수 있겠지요.

하지만 망치 맞을 게 무서워 튀어나오길 주저해서는 안 됩니다. 우리들 각자는 자기만의 자존감으로 모나야 합니다. 너도나도 각자의 생김새로 튀어나와야 그것들이 한데 모인 거대한 그림

은 훨씬 더 아름답지 않을까요? 모나고 튀어나오려 애써야 행복
해질 수 있습니다.

멍 때리는 시간을 두려워 마라

집단의 정체성이 개인의 자존감을 억누르는 사회에서 홀로 사유하고 행동하는 건 생뚱맞게 보입니다. 하지만 혼자 있음은 행복의 필요충분조건입니다. 혼자 있음을 즐기기는커녕 혼자임을 버틸 수 있는 개체적 독립심이 정말 부족한 사람들이 한국인이 아닐까요? 월드컵 때마다 벌떼처럼 수만 명이 '광장'에 모여 '우리'를 광신적으로 확인하지만, '골방'에서 오로지 '혼자'됨을 느끼고 성찰하는 힘이 부족합니다. 거리응원은 집단 최면에 스스로를 결박시켜 즐거움을 성취해 보려는 허상처럼 보일 수 있습니다. 수십 수백 아니 수만 명이 모여서 '하나의 무엇'을 위해 '하나의 목소리'와 '하나의 몸짓'으로 통일시켜야만 즐거울 수 있는 걸까요? 집단이 생성시키는 공통의 희열감이 진짜 나의 희열일까요? 우리에게는 '넓은 들판'도 필요하지만, 그에 못지않게 반드시 '좁은 골방'도 있어야 합니다.

티베트 불교의 어느 린포체가 "일상을 단순하게 유지하면서 매일 한두 시간 정도는 철저히 혼자 있도록 최선을 다하라"고

하신 말씀을 깊게 새겨 둘만 합니다. 비단 종교 수행자여서가 아니라, 반복되는 일상의 삶을 묵묵히 이겨내야 하는 운명을 지닌 우리 인간들 모두에게 꼭 필요한 일입니다. 제가 매일 새벽마다 산행을 하는 건 혼자 있음의 시간을 나에게 허락하고 그 혼자됨을 온전히 즐기기 위해서입니다. 저의 새벽 산행은 고도의 명상을 한다든가 고독한 사색을 한다든가 따위의 고상한 짓이 아닙니다. 앞서도 잠깐 얘기했듯이 산길을 걸으며 주로 나무를 만지거나 바라봅니다. 머릿속을 비우고 멍하니 앉았거나 걷지요. 시쳇말로 '멍 때리기'를 하는 겁니다.

단 한순간도 뭐라도 하지 않으면 불안해하는 사람들이 많습니다. 아무것도 하지 않고 아무 생각도 하지 않는, 이른바 '멍 때리기'를 두려워하고 죄의식마저 느끼는 건 아닐까요? 하루나 한 달, 일 년을 쉰다면 '남들이 나보다 저만치 앞서나가는 건 아닐까'라는 생각에 무섭습니다. 정신없이 바쁘지 않으면 '이렇게 느슨하게 살아도 되나' 싶어 불안하지요. 그러니 책 읽을 시간도 사색할 시간도 없습니다. 아니 없다고 말합니다. 그저 바쁘게 바쁘게 사는 게 지상명령입니다.

바쁜 일상에서 벗어나 휴식과 여유를 즐기기 위함이라는 휴가는 역설적으로 더 바쁘고 분주합니다. 한국의 여름 휴가철에는 해수욕장이나 계곡 등 이 나라 곳곳이 아비규환입니다. '황

234

금 같은 휴가' 때 조금이라도 더 놀고 조금이라도 더 먹으려고 평소보다 더 전투적으로 돌변합니다. 한국인들의 휴가 풍경을 스케치해 보지요. 한국인들은 휴가 계획을 세우는 순간부터 최선을 다합니다. 남들보다 늦을세라 서둘러 펜션을 예약하고 세밀하게 일정을 잡습니다. 유흥에 필요한 도구와 먹을거리도 꼼꼼히 챙기지요. 이렇게 만반의 준비를 갖추고 출발합니다. 어느 방향이든 막히는 고속도로 위에서 배도 고프고 화장실도 가야 하니 휴게소를 찾습니다. 하지만 한국의 고속도로 휴게소는 말이 휴게소지 휴식을 할 수 있는 공간이 아닙니다. 한여름 뙤약볕 아래 그늘이라곤 한 줌도 찾아볼 수 없는 휴게소, 귀청이 떨어져 나갈 듯 시끄러운 음악이 가득 찬 휴게소에서 잠시라도 눈 붙이거나 여유롭게 쉬기는 어렵습니다. 재빨리 생리현상을 해결하고, 재빨리 허기를 때우고, 재빨리 가던 길이나 가라는 식이지요. 어쨌든 휴게 없는 휴게소도 거치고 반나절 이상 걸려 드디어 피서지에 도착하면, 짐을 풀자마자 곧바로 놀기 시작합니다. 아니, '논다'라고 생각합니다. 사람이 많으면 많을수록 신나겠지요. 아니, '신난다'라고 생각합니다. 터무니없이 비싼 돈을 내고 '자리'라는 공간을 대여합니다. 파라솔과 튜브 사용료는 별도지요. 곳곳에서 언성이 높아집니다. 옆에 있는 사람들에게 질세라 고기도 굽고 술도 마시며 매우 열심히 놉니다. 한시라도 멍 때리며 시간을 낭비할 순 없습니다. 쉬지 않고 미친 듯이 노는 겁니다. 그렇게 며칠을 보내고 다시 꽉 막힌 고속도로를 타고 집으로 돌아와 휴가 때 찍은 사진을 컴퓨터에 정리합니다. 자, 이제 전투적으로 재충전하였으니 전투적인 일상으로 돌아갑니다. 다음해 휴가를 기약하면서 말이죠. 그런데 잘 놀고 왔건만 왜 이렇게 피곤할까요?

한편, 멍 때리기를 방해하는 가장 강력한 무기는 우리들 몸에 '장착裝着된' 스마트폰입니다. 최근 목격한 풍경 한 가지를 소개해 보겠습니다. 어느 고깃집에서 40~50대로 보이는 부부와 청소년 자녀 둘, 이렇게 4인 가족이 옆 테이블에 앉았습니다. 곁눈질로 슬쩍슬쩍 염탐해 보니 아이들은 쉴 새 없이 카톡을 하고, 아빠는 디엠비로 축구를 보고, 엄마는 인터넷 검색을 하면서 밥을 먹더군요. 넷 모두 각자의 스마트폰만 쳐다볼 뿐, 처음에 음식 주문할 때 빼고는 식사가 끝날 때까지 정말로 단 한마디도 서로 나누질 않았습니다. 언제부턴가 한국에서 이런 풍경을 자주 볼 수 있습니다. 가족이든 연인이든 친구든 식당이나 카페에 와서 고개를 숙이고 말없이 각자의 스마트폰에만 열중합니다. 마주 보고 앉아서 서로에게 카톡을 날리는 나누는 젊은이들도 자주 보았습니다.

지하철에서도 같은 광경이 연출됩니다. 농담 삼아 이야기하면, 우리나라 지하철을 탄 사람은 두 부류로 구분될 수 있습니다. 즉 '전화기를 보는 사람'과 '자는 사람' 말입니다. 그러니까 한국인들은 지하철 안에서 전화기를 두들기거나 아니면 잔다는 이야기입니다. 한편, 책 읽는 사람을 발견하기란 그야말로 가물에 콩 나듯하지요. 조금 과장된 묘사이긴 하겠지만 이러한 지하철 안 풍경이 대체로 사실이라는 것을 여러분들도 잘 아실 겁니다.

이처럼 한국인들은 오프라인인 삶의 터전에서 끊임없이 온라인 접속을 하고 있습니다. 하루 종일 인터넷에 접속한 상태로 실시간 검색어에 지배당합니다. 일상을 장악한 '실시간 검색'의 강력한 힘 앞에 '장시간 사색'은 무력합니다. 인터넷에서 얻는 무분별하고 불필요한 정보도 범람합니다. 그 정보들이란 게 자극적이고 단편적인 것들이 많지요. 하지만 뇌에 입력되는 정보량이 많아질수록 스트레스는 급격히 증가하는 법입니다. 정보량은 불행의 크기와 비례할지도 모릅니다. '정보'라는 이름으로 묶인 부유하는 이미지와 텍스트들로 우리 삶의 불행이 조직되고 있는 건 아닐까요?

일상에서 멍 때리기를 스스로 배려하지 않는 것은 삶을 불행하게 만드는 결정적 요인입니다. 좀 거창하게 비유하면, 장자가 말하는 '坐忘座忘, sitting in the forgetfulness'이 곧 '멍 때리기' 아닐까요? 하루에 몇 시간만이라도 휴대폰을 끄고, 내 몸도 로그아웃하고, 멍 때리는 시간을 가진다면 불행의 속도를 현저히 늦출 수 있을 겁니다. 멍 때리기를 두려워하지 마시기 바랍니다.

자존감을 지키는
문화 영웅들

지금까지의 제 이야기를 들은 이들 가운데에 어떤 분은 "그러면 당신이 제시하는 해결책은 무엇인가?"라고 물을지도 모릅니다. 또 어떤 이는 "지식인이라면 대안까지 제대로 제시해야지 그런 식으로 비판만 하면 안 된다"고 다그칠지도 모르겠군요. 그러나 가치관이나 세계관처럼 정신에 관련된 근본적인 문제들은 쉽게 답을 낼 수 있는 게 아닙니다. 정신은 물질이 아니라서 탈바꿈하려 할 때 누구나 동의할 만한 명쾌한 해결책이 나오기가 쉽지 않습니다. 몸에 번진 암세포는 도려내면 문제가 해결되지만 정신은 그런 식으로 바꿀 수 없지 않습니까?

또 어떤 이는 이렇게 제안하기도 합니다. 폐유가 문제라면 유교에서 문제가 되는 부분은 잘라내고 장점은 키워 가면 되지 않겠느냐고 말입니다. 마찬가지 관점에서 우리의 전통에서 단점은 베어 버리고 장점만 살리면 되는 것 아니냐고 주장하는 이들도 있을 겁니다. 그러나 그것은 매우 일차원적이고 피상적인 생각입니다. 전통이나 유교를 죽은 물체로 보고 있기 때문이지요.

어떤 사상 체계든지 정신적인 것은 전체가 한데로 연결되어 있습니다. 따라서 오염된 부분만 도려내는 것은 불가능합니다. 문제가 있다면 전체에 다 있는 것이지 어느 한 부분에만 있는 게 아니라는 얘깁니다.

제삿날 조상들은 어디에 있는 걸까

"해피 설날!" "풍성한 한가위 보내세요."

명절이 다가오면 서로 인사를 합니다. 하지만 누구다 다 알지요. 현실은 전혀 그렇지 않다는 걸 말이죠. 명절은 아이들이나 좋아하지 성인들 대개는 즐거움은 잠깐이고 '명절 노동'에 시달립니다. '명절지옥'이라고 말할 정도니까요. 특히 여성들의 고통은 항상 심각합니다. 제사 준비는 여자들만 하고 남자들은 먹고 놀기만 한다고 불만이 많습니다. 친정에도 가야 하는데 시부모 눈치 때문에 선뜻 나서지도 못합니다. 그래서 명절을 치르고 나면 '힐링'을 받아야 한다는 이야기가 나오고, 그동안 쌓인 불만이 폭발해 이혼하는 사람들도 있습니다.

명절 증후군의 핵심에는 제사가 있습니다. 제사만 간소화해도 여성들은 물론이고 남성들도 훨씬 편해지고 갈등이 현저하게 줄어들 겁니다. 그런데 우리는 제사를 어찌하지 못합니다. 그냥 이전에 하던 대로 할 뿐이지요. 그런데 엄밀히 말해, 현대 사회에서 제사는 안 지내도 상관없습니다. 제 발언이 좀 과격했나요? 제사에 관해서는 책 한 권이 필요할 정도로 할 이야기가 많습니다. 여기서는 간략하게 살펴보지요.

조선 유교 사회에서 제사는 없어서는 절대로 안 되는 중요한 의례였습니다. 많은 사람들이 조상을 추모하는 의례 정도로만 알고 있는데 사실 제사란 대단히 정치적인 행위입니다. 조선의 정치가 무엇입니까? 조선은 유교식 가부장제로 나라를 다스렸습니다. 나라에 임금이라는 가부장이 있다면 집안에는 아버지라는 가부장이 있습니다. 임금과 마찬가지도 가부장은 절대 권력을 가졌고, 가족들은 가부장에게 절대적으로 복종해야 했습니다. 제사는 가부장에게 초월적인 권력을 실어 주는 대단히 정치적인 행사였습니다. 제사를 지냄으로써 조상들의 모든 초월적인 권력은 가부장에게 집중됩니다. 따라서 어느 누구도 가부장을 거역할 수 없게 됩니다. 조선은 이 제도를 근간으로 국가를 통치한 나라입니다.

수업 시간에 학생들에게 제사를 누구에게 드리느냐고 물으면 아주 당연한 듯이 전부 '조상들'이라고 답합니다. 틀린 답은 아니지만 더 정확해야 합니다. 그냥 조상들이 아니라 아버지나 남편, 즉 남자들의 조상이지요. 엄마나 아내, 즉 여자들의 조상이 아닙니다. 여성들은 배제되고 철저하게 남계 중심으로 돌아가는 것, 이게 바로 가부장제입니다. 조선은 이 제도를 가지고 정치를 한 것이지요.

자, 그런데 지금은 어떻습니까? 현대 민주사회는 가부장제로 정치하는 게 아니라는 것은 삼척동자도 압니다. 물론 지금 우리나라의 정치에는 유교식 가부장의 잔재가 많이 남아 있습니다. 가장 대표적인 것이 한국에서는 모든 권력이 대통령에게 집중되는 것입니다. 말로는 삼권 분립이라 하지만 항상 모든 권력 위에는 가부장인 대통령이 있습니다. 그러나 어떻든 현대 한국은 조선식의 가부장제로 움직이는 나라가 아닙니다. 그렇다면 그 당연한 논리로 제사라는 걸 지낼 필요가 없는 겁니다.

물론 제사에는 종교적인 측면도 있습니다. 자신의 뿌리를 확인하고 자신에게는 조상들의 유구한 생명줄이 이어져 오고 있다는 걸 확인하는 것이죠. 그래서 그분들을 위해 음식을 차리고 절을 합니다. 그런데 이때 올리는 음식은 모두 살아 있는 사람들이 먹는 음식들입니다. 한국인들은 조상들을 살아 있는 존재로 생각하기 때문입니다. 얼굴도 뵌 적 없으며 아무리 오래전에 타계했어도 제사 때만큼은 그분들을 살아 있는 사람으로 생각합니다. 무덤 앞에서 산 사람이 먹는 음식을 차려 놓고 제사를 드리는 것도 마찬가지입니다. 제사 순서를 보면 제수를 드시게 하는 순서가 있습니다. 이것은 실제로 조상들의 영靈이 와서 음식을 들게 하는 것입니다.

그런데 생각해 보세요. 얼마나 앞뒤가 안 맞는 짓인지 말이죠. 유교에서는 인간의 영을 인정하지 않습니다. 죽으면 인간의 정신은 다 흩어져 사라집니다. 그런데 제사 때에는 영이 내려와서 음식을 먹는다는 게 무슨 말입니까? 아니, 영을 인정하지 않더니 왜 그날만 조상령을 인정하는 걸까요? 게다가 영이 있다면 일 년 동안 어디 있다가 왜 그날에만 온단 말입니까? 또 어떻게 영이 물질인 음식을 먹을 수 있다는 말입니까? 백번 양보해서 영이 와서 음식을 먹는다고 합시다. 그렇다면 매일 세 끼를 다 차려 드려야지 왜 일 년에 한두 번만 차려 줍니까? 그 나머지 날들에 그들은 무엇을 먹고 지내나요? 이렇게 가만히 생각해 보면 제사라는 의례에는 이해할 수 없는 것이 많습니다. 이것은 유교 교리 자체에 있는 문제이기도 하지만 기본적으로는 제사가 정치적인 의례이기 때문에 그런 모순들이 크게 문제되지 않았기 때문일 것입니다.

그러니 제사 음식은 그다지 중요한 게 아닙니다. 요즘 같은 세상에 무슨 조상령이 와서 음식을 먹고 어쩌고 하는 것을 믿습니까? 그야말로 옛날 호랑이 담배 피우던 시절의 이야기에 불과하지요. 이런 배경을 이해했다면 제수 차리는 데에 그다지 신경쓰지 않아도 괜찮다는 걸 알 수 있을 겁니다. 그러면 어떻게 하면 좋을까요? 부모님들이 평소에 즐겨 드셨던 음식을 간소하게 차려 놓고 부모님을 회상하면 됩니다. 우리가 평소에 먹던 음식을 차리자는 말이지요. 그러면 제수 장만하는 데 한결 편해지지 않을까요?

이미 천도교와 원불교에서는 각종 의례에서 음식을 말끔히 치워 버렸습니다. 대신에 정수, 즉 깨끗한 물을 올리고 제를 지냅니다. 제사라는 것은 정성이 중요한 것이지 거기에 차려 놓은 음식이 중요한 게 아니라는 것을 이들 종단에서는 꿰뚫어 안 것입니다. 우리 전통에는 이미 이렇게 옛 전통을 과감하게 혁신한 사례가 한두 가지가 아닙니다. 그런데 우리가 그것을 잘 모르고 한참 시대에 뒤떨어지는 조선 시대 것을 고집하고 있습니다.

우리의 제사 의례는 참으로 허례입니다. 그렇게 음식을 한껏 차려 놓고 10분 내지 15분도 안 되는 시간 동안 제를 마치고 나서 하는 일이 뭡니까? 그 다음부터는 오로지 먹기에 바쁩니다. 먹으면서 무슨 이야기를 나눕니까? 대체로 음식 아니면 정치 얘기를 늘어놓습니다. 집안 재산을 둘러싼 말다툼도 명절의 단골 레퍼토리이지요. 그러다가 애꿎은 조카들에게 매년 똑같은 질문을 던집니다. 너 올해 몇 학년이냐, 공부 잘하냐, 결혼은 언제할 거냐……. 진짜 궁금해서가 아니죠. 푸짐한 음식상 앞에 앉아서 서로들 별달리 할 말이 없다 보니 애들한테 말을 거는 겁니다. 애들은 쭈뼛거리다가 후딱 밥 먹고는 자리를 일어납니다.

도대체 제사를 받은 조상들은 어디로 간 겁니까? 왜 우리는 제삿날에도 조상들에 대해 관심이 없는 것일까요? 우리는 노상 이렇게 살아 이게 얼마나 부조리한 일인지 모르지만 한국의 실정에 밝은 외국인들은 금세 우리 제사의 허망함에 대해 지적을 합니다. 앞에서도 언급했던 페스트라이쉬 교수가 그러더군요. 한국인들은 제사가 끝난 다음 왜 조상들에 대해서는 한마디도 안 하고 먹는 얘기만 하느냐고요. 저도 가만히 생각해 보니 그의 지적이 맞습니다. 우리는 명절이나 기일 때 제사 지낸 다음 조부모나 부모의 사진첩 등을 꺼내서 보거나, 살아생전 그분들이 어떤 분들이었는지 이야기 나누며 추억하지 않습니다. 그저 먹는 데 열중하고, TV를 보거나 그것도 지겨우면 둘러앉아 화투나 치지요.

이 글을 쓰는 2014년 추석, 저희 집안의 제사 풍경도 아주 똑같습니다. 조상을 추모하러 모인 게 아니라 남들이 다 제사 지내니까 관습대로 모여서 공연히 음식 만들어 먹고 온갖 잡담만 하다가 시간 되면 각자 집으로 돌아갑니다. 장례 치를 때 고인은 없고 문상객들이 잡담 나누다가 헤어지는 것과 하등 다를 바 없는 모습입니다. 저는 제사 때마다 우리 사회문화의 공동화 현상을 다시금 확인하는 듯합니다.

이처럼 고되고 스트레스만 쌓이는 제사를 바꾸는 작은 시도는 우리 각자가 시작할 수밖에 없습니다. 변화를 꾀하는 작업은 사람마다 다를 터이니 한 가지로 딱 부러지게 이야기할 수는 없겠지요. 제수를 힘들게 장만하지 말고 그냥 평소에 차리는 정도로만 한다든가, 명절 때 하루만 같이 지내자고 한다든가, 시댁과 친정을 해마다 번갈아서 먼저 가자고 제안하는 등등 현실적으로 바꿀 수 있는 방법들은 많을 겁니다. 그리고 이러한 변화의 모색은 당연히 여성들의 고뇌를 이해하는 데 중심을 두어야 할 테지요.

세월호 참사는 끝나지 않았다

"대~한민국!"이라는 구호는 한국적 기운이 폭발하여 만들어 낸 가장 한국적인 응원 구호입니다. 한국인들은 너무나 자연스럽게 "대~한민국!"을 박자에 맞추어 외칠 수 있지만 외국인들이 하면 어딘가 어색하게 들립니다. 이 구호가 4박자이지만, 그 안에는 우리의 국악 장단인 3박자가 녹아 들어가 있기 때문이지요. 그래서 저는 이것을 '한국형 4박자 구호'라고 부릅니다. 이런 명품 구호는 절대로 쉽게 나오는 게 아닙니다. 국민들이 하나가 되어 자신들의 무의식 속에 들어 있는 전래의 문화적 DNA를 건드리지 않으면 나올 수 없는 것이지요.

기억하시죠? 그전까지 우리는 서양 박자로 구성되어 있는 3·3·7 박수나 1·1·3 박수를 치면서 응원을 했습니다. 다른 나라들, 특히 서양에서는 응원할 때 아직도 이 박자를 씁니다. 원래 이 박자가 우리에게는 낯선 것이었건만 별다른 대안도 없었습니다. 지금은 어떤가요? "대~한민국!"이라는 한국형 구호가 서양식 박자를 이겨내고 한국인들 뇌리에 각인되어 있지 않습니까? 바로 이런 것이 문화의 힘, 즉 문화력이 만든 변화입니다. 이러한 거국적인 움직임이나 폭발을 기대하기는 어려울까요? 그런데 말입니다. 사실은 그런 순간이 이미 우리에게 와 있었습니다. 눈치 빠른 독자는 짐작하셨을 테지만, 그것은 2014년 4월에 있었던 세월호 침몰 사건이 아닐까요?

세월호 사건은 대한민국이 더 이상 지금 같은 상태로 계속해서 가면 안 된다는 걸 극명하게 보여준 것 아닌가 하는 생각입니다. 제 눈에 이 사건은 한국인들이 그동안 열심히 노력해서 경제적인 기적은 이루었지만 그에 걸맞은 사회문화를 만들어 내지 못했으니 총체적으로 반성하고 문화를 밑에서부터 완전히 새롭게 세우라고 하늘이 엄명을 주는 것 같습니다. 그리고 이렇게 참담한 사건을 겪고도 자신을 바꾸지 않으면 한국이나 한국인들은 환골탈태를 하지 못할 것이라고 말하는 것 같습니다. 지금처럼 자신이 불행한지도 모르고 자신들이 만들어 놓은 문화속에 갇혀 불행하게 영원히 살라는 것이지요.

물론 우리가 세월호 문제를 해결하지 못하더라도 나라가 망하는 건 아닐 테지요. 그러나 글쎄요, 아마 더 큰 사건이 터질지 모르죠. 만일 우리가 심기일전해 당면한 문제들을 풀 수 있는 만큼 풀지 않으면 우리는 이처럼 비인간적인 상태에서 계속해서 살아갈 겁니다. 그런데 사건 이후에 정치권을 비롯한 우리 사회에서 일어난 일들을 보면 바람직한 방향으로 가지 않아 큰 걱정이 앞섭니다. 세월호 사건은 우리 한국인들의 마음 즉 정신과 영성을 완전히 바꾸라는 주문인데, 파당으로 나뉘어 상대방만 틀렸다고 하는 정치적인 사건으로 변질되어 가서 안타깝기 그지없습니다. 물론 정치적으로 해결해야 할 일이 많지만 그것에만 국한되어서는 안 됩니다. 우리는 더 근본적인 일을 해야 합니다.

세월호 사건은 정치적인 개혁이나 제도의 개선만을 요구하는 게 아닙니다. 아무리 작고 하찮은 일이라도 자기가 할 수 있는 범위 내에서 국민 개개인이 바뀌지 않으면 제2, 제3의 세월호 사건은 되풀이될 겁니다. 다시 말해, 우리가 자신의 일상 속에서 작은 변혁을 꾀해 스스로 작은 문화적 영웅으로 거듭나지 않으면 이전의 과오를 계속해서 거듭한다는 것입니다. 자기 주위에서 일어나는 일을 잘 관찰해 자신이 아니면 할 수 없는 일을 찾아 조용하게 고치려는 시도를 시작해야 합니다. 국회의원이나 공무원을 탓한다고 문제는 해결되지 않습니다.

세월호 침몰 사건은 한국 사회 전체를 심대한 충격과 비탄에 몰아넣었습니다. 슬픔, 분노, 무기력함 등등이 교차하는 정신적 상처가 깊게 남았습니다. 한편, 대규모 분향소가 차려지자 수많은 사람들이 분향소를 방문해서 슬픔을 나누었지요. 또 많은 이들이 사고 현장에 직접 가서 자원봉사를 하며 조금이라도 힘을 보태려 애를 썼습니다. 그 많은 장면들을 떠올리면 지금도 가슴이 먹먹합니다.

그런데 말입니다. 분향소에 가서 애도만 하고 다시 일상으로 돌아가 변함없이 산다면 그것은 우리가 해야 할 일을 반만 한 것입니다. 함께 슬퍼하고, 그저 눈물 떨구면서 분향한 것만 가지고는 각자의 의무를 다했다고 할 수 없다는 얘깁니다. 그런 행동들이 자신의 내면에서 작은 변화로 이어지지 않는다면 아무 의미가 없다는 것을 알아야 합니다. 분향소나 팽목항을 찾는 일보다 '그럼 나는 이런 사건을 목격하면서 무엇을 어떻게 해야 할까'라는 질문을 던지고 자신이 할 수 있는 일을 찾는 것이 더욱 어렵지만 근본적인 일입니다. 세월호 사건이 우리에게 남긴 숙제는 정치가 해결할 수 있는 게 아닙니다. 구원의 동아줄은 각자가 직접 꼴 수밖에 없습니다.

주위를 한번 돌아봅시다. 예컨대 저는 우리 사회의 생명 경시 현상 혹은 폭력 문화에 대해 항상 걱정을 합니다. 도가 지나친 게 너무나 많지 않나요? 아예 일상적으로 깔려 있습니다. 한 가지 예를 들어보면, 인도 위를 활주하는 이륜차 즉 오토바이 문제입니다. 사실 있을 수 없는 일입니다. 살인적인 흉기가 인도 위를 다니고 있는 것이니까요. 인도 위를 돌아다니는 오토바이를 보면 '저건 작은 세월호 아닌가' 하는 생각이 들기도 합니다.

오토바이 운전자들을 일방적으로 나무랄 순 없겠지요. 서류나 각종 물건을 싣고 달리는 퀵서비스나 음식 배달처럼 대체로 생계형 운전자들이니 과중한 벌금을 물리기도 야박하단 생각이 듭니다. 그렇다고 해서 이를 계속 묵인해야 할까요? 인도를 걷는데도 오토바이에 치일까 뒤를 돌아보며 언제까지 불안해야 할까요? 인도 위 교통사고율이 항상 세계 수위를 기록하는 후진적 상태를 반드시 바꿔야 하지 않을까요?

그런데 더 이상한 건 제가 이 오토바이의 인도 주행이 얼마나 위험한 것인가를 이야기해도 주위 사람들이 그다지 호응하지 않는다는 겁니다. 저는 인도에서 오토바이를 만날 때마다 깜짝깜짝 놀라서 심장이 쿵쾅거리는데 다른 사람들은 대수롭지 않은 모양입니다. 하지만 잘못된 행태는 고쳐야 합니다.

어떤 이들은 이런 사안마다 관련 법규를 강화해서 처벌 수위를 높이자고 주장하지만, 공권력의 단속과 처벌에서 해법을 찾는 것은 문화를 바꾸는 바람직한 방법이 결코 아닙니다. 문화란 장기적이고 자연스럽게 움직이는 것이지 단기간에 강제적으로 바뀌지 않습니다.

자, 방향을 틀어서 생각해 봅시다. 오늘날 한국은 집에서 인터넷으로 주문한 물건이 당일 배송되는 사회입니다. 불과

20~30년 전과도 비교할 수 없을 정도이지요. 왜 이렇게 배달 문화가 발달했을까요? 누구나 예상하겠지만, 한국인들의 조급성과 속도전의 일상, 그리고 편리함의 추구가 가져온 현상일 겁니다. 중국집에 짜장면 시킬 때 "빨리 갖다 달라"고 말하지, "천천히 갖다 달라"고 요구하는 사람이 있나요? 무조건 '빨리', '빠르게'를 지상명령처럼 따른 우리의 일상 태도가 지금의 배달 문화를 만든 것이지요. 여러분들이 이런 진단에 동의한다면, 오토바이의 위험한 인도 주행은 법과 정치가 아니라 문화가 풀어 나가야 하는 문제가 아닐까요?

폭력의 근원은 권위주의 문화다

지금 한국에 만연한 폭력 문화는 도를 넘은 지 오래입니다. 그런데 더 심각한 문제는 우리 사회가 그 폭력에 지나치게 무뎌져 있다는 사실입니다. 인도 위의 오토바이 질주도 엄청난 폭력입니다. 그런데 우리는 어떤가요? 위험에 노출되어 있어도 그냥 받아들이지 않나요? 이처럼 우리 주위에 폭력이 일상화되어 있는데도 사람들이 아무 조치도 안 하는 것은 우리가 그만큼 폭력에 무뎌져 있는 탓입니다.

저는 그 가운데 가장 일상화된 것으로 TV가 전파하는 폭력을 꼽습니다. TV는 누구에게나 노출되기 때문에 영향력을 가늠하기 힘들 정도로 그 파급 효과가 대단합니다. 제가 문제 삼고자 하는 건 코미디 프로그램들입니다. 한국인들은 코미디를 굉장히 좋아합니다. KBS 〈개그콘서트〉 같은 프로그램은 시청률이 20퍼센트에 육박합니다. 코미디 프로그램은 다른 선진국에서는 케이블 채널에서나 하지 지상파에서는 잘 방송하지 않습니다. 그런데 우리는 지상파 방송, 그것도 일요일 저녁 황금시간대에 방영하니 한국인들이 코미디를 얼마나 좋아하는지 알수 있습니다.

그런데 코미디 프로그램에는 음식을 사람에게 마구 던지거나 손으로 목을 조르고 뒤통수를 세게 치는 등 타인의 신체에 폭력을 가하는 장면이 아주 많이 나옵니다. 폭력 강도가 셀수록 관객들은 더 크게 웃습니다. 하지만 남이 맞는 걸 보고 웃는 것은 지극히 비정상적이며 새디스트적인 태도입니다. 우리는 누구에게나 잠재되어 있는 폭력성을 TV가 자극하는 걸 엄중히 경계해야 합니다.

게다가 코미디 프로그램에 등장하는 언어폭력은 물리적 폭력보다 훨씬 더 많습니다. 뚱뚱하다거나 못생겼다거나 얼굴이 크다거나 하는 등 외모를 비하하는 말이 대표적인데 그처럼 인신공격에 해당하는 언어를 TV를 통해 일상적으로 접하는 건 분명 기괴하고도 심각한 일입니다. 물론 일상에서도 타인의 외모에 대해 이러쿵저러쿵 평가하는 말을 하는 게 문화적으로 용인되고 있는 것도 매우 후진적인 모습이지요. 제 학생들 중에는 외국에서 온 친구들도 많은데, 그들이 한국에 와서 매우 크게 놀랐던 일들 중 하나는 한국인들이 얼굴이나 몸매 등 타인의 외모에 대해 아무렇지 않게 말하는 모습이라고 한결같이 말합니다. 취업 이력서에 사진 붙이는 것을 금지하는 나라도 있을 만큼 외모에 대한 차별적 평가는 인권과 직결되는 민감한 문제이니까요. 이처럼 우리 사회 전반에 폭력이 내재화되어 있으니 군대에서도 계속해서 처참한 사고가 발생하는 겁니다.

그렇다면 한국 사회의 어떤 요소가 이렇게 폭력을 부추길까요? 여러 요소가 있겠지만, 저는 권위주의 문화가 가장 큰 역할을 한다고 생각합니다. 이것이 어떻게든 극복되지 않으면 학교나 군대에서의 폭력은 근절되지 않을 겁니다. 한국 사회의 고질적 병폐인 권위주의 문화는 그 뿌리가 대단히 깊습니다. 한국인들이 서로 만나면 노상 나이 따지고 그렇게 해서 확인된 나이를 기준으로 위아래를 나눈 다음 나이 많은 자가 군림하려고 하는 이 권위주의 문화는 유교에서 온 것인데 이것은 반드시 극복해야 합니다.

외국인들이 한국에서 이해하기도 받아들이기도 어려운 것 가운데 하나가 바로 한국의 기수 문화입니다. 무슨 기수를 그렇게 따지는지 피곤합니다. 입학 연도나 입사 연도 따위로 위계를 구분하여 서로에게 대하는 말이나 자세가 결정되는 건 문화적으로 성숙한 자세가 결코 아닙니다. 기수나 나이는 한 번 결정되면 바꿀 수 없습니다. 그러나 인간의 문화는 이런 태생적인 것을 넘어서 사람들이 평등감을 가질 수 있게 발전해야 합니다. 인간들의 관계가 이렇게 생물학적인 것에 매여 있다면 동물과

뭐가 다르겠습니까?

권위주의 문화에서는 폭력이 쉽게 고개를 쳐듭니다. 나이가 많거나 기수가 높은 자가 많은 권한을 갖기 때문에 서로 대등한 관계가 형성되기 어렵습니다. 그런 문화 속에서는 수평적인 토론보다는 수직적인 명령과 복종이 쉽게 들어서고, 자연스럽게 폭력이 수반됩니다. 특히 군대나 경찰 같은 폐쇄적인 계급 사회에서는 말할 나위 없겠지요.

그럼, 폭력 문화의 근간이 되는 권위주의 문화를 없애기 위해 평범한 우리들이 할 수 있는 일은 무엇일까요? 우리가 군대나 스포츠계 등의 조직 문화를 바꿀 수는 없습니다. 따라서 우리가 할 수 있는 범위 안에서 해야 합니다.

권위주의 문화는 많은 것이 언어에서 표출됩니다. 존댓말과 반말을 가려서 쓰는 데에서 나온다는 것이지요. 두 사람 사이에서 한 사람은 반말을 쓰고 다른 사람은 존댓말을 쓰면 이미 이 관계에는 권력이 크게 개입한 것이라 할 수 있습니다. 반말쓰는 사람이 권위를 독점하게 되는 것이지요. 그리고 존댓말을 쓰는 사람은 반말을 쓰는 사람에게 굴종적인 태도를 갖지 않을 수 없습니다. 그러니 이 두 사람 사이에는 평등 관계가 이루어지지 않습니다.

존비어 문화가 회사 경영에 이롭지 않다는 것을 간파한 어떤 경영자는 회의를 아예 영어로 했다고 합니다. 그랬더니 이전보다 의견 교환도 많아지고 토론도 활발해졌다더군요. 영어에는 존비어가 없으니 직급이 낮은 이들이 상급자에게 말할 때 서슴없이 자기 의견을 낸 것이지요.

말이란 게 이렇습니다. 말만 바뀌면 존재 전체가, 더 나아가서 그를 둘러싸고 있는 문화가 바뀝니다. 서양 사회가 평등한 것은 우리말 같은 존비어가 없는 탓도 큽니다. 존비어를 이렇게 고집하는 것은 같은 문화권을 공유하고 있는 동북아시아에서도 우리밖에 없는 것 같습니다. 중국어는 현재 존대어가 없습니다. 그래서 사람들이 매우 평등하게 말합니다. 한편 일본어에는 우리말처럼 매우 복잡한 존대어 체제가 있긴 합니다. 하지만 일본인들은 반말보다는 존대어 중심으로 언어생활을 하기 때문에 우리와는 사정이 다릅니다. 그렇게 보면 같은 유교 문화권 중에서도 우리만 이렇게 권위주의에 젖어 존비어를 쓰고 있는 것이지요. 존비어 문제는 반드시 풀어야 합니다. 그래야 한국 사회의 고질적인 병폐인 권위주의 문화, 그리고 더 나아가서 폭력 문화가 한결 사그라질 겁니다.

우리는 어떻게 해야 할까요? 나이, 직급, 선후배 따지지 말고 모두 '말을 까자'고 할 수 있을까요? 오랜 세월 지속된 한국의 언어 습관상 어불성설일 테지요. 지금 우리가 할 수 있는 건 반말 사용을 아주 제한하는 것입니다. 다시 말하면 사회의 공식 언어를 존대어로 하자는 것이지요. 어떤 상황에서라도 상대방이 나이가 어리든, 계급이 낮든, 직책이 아래든 그런 것에 관계 없이 반말을 쓰지 않으면 어떨까요? 그러면 권력 관계가 형성되지 않아 권위주의 문화가 많이 희석될 겁니다. 만일 여러분들이 우리 사회의 권위주의와 폭력적인 문화를 조금이라도 개선하고 싶은 생각이 있다면 각자가 충분히 할 수 있는 일이 있습니다. 자신부터 나이가 어린 사람들에게 존댓말 쓰기를 시작하는 겁니다.

물론 반말에는 매력이 있습니다. 반말은 사람을 아주 가깝게 만들지요. 가령 아주 친한 친구나 애인 사이에서는 반말을 쓰는 게 더 좋을 수 있습니다. 그런 특별한 경우가 아니라면, 상대가 세 살 먹은 어린애라도 존댓말을 쓰겠노라 원칙을 세워 실천해 보면 어떨까요? 아마 새로운 체험을 하게 될 겁니다. 존댓말을 쓰면 상대방에 대한 공경감이 자연스럽게 우러나오니까요.

우리 사회의 이런 고질적인 권위주의 문화 혹은 생명 경시 풍조를 언어문화를 바꿈으로써 개선하려는 시도가 없었던 건 아닙니다. 진즉에 있었지요. 소파 방정환 선생이 그 주인공입니다. 선생은 전 인류사에서 어린이 운동을 처음으로 한 분으로 이름이 높습니다. 어린이라는 이름도 선생이 새롭게 만들었고 어린

이날도 처음으로 제정했습니다. 선생은 모든 사람은 한울님을 모셨다는 천도교의 교리에 따라 그때까지만 해도 물건 취급 받던 아이들을 존대하기 시작했습니다. 당시는 어른들이 아이들에게는 무조건 심하게 하대를 해서 말을 했습니다. 한편 선생은 아주 어린아이들에게까지도 존댓말을 썼습니다. 어린아이도 한울님을 모셨으니 그 한울님을 공대한 것입니다. 바로 이것은 동학의 2대 교주인 최해월 선생의 가르침을 받든 것이지요.

흔히들 오해하고 있는 사실이 있는데, 어린이 운동은 소파 선생 혼자서 한 게 아닙니다. 천도교 교단의 전적인 후원 아래 소춘 김기전 선생과 함께 이 운동을 전개했지요. 소춘 선생은 성자와 같은 분으로 알려져 있는데 북한에서 생을 마감한 탓에 우리에게는 익숙지 않은 인물입니다. 소춘은 소파보다 더욱 철저하게 실천하신 분입니다. 소파는 밖에서는 어린이들에게 존댓말을 하다가 집에 가면 자식들한테는 반말을 했지만, 소춘은 자식들에게도 존댓말을 했다고 하니까요. 자식도 한울님을 모시고 있는데 어떻게 반말을 쓸 수 있겠느냐고 생각하신 것일 테지요. 이 두 분은 이렇게 해서 어린이까지 평등해지는 세상을 꿈꾸고 그것을 직접 실행하셨습니다.

소파나 소천 선생이 하신 것처럼 만일 우리 모두가 존댓말만 쓴다면 사회가 훨씬 부드러워질 겁니다. 또 서로를 지금보다는 더 공경하고 배려하는 사회가 될 겁니다. 방금 전에 본 것처럼 우리 역사에는 이런 시도가 벌써 있었습니다. 그러니 우리라고 못할 게 없습니다. 제 동료 중에도 한국의 권위주의 문화에 심대한 문제가 있음을 깨닫고 제자들에게 존댓말을 쓴 교수가 있었습니다. 그런데 수업은 물론이고 사석에서도 교수가 존댓말을 쓰니 학생들이 몸 둘 바를 모르며 잘 받아들이지 못했다고 하더군요. 하지만 존대어 문화를 어떻게 받아들이느냐에 따라 얼마든지 극복할 수 있는 문제일 겁니다.

왜 자존감에 스스로 상처를 내는가

　우리가 자신을 철저하게 반성하는 것은 꼭 필요한 일이지만 공연히 자신을 낮추어 보아도 안 됩니다. 그런데 제가 보기에 한국인들은 자국의 역사나 문화를 쉽게 비하하고 폄하하는 것 같습니다. 그러니까 너무 지나치게 우리나라만이 무언가 문제가 많은 나라처럼 생각한다는 것이죠. 저는 일찌감치 이것을 한국인의 문화적 패배감 혹은 열등감이라 불렀고, 이런 자기 비하의 감정에서 하루 빨리 벗어나야 한다고 줄곧 주장했습니다. 그런데 여전히 많은 한국인들이 스스로의 역사와 문화를 부정하고 수치스럽게 생각하고 있는 것 같아 매우 안타깝습니다. 이런 사정을 적나라하게 보여주는 상징적인 사건이 최근에 있었습니다.

　2014년 여름, 총리 후보로 나선 한 언론인이 이전에 한 발언이 문제가 되어 후보직에서 스스로 물러났습니다. 그는 우리 역사를 보수기독교적인 관점에서 낮추어 보고 있었습니다. '너희들 이조는 500년 허송세월한 민족이다. 그래서 시련이 필요했고 그 결과 식민 지배가 시작되었다'라는 것이 그의 발언 내용인데,

뒤로 가면 더욱 가관입니다. '식민지가 되었는데도 한국인들이 달라지지 않자 하나님은 6·25라는 시련을 또 주었고, 남북 분단은 안보와 경제발전을 위해 미국에 붙어 있게 하려는 (하나님의) 의도였다'라고까지 말했으니 말입니다. 이 사람이 갖고 있는 사관은 참으로 기상천외합니다. 어떻게 역사를 이처럼 작위적으로 해석할 수 있는지 경악스럽습니다.

많은 이들의 공분을 산 그의 종교적 신념에 관해서는 굳이 여기서 거론하지 않겠습니다. 제가 문제 삼고 싶은 것은 "이조가 500년 허송세월했다"는 발언입니다. 이것은 참으로 어처구니없는 생각입니다. 우선, '이조'가 뭡니까? 어떻게 이조라는 말을 쓸 수 있습니까? 이조라는 말은 일본인들이 조선을 강제 병합해 놓고 우리 황실을 왕실로 격하할 때 붙였던 이름입니다. 그러니 결코 써서는 안 되는 말이지요. 조선이 '이조(李朝)'면 고려는 '왕조(王朝)'이고 신라는 '김조(金朝)'란 말입니까? 이조라는 말을 쓴다는 것 자체가 이 사람의 역사관이 대단히 문제가 많다는 걸 드러냅니다.

하지만 진짜 문제 되는 것은 그 다음 발언입니다. 아니, 조선이 500년을 허송세월했다니요? 단적으로 말해, 우리가 현재 갖고 있는 최고의 명품 문화물인 한글은 어떤 왕조가 만든 것입니까? 고려가 만든 것입니까? 신라가 만든 것입니까? 이 사람이 조선을 이렇게 형편없는 나라로 생각했다면 자신부터 한글을 써서는 안 될 겁니다.

조선은 그렇게 간단한 나라가 아닙니다. 물질적인 면에서는 그다지 발전하지 못했는지 모르지만 '문(文)'에 관해서는 인류 역사에 찬란하게 빛나는 왕조였습니다. 그렇게 말할 수 있는 명확한 증거가 있습니다. 우리나라는 지금 유네스코에 등재된 세계기록유산이 11개가 있는데 그중에 조선 것이 7개입니다. 이 덕에 우리는 9개인 중국을 제치고 아시아에서는 으뜸이며, 세계 5위의 세계기록유산 보유국입니다. 어떤 분야든 중국을 추월한다는 것은 지극히 어려운 일인데 조선은 인문학적인 면에서 중국을 능가한 면이 있었습니다. 그리고 현대 한국인들이 이렇게 기적적인 경제개발을 이룰 수 있었던 것도 우리가 이어받은 조선의 문화가 뛰어났기 때문입니다. 그의 말처럼 조선이 허송세월 보낸 형편없는 나라였다면 불가능한 일입니다.

제가 깊게 우려하는 건 스스로의 역사와 문화를 이처럼 비하하고 자학하는 이들이 돌출적인 몇몇이 아니라는 데 있습니다. 예컨대 최근에도 "이조는 나라 한 번 제대로 못 세우고 망해 버렸다"는 얘기를 들었는데, 저와 같은 대학에 재직하고 있는 어떤 교수가 한 말입니다. 저는 그 말을 듣고 하도 어이가 없어서 아예 대꾸를 안 했습니다. '이조'란 표현도 당연히 거슬리지만,

500년을 지속한 조선이 나라를 제대로 못 세웠다는 인식은 도대체 어디서 어떻게 생겨난 것일까요?

중국을 보십시오. 200년 이상 간 왕조가 많지 않습니다. 중국 역사에 있었던 수많은 나라들은 늘 싸우고 부패하고 그러다가 패망하는 과정을 되풀이했습니다. 그런데 조선은 500년 이상을 갔습니다. 만일 조선의 정치나 문화가 엉망이었다면 그렇게 오래 유지될 수 있었을까요? 우리는 조선에 대해 이렇게 비판적이지만 서양 학자들은 그렇지 않습니다. 그들에 의하면 조선은 상당히 발달된 정치 체제를 갖고 있었기 때문에 500년 이상을 존속한 나라입니다. 저는 이 의견이 옳다고 생각합니다. 조선은 우리가 생각하는 것처럼 그렇게 어쭙잖은 나라가 아닙니다.

조선은 지배 계층인 양반이 부패해서 망한 것이라고 많은 이들이 말합니다. 맞는 말입니다. 하지만 그렇다고 해서 조선 전체를 부정해서는 안 됩니다. 우리가 익히 알고 있는 중국의 많은 왕조들은 물론이고 인류 역사에 존재했던 나라들의 패망 과정은 이와 다르지 않습니다. 특히 중국의 최근세사는 상처투성이입니다. 청나라 말기에 관리들이 너무도 부패해 서양인들에게 엄청난 유린을 당했고, 중국인들은 자존심에 강한 상처를 받았습니다. 그런데 제가 중국인들을 만나보면, 그들은 자기네 과거를 전혀 부끄럽게 생각하지 않습니다. 그리고 가능하면 긍정적인 방향으로 보려고 노력하는 것 같았습니다. 그런데 한국인들은 어떻습니까? 나라가 생기고 망하는 것은 인류사에 보편적으로 일어나는 일인데 우리만 못났다고 자학합니다. 물론 일제 식민 지배의 탓이 크겠지요. 그런데 해방된 지가 언젠데 아직도 그 자학에서 벗어나지 못하고 있다는 말입니까?

우리 역사를 미화하자는 게 절대 아닙니다. 저도 여러 글과 강연에서 조선에 대해 준엄하게 비판할 때가 많습니다. 하지만 후손인 우리가 조선의 나쁜 점만 들추어내 깎아 내리면 어떻게 합니까? 우리의 과거는 우리가 만들어 가야 합니다. 우리 조상들의 문화를 한결 긍정적인 시각으로 보고 좋은 면을 발견하려고 노력해야 합니다. 이 작업은 우리가 하지 않으면 다른 어떤 외국인들이 대신 해주지 않습니다.

예를 든 두 사람처럼 우리의 전통과 문화를 격하하는 건 발전할 수 있는 가능성을 스스로 밟아 뭉개는 짓입니다. 다시 말해, 자국 문화와 역사에 대해 뿌리 깊은 불신과 폄하 의식을 가지며, 서양과 그들의 종교만 좋다는 식의 사대주의적 인식에 빠져 있는 한 우리 문화는 발전할 수 없다는 얘깁니다. 우리가 비상할 수 있는 근거는 우리의 전통문화이기 때문입니다. 문제는 우리 사회에 이 두 사람처럼 생각하는 사람이 적지 않다는 것이지요. 자신들이 문화적 패배주의에 빠져 있다는 사실조차 알지 못합니다. 더군다나 이른바 '사회 지도층 인사'라 불리는 사람들이 곳곳에서 이런 발언을 하니 문제는 더욱 심각합니다.

다른 나라와 민족을 깔보며 오로지 우리의 것만이 훌륭하다는 국수주의적 태도는 마땅히 경계해야 하는 상식입니다. 하지만 그에 못지않게 견지해야 할 자세는 스스로의 역사와 문화를 비하하지 않는 것입니다. 우리는 은연중에 자신들의 자존감을 스스로 깎고 낮추며 상처 내는 사고에 익숙해져 있는 건 아닌지 단호한 성찰이 필요합니다.

이대로 어물어물 살 것인가

예수는 이런 말씀을 했다고 전해집니다. 누군가 예수에게 "밀에 붙어 있는 잡초가라지를 뽑자"고 제안을 한 모양입니다. 그러자 예수는 "잡초를 뽑으면 밀도 같이 뽑히니 지금 말고 추수할 때 분리하라"고 대답했다고 합니다. 유기체란 바로 이런 것입니다. 부분으로 나누어 처방한다고 전체의 형질이 바뀔 수 있는 게 아닙니다. 컴퓨터에 문제가 생겼을 때에도 잘못된 것을 하나하나 고치기보다는 그냥 '밀어버리고' 새 프로그램을 까는 게 근본적인 대책이지요. 하물며 복잡하고 차원 높은 우리의 정신을 도려내고 잘라내고 하는 식으로는 문제를 해결할 수 없습니다.

한국 사회가 당면한 여러 문제들에 대해 지금까지 많은 사람들이 진단과 대안을 제시했습니다. 그런데 항상 보면 진단은 다 훌륭한데, 대안은 용두사미처럼 금세 시들어집니다. 무언가 뾰족한 방책은 나오지 않는 것 같습니다. 특히 사회학자들이 제시하는 해결책은 대체로 이렇게 구성되어 있습니다. 한국의 사회 체제가 제대로 돌아가려면 합리성을 더 높여야 하고 다른 사람들의 의견을 듣고 존중하는 사회적인 분위기가 형성되어야 하며 자기가 속한 작은 집단보다 더 큰 공동체 — 사회나 국가 — 를 우선적으로 생각하는 대승적인 사고를 키워야 한다는 등등이 그것입니다. 간단하게 말하면 이성적이고 조화로운 사회를 만들자는 것이지요. 어디 하나 나무랄 데 없는 말입니다. 그런데 문제는 이런 사회 분위기를 어떻게 만들고 대승적인 사고는 어떻게 기를 수 있느냐에 있습니다. 이에 대한 답이 없다면 아무리 예리한 분석이라도 소용이 없겠지요. 처방 없는 진단일 뿐입니다. 의사가 환자에게 병을 낫게 하는 약은 주지 않고 건강을 되찾은 상태가 어떠하다는 얘기만 하는 것이지요.

또 어떤 사람은 모든 게 교육에 달려 있다고 주장합니다. 교육이 유일한 해결책이라는 것입니다. 하지만 이 역시 피상적인 얘기입니다. 이것은 답이 아니라 그저 문제를 다시 한 번 반복하는 것에 불과하기 때문입니다. 한국 사회가 전반적으로 비합리적으로 돌아가는데 지극히 합리적인 사고를 하는 교사들이 집단적으로 나올 수 있을까요? 물론 그런 교사들도 있겠지만 극히 소수일 테지요.

이런 식의 담론들로는 한자리에서 공회전할 뿐 해결책이 나올 수 없습니다. 교육을 바꾸기 위한 교사가 배양되려면 사회가 이미 합리적이며 타인의 의견을 존중하는 풍토가 조성되어 있어야 가능합니다. 사회 분위기와 문화가 이처럼 마련되어 있다면 그런 교육을 시킬 필요가 없겠죠. 자동적으로 잘 굴러갈 테니까요. 그러니 이런 얘기는 교육이 먼저냐 사회 분위기가 먼저냐 하는 문제로 귀결되는데, 흡사 달걀이 먼저냐 닭이 먼저냐 하는 식의 수수께끼와 같아 결론을 내릴 수 없습니다. 따라서 사회를 교육으로 바꾸겠다는 것은 별다른 해결책이 되지 못합니다.

제가 이 책에서 거듭 강조하는바, 지금 한국인들에게 새로운 가치관이 필요하다는 것은 유교를 대체할 만한 새로운 세계관이 나와야 한다는 얘깁니다. 유교라는 소프트웨어를 모조리 지워 버리고 새로운 프로그램을 깔아야 하는 것이지요. 현재 쓰고 있는 프로그램은 그대로 방치하면서 문제가 되는 부분만 그때그때 도려내는 지엽적인 처방으로는 옛것을 버릴 수 없습니다. 하지만 사람들의 가치관을 단번에 밀어 버리고 새 가치관을 심는 게 쉽겠습니까? 즉 어떤 일정한 사회에 갑자기 새로운 이념이나 종교를 선포해서 정착시키는 건 대단히 어렵고 지난한 일일 테지요. 그렇다고 아예 불가능한 것도 아닙니다.

낡은 가치관을 버리고 새로운 마음가짐을 가진 예를 중국에서 볼 수 있습니다. 신해혁명과 문화혁명 등 중국은 최근 한 세기 동안 과거의 유교적 유산과 단절하기 위해 엄청난 일들을 했

272

습니다. 특히 1966년부터 10년간 파사구破四舊를 슬로건으로 내
걸고 옛것과의 단절을 꾀한 문화혁명은 인류 역사에서도 두드
러지는 사건이었지요. 파사구, 즉 척결 대상이 되었던 네 가지
옛것은 '낡은 사상', '낡은 문화', '낡은 풍속', '낡은 습관'을 말합
니다. 모두 실질적으로 유교와 연관된 것이지요. 그리고 중국 공
산당은 이 공백을 마르크스주의로 채웁니다. 기존에 쓰던 낡은
프로그램을 깡그리 밀어 버리고 새로운 프로그램을 깐 것입니
다. 그 결과 유교의 종주국이었던 중국은 그네들 역사 최초로
유교를 총체적으로 버렸고, 중국인은 그때까지 지녔던 동북아
인의 문화적 정체성과 결별했습니다. 물론 과거의 정체성이 다
없어진 것은 아닐 테지만 중국인은 근본적으로 다른 인종으로
거듭난 것이지요.

그런 까닭으로 생각되는데, 한국인들은 오늘날 여전히 일본
인과는 아시아적 친연성을 꽤 느낄 수 있는 반면 중국인을 만
나면 문화적인 친밀성을 별로 갖지 못합니다. 그들은 과거의 중
국인도 아니고 그렇다고 서양적인 합리적 정신을 가진 사람들
도 아니고 아주 독특한 정체성을 가진, 우리와는 사뭇 다른 (동
북)아시아인이 된 것입니다. 그중에 가장 극적인 건 정치 체제가
아닐까 합니다. 중국의 정치 체제는 공산당 일당독재이면서 나
름대로의 합리적인 체제를 갖춘 것으로 유명합니다. 유교적 왕

정에도 없고 서양의 민주주의 전통에도 없는 아주 독특한 것이지요. 굳이 말하면 두 가지 체제가 중국식으로 합해진 것이라고나 할까요?

유교에 함몰되어 있던 전근대기의 중국에서 여성 차별은 엄청난 것이었습니다. 한국인들은 조선이 세계 여러 나라 가운데 여성을 가장 잔혹하게 억압했다고 생각하곤 하는데, 이는 사실이 아닙니다. 여성 억압에 관한 한 중국은 조선보다 몇 수 위입니다. 그 적나라한 예가 여성의 전족纏足 아닙니까? 전족을 직접 볼 수는 없고 사진을 통해서라도 보면 그 기괴함에 말을 잊습니다. 발가락이 모두 발바닥 밑으로 말려 들어가 있어 전체 발의 길이가 10센티미터밖에 안 됩니다. 과거 중국인들은 이렇게 여성을 억압했습니다. 그러던 중국이 사회주의 혁명을 겪으면서 남녀평등이 놀랄 만큼 진척됩니다. 어떤 면에서는 외려 여자가 살기 편한 지경이 되었습니다. 이러한 변화는 인간 평등을 주장하는 사회주의 이념에 힘입은 바가 클 테지요. 한국도 끊임없이 남녀평등을 추구해 왔지만 아직 중국이 성취한 수준에는 도달하지 못했습니다. 한국은 아직도 유교의 잔재가 많이 남아 있기 때문입니다.

저는 이러한 중국의 변화가 바람직하다 혹은 그렇지 않다고 말하려는 게 아닙니다. 여기서 강조하고 싶은 것은 다만 중국에서 일어난 정도의 개혁이 있어야 새로운 가치관이 나오고 그에 따라 사회에 전대미문의 변화가 생긴다는 것입니다. 새로운 이념이나 종교를 가지고서 과거의 소프트웨어적인 프로그램을 밀어 버린다는 게 얼마나 큰 변화를 가져오는지 중국의 예를 통해 확인해 보자는 겁니다.

이와 대조해서 볼 때 한국은 지금 사회를 전반적으로 지배하는 종교나 이데올로기가 없을 뿐만 아니라 앞으로도 나올 확률도 거의 없습니다. 그러니까 신라나 고려 때 불교가 차지하던 위치나 중국에서 공산주의가 차지하는 비중을 가진 종교나 이념이 한국에 새롭게 나타날 확률이 없다는 것이지요. 하지만 현실은 그렇더라도 '그러면 우리는 어떻게 할 것인가'를 자꾸만 드러내고 공론화해야 합니다.

한국 사회의 정신적 '구제'는 빠른 시일 안에 이루어지지는 않을 겁니다. 정신이나 문화에 관한 일들은 아주 긴 호흡을 갖고 가야 하기 때문입니다. 수십 년 정도는 기본일 테지요. 제대로 정착시키려면 수백 년이 걸릴 수도 있습니다. 조선에 유교가 정착한 과정을 보십시오. 많은 이들은 유교가 조선 초부터 뿌리를 내린 것으로 알고 있는데, 그것은 사실과 거리가 먼 얘깁니다. 상속제나 제사권의 변화로 볼 때 유교는 조선에 들어온 지 250년 내지 300년 뒤에 가서야 정착됩니다. 무릇 새로운 사조는 이렇게 오랜 기간이 지난 다음에야 정착되는 법입니다.

그러면 시간이 이렇게 많이 걸린다고 해서 우리는 지금 아무 일도 할 수 없는 것일까요? 답을 쉽게 찾을 수는 없지만 그렇다고 해서 아무 노력도 하지 않고 가만히 있을 수는 없습니다. 지금처럼 어물어물 살다가는 행복해질 수 없을 테니까요.

남이 아닌 나에게 시선을

그렇다면 우리는 무엇을 어떻게 해야 할까요?

만일 우리가 아무것도 하지 않는다면 우리 한국 사회는 계속해서 이대로 갈 것입니다. 그러니까 개개인이 진정으로 행복해질 수 있는 기회는 생기지 않는다는 것이지요. 우리들은 여전히 자신들이 만들어 놓은 문화에 갇혀 옥죄인 상태로 살게 될 겁니다. 한국인들은 일상 속에서는 기쁨을 느끼지 못하고 술에 의지하거나, 또 쇼핑만 다니거나 아니면 골프에만 열중하거나, 휴가 때 떠날 해외여행만 고대하는 등 비일상적인 것들에서 얻는 잠깐의 행복을 위해 살 겁니다. 이런 특별한 경우에만 잠시 행복할 뿐이고 대부분의 일상에서는 비인간적으로 살아간다는 것이지요.

일전에 영국 경제 주간지 『이코노미스트』의 서울 특파원을 지낸 다니엘 튜더Daniel Tudor라는 이가 한국에 관해 책을 냈습니다. 『Korea: The Impossible Country』라는 제목의 책인데, 외국 언론인이 한국을 어떻게 보는가에 대해 관심이 있는 독자들은 한 번쯤 이 책을 보아도 좋을 듯합니다. 저자는 이 책에서 최빈 국이었던 한국이 세계적인 수준의 경제 대국을 만들어 내는 데 에는 성공했지만 그 대가 역시 만만치 않다고 말합니다. 저자가 말하는 대가는 '무한 경쟁'이라는 강박입니다. 자세한 내용은 책을 참조하시기를 바랍니다만, 이 사람의 생각은 앞에서 제가 분석한 것과 그리 다르지 않습니다. 한국은 이미 선진국 반열에 올랐는데도 무한 경쟁은 그칠 줄 몰라 한국인들은 가없는 스트 레스를 겪고 있다는 것입니다. 그에 따르면 한국은 세계에서 가 장 경쟁적인 사회이며 그 당연한 결과로 그 속에 살고 있는 한 국인들에게는 이 한국이 너무나 가혹한 곳입니다.

제가 지금 말하고 싶은 것은 이 책의 내용이 아니라 제목입니 다. 원제를 그대로 직역하면 "한국, 있을 수 없는 나라" 정도가 되겠지요. 그런데 이 책의 한국어판 제목은 "기적을 이룬 나라 기쁨을 잃은 나라"입니다. 제가 보기에 출판사에서 제목을 잘 뽑은 것 같습니다. 한국인이 이룬 경제적인 성과는 분명히 기적 입니다. 한국의 경제 기적에 대한 세세한 언급은 필요 없을 겁니 다. 다만, 한국전쟁 직후 1인당 국민소득이 60불 언저리였던 세 계에서 가장 가난한 나라가 불과 50년 만에 국민소득은 약 380 배, 국가총생산량은 약 750배나 되는 성장을 했다는 사실 정도 만 봐도 충분히 알 수 있을 테지요. 이런 성과는 과거에 다른 어떤 나라도 이루지 못한 것입니다. 제2차 세계대전 후에 독립한 수많은 신생국들이 경제 발전을 하려고 나름대로 노력을 기울였지만 그것을 성공해 선진국에 진입한 유일한 나라가 한국이니 기적이라고 하지 않을 수 없습니다.

어쨌든 한국이 이룩한 경제적 성취를 빗대어 "기적을 이룬 나라"라고 했는데, 뒤이어 "기쁨을 잃은 나라"라는 말이 대구를 이룹니다. 기적을 이루었으나 기쁨 즉 행복을 잃어버리고 말았다는 뜻이겠지요. 그런데 어디에서도 또 누구에게서도 대안을 찾을 수 없으니까 그냥 관성대로 남들과 같이 사람 피를 말리는 문화 속에서 허덕이면서 살고 있는 겁니다. 더구나 한국인들이 이 상태로 계속 살아간다면 기쁨과 행복을 되찾기란 힘들 터이니 사정은 더욱 비관적입니다.

하지만 출판사에서 제목을 이렇게 정한 것처럼, 한국인들 스스로가 문제를 알고 있다는 점에서는 위안을 삼습니다. 문제를 모르고 있으면 영원히 고치지 못하지만 알고 있으면 고칠 수 있는 가능성이 분명히 있기 때문입니다. 여기서 정부가 제시했던 '국가 개조' 같은 거창한 국가 대계나 대대적인 문화 융성 따위는 말하지는 않겠습니다. 이런 것은 항상 구호만 거창할 뿐 속이 없습니다. 2014년 4월 세월호 사건을 겪은 정부가 국가 개조를 하겠다고 나섰는데 정작 개조 대상이 자기들인데 누구를 개조하고 국가를 어떻게 바꾸겠다고 하는 것입니까? 국가가 무슨 고장 난 자동차입니까? 국가라는 거대한 사회는 잘못된 부품만 갈면 고칠 수 있는 기계가 아닙니다. 인간 사회는 모든 것이 총체적으로 연결되어 있는 살아 있는 유기체라 어느 하나만 뜯어내면 문제가 해결되는 그런 것이 아닙니다. 더군다나 지금 우리가 당면한 문제는 가치관, 즉 정신과 관계된 것이라 제도나 조직을 고친다고 풀릴 문제도 아닙니다.

그럼 어떻게 해야 할까요? 이럴 때 한 사람의 위대한 영웅이 나와 이 모든 문제들을 다 해결해 주면 얼마나 좋을까 하는 생각도 해봅니다. 메시아 같은 사람 말입니다. 하지만 인간 역사 속에서 메시아 같은 인물이 얼마나 있었나요? 글쎄요, 제가 아는 바로는 거의 없었던 것 같습니다. 그리고 메시아적인 영웅을 바라는 것은 제 할 일을 남에게 미루는 것처럼 보입니다. 지금 여기서 내가 할 수 있는 일이 분명히 있건만 귀찮거나 용기가 없으니까 자신은 직면하지 않는 것이지요. 자신은 회피하기만 하면서 누가 대신 해주기를 바라는 겁니다. 보통사람들이 대개 그러합니다.

메시아에 대한 열망과 부합되는 것은 아닙니다마는 비슷한 점이 있어 한번 얘기해 보겠습니다. 한국인들은 우리나라 현실이 이렇게 엉망으로 된 것은 정치가 잘못되었기 때문이라고 첫 번째로 말합니다. 그래서 그 원흉으로 국회의원을 꼽습니다. 우리나라 정치는 저질 국회의원들이 다 망쳤다고 말입니다. 여의도 국회의사당만 폭파하면 한국의 정치적 상황이 훨씬 더 좋아질 것이라는 망상적인 극언을 하는 이도 있습니다.

이렇게 말하는 사람들은 보통 이런 식으로 말합니다. 우리나라 국민들은 다 착하고 훌륭한데 국회의원들이 나쁘고 문제라고 말이죠. 그런데 말입니다, 이게 말이 됩니까? 국회의원들을 뽑은 게 누굽니까? 우리들 아닙니까? 왜 우리가 뽑은 사람들을 우리가 욕합니까? 제 얼굴에 침을 뱉는 격이지요. 정확히 말해서 국회의원들이 저질이라면 국민들이 저질이기 때문입니다. 정치는 우리의 상황이나 수준을 정확히 대변합니다. 지금 한국처럼 비정상적인 사회에서 정치만 제대로 작동될 리가 없지 않습니까? 정치인들을 싸잡아 비난하는 것은 우리들 자신이 해야할 일은 등한시하고 모든 책임을 그들에게 전가하는 것일 뿐입니다. 즉 우리 자신들은 올바르고 문제가 없다는 것을 확인하려는 속셈 때문인 것이지요.

이것은 자신 속에 들어 있는 나약함이나 악을 보지 못하고, 혹은 그것을 보았어도 인정할 용기가 없어 밖에 있는 다른 사람에게 투사하는 것입니다. 용기 없는 행위이고 어리석은 판단이지요. 이렇게 살면 일단은 편하지만 나 자신에게는 어떤 변화도 오지 않습니다. 자신이 바뀌기 싫은 나머지 모든 잘못을 남 탓으로 돌렸으니 자신은 행동하지 않을 테지요. 그러니 자신에게 무슨 변화가 있겠습니까? 나는 절대 안 바뀔 테니 문제가 있는 당신이 변하라고 요구하는 것입니다. 그럼, 비난 받은 사람은 또 어떻게 하겠습니까? 그 사람도 똑같은 일을 합니다. 노상 남 탓만 하고 자신을 바꾸기는 거부하지요. 눈부신 경제발전을 해놓고도 우리가 불행하게 사는 건 이런 이유 때문입니다.

오늘날 한국 정치는 좌파左派니 우파右派니 하면서 각 정파들이 각자 목소리를 내는 듯싶지만 제가 보기에 우리나라 정치에는 이념적인 정파가 존재하지 않습니다. 대신에 이념과는 아무 관계없는 자파自派만 있습니다. 다른 파는 결코 인정할 수 없고 자기네들 파만 옳다고 우기는 것이지요. 이렇게 편 가르기를 심하게 하는 것은 내가 속한 우리 당파는 무조건 옳고 다른 당파는 무조건 틀리다고 생각하기 때문입니다. 이처럼 자기 이념이라고는 없을뿐더러 무조건 남 탓만 하는데 정치가 발전할 리 있겠습니까?

우리 국민들도 마찬가지입니다. 정치가 잘못되는 이유를 국회의원에게 다 뒤집어씌우고 정작 자신들은 바뀌려 하지 않습니다. 오지 않을 메시아를 기대할 필요 없듯이 국회의원들에게도 기대할 것 없습니다. 우리가 바뀌어야 국회의원도 바뀝니다.

물론 그들이 일을 제대로 하는지 매섭게 감시해야 합니다. 그러나 그 매서운 눈을 자기 자신에게로도 돌리는 것을 게을리해서는 안 됩니다. 그래야 진정한 변화가 일어납니다. 자, 지금 우리 주위를 돌아봅시다. 그리고 할 수 있는 일을 생각해 봅시다. 모든 변화는 바로 나로부터 생겨납니다.

이제, 가장 고질적인 병폐인 남 탓하는 일은 그만합시다. 사회의 커다란 변혁도 기대하지 맙시다. 구세주가 별안간 등장할 리도 없거니와 혁명이 일어나지도 않을 겁니다. 만일 구세주가 온다면 사회는 엄청난 혼란에 빠질 것이며, 혁명이 일어난다면 많은 이들이 희생당할 겁니다. 역사가 이를 증명합니다.

따라서 우리는 다른 방법으로 이 사회의 변화를 꾀해야 합니다. 무엇인가를 바꾸어야 하는데, 그럼 어디서부터 시작할까요? 불특정 남others이 스스로 바뀔 리도 없습니다. 남이 바뀌기만 기다리는 한 이 사회에는 어떤 변화도 일어날 수 없습니다. 그렇다면 답은 이미 나온 것이나 다름없습니다. 나부터 바뀌어야 합니다. 변화의 중심은 언제나 나이기 때문입니다. 나를 먼저 바꾸지 않고 다른 사람이 바뀌기를 기대하는 것은 일의 선후가 잘못된 것입니다. 다른 이들이 어떻게 하나 두리번대지 말고 변화의 기준과 출발점을 자신에게 설정해야 합니다.

그렇다고 거창하게 자신을 완전히 바꾸자는 게 아닙니다. 그저 겸허한 마음으로 아주 작은 것부터, 그러나 결연한 마음으로 소규모로 시작하자는 겁니다. 글쎄요, 조금 다르게 표현해서 우리 하나하나가 작은 영웅 혹은 불씨가 되자는 것이라고나 할까요? 행복의 선결 조건인 우리의 자존감을 키우기 위해 작지만 단호하게 움직이자는 얘깁니다.

우리는 앞에서 우리 사회에 만연해 있는 수많은 문화적인 적폐積弊에 대해 보았습니다. 결혼식이든 장례식이든 아니면 교육계든 종교계든 폐유의 저질 문화만이 횡행하고 있는 것을 목격했습니다. 우리가 할 일은, 또 할 수 있는 일은 이런 폐유의 문화에 대항해서 아주 조금씩 바꿔 나가는 것입니다. 이렇게 하려면 남이 어떻게 하든 나는 나의 자존감에 맞추어 행동하겠다는 고집스러움이 조금이라도 있어야 합니다. 폐유에 맞서기 위해 크게 망설일 필요는 없습니다. 자신이 지금 여기서 할 수 있는 일을 찾아서 그냥 하면 됩니다. 아무리 작은 일이라도 상관없습니다. 어떤 일이든 하는 것이 중요하지 그게 무슨 일인가는 그다지 중요하지 않습니다.

스스로를 구원하는 작은 반란들

여러분들의 이해를 돕기 위해 제 이야기를 하나 들려 드리겠습니다. 저는 2014년 중반 모친상을 당했습니다. 그런데 우리나라 상례는 제가 앞에서 누누이 얘기했듯이 온통 허례허식입니다. 그중 제가 가장 불편하게 여기는 것은 식장에 즐비한 화환들입니다. 제 모친 빈소에도 화환이 많이 들어왔습니다. 하도 많아 다 세 보지는 못했지만, 대략 200개라고 치고 화환 하나 값을 약 10만 원으로 잡으면 화환 값만 자그마치 2,000만 원인 겁니다. 이 돈은 그냥 쓰레기통에 버리는 것이나 다름없습니다. 2~3일 정도 잠깐 세워 두었다가 나중에 재활용하든지 곧바로 폐기 처분하기 때문이지요.

화환이 하도 많이 들어오니까 리본만 떼어 벽에 붙여 놓았는데도 나중에는 자리가 부족하더군요. 저는 그 모습을 보면서 우리 한국인들이 언제가 되어야 합리적인 사고를 생활화 할까 하는 생각에 우울했습니다. 이게 얼마나 바보 같은 짓인 줄은 누구나 다 알지 않습니까? 그런데 왜 우리는 벗어나지 못할까요?

다른 사람이나 기관이 우리를 위해 폐습을 개혁하기를 기다리지 맙시다. 대신 이러한 관습이 잘못됐다는 것을 깨달은 사람이 먼저 화환을 보내지도 받지도 말았으면 합니다. 그런 사람이 자꾸 늘어나면 이처럼 어이없는 폐습은 천천히 사라질 겁니다. 특히 돈이 많거나 권력 있는 사람들이 크게 반성해야 합니다. 이들은 장례식마저 자신들의 세를 과시하기 위해 허장성세를 부리면서 지내는 경우가 많습니다. 그러니 장례식의 허례허식이 개선되기는커녕 더 심한 곳도 많습니다.

내 뜻과 상관없이 남이 보낸 화환을 돌려보낼 수는 없는 노릇이니 화환 주고받는 문화를 당장에 바꾸기는 어렵겠지만, 장례식 치를 때 자신의 의지로 바꿀 수 있고 바꾸어야만 할 게 있습니다. 예컨대 부모상을 당했다면, 공지가 불필요한 사람들에게는 자신의 부모가 타계했다는 소식을 알리지 않는 것입니다. 물론 꼭 필요한 사람들에게는 알려야겠지요. 이것은 장례 규모를 대폭 줄이자는 것과 같은 이야기입니다. 결혼식에도 신랑이나 신부를 개인적으로 잘 아는 사람만 초대하면 좋듯이 장례식에도 고인과 친분이 두터운 사람들에게만 연락하자는 것이지요. 그런데 우리나라 장례식에는 온통 그놈의 체면치레하느라 고인의 얼굴을 한 번도 보지 못한 사람들이 너도나도 오는 경우가 비일비재합니다.

장례식에 사람들을 많이 부르는 것은 전통 사회의 관습이었습니다. 유교 사회에서 부모, 특히 아버지는 가장 중요한 존재였으니 부모의 죽음은 그야말로 가장 큰 사건이었습니다. 그래서 부모가 타계했을 때 사람들은 온갖 준비를 다해 장례를 성대하게 치름으로써 자신이 효자라는 것을 온 마을이나 다른 문중에 과시해야 했습니다. 전통 사회는 가문을 중심으로 한 강한 집단주의 사회였습니다. 그래서 어떤 사건이든 마을 전체가, 또 가문 전체가 움직일 수밖에 없었습니다.

　그런데 지금은 그런 사회가 아니지 않습니까? 지금은 가문도, 마을의 집단주의도 그다지 강하지 않은 현대 사회 아닙니까? 그런데도 왜 그렇게 여러 사람들에게 부고장을 돌려 장례 소식을 알립니까? 특히 큰 회사의 경영자나 학교법인의 이사장 같은 사람이 죽으면 신문에 부고장을 왜 내는지 알 수 없습니다. 게다가 철저하게 아들만 우선시하는 부고장의 양식을 보면 지극히 가부장적이라 이 또한 문제입니다.

　장례식에 무조건 많은 사람들은 부르거나 신문에 부고를 싣는 것은 과거 집단주의 사회에서나 필요한 일이지 지금과는 전혀 어울리지 않습니다. 게다가 고인과 아무 관계없는 사람들이 그들의 죽음에 대해 왜 알아야 합니까? 유족들은 그렇게 해서라도 세를 과시하고 싶은 걸까요? 이것은 한국인의 가치 체계가 변화하는 사회에 제대로 따라가지 못해 일어나는 일들입니다. 그러니까 사회는 최첨단 현대 산업 사회로 바뀌었는데 머릿속은 아직도 조선조 마을 문화에 젖어 있다는 것이지요. 이처럼 현대 한국인들은 새로운 가치관을 아직 만들어 내지 못해 그냥 옛 가치관에 따라 움직이고 있습니다. 그래서 장례식이 아무 영혼이 없는, 의미도 없고 낭비만 하는 기괴한 의례가 된 겁니다.

저는 이처럼 우리 주위에서 벌어지는 장례식의 모습이 하도 어이가 없어 다른 사람은 몰라도 내 부모의 장례식은 그렇게 하지 말자고 굳게 다짐했습니다. 그런데 그 결심을 실행에 옮기는 일이 쉽지 않았습니다. 역시나 유교적 관습 때문에 생기는 벽이 만만치 않았습니다. 첫째가 아니라 셋째아들인 저는 집안에서 발언권이 별로 없습니다. 아시다시피 유교적인 가부장 집안에서는 장남이 절대 권력을 갖지 않습니까? 모두들 장남 눈치만 보지요. 저희 집도 전형적인 유교 집안이라 거의 모든 것의 결정권은 장남에게 쥐어졌습니다. 게다가 제 형제들은 남들이 하는 대로 따라 하는 것에 익숙한 관습적인 사람들이라 제가 새롭게 제시하는 방안을 받아들이지 않았습니다.

보통 한국인들이 관습적인 것을 뛰어넘는 일을 하기란 쉽지 않습니다. 제가 뛰어넘을 수 없는 벽은 여기에서 그치지 않았습니다. 부모, 그중에서도 모친은 난공불락이었습니다. 모친 역시 전형적인 유교인인지라 대부분의 것을 장남 위주로 생각했고 장남에게 모든 힘을 실어 주었습니다. 그런 까닭에 저는 어려서부터 집안일에는 그다지 관심이 없었습니다. 내가 어떤 것을 제시하든 통하지 않으니 집안일에는 소극적일 수밖에 없었지요.

바깥에서 보면 제가 한국에서 '한국죽음학회'를 처음으로 만들고 웰다잉well-dying에 대한 책을 여러 권 썼을 뿐만 아니라 죽음에 대한 강의를 많이 하고 다니니 부모의 임종이나 장례, 더나아가서 제사를 혁신적으로 지낼 것이라고 생각할 수 있겠습니다. 그러나 앞서 말한 대로 현실은 전혀 그렇지 않습니다. 제의견을 제시하는 것조차 어려운 상황이었으니까요. 그래서 집안일은 일절 상관하지 않고 형제들이 하자는 대로 조용하게 따르기만 했습니다. 물론 편한 점도 있더군요. 궂은일까지 대부분은 장남(그리고 장녀)이 알아서 하니 말입니다. 이를테면 제 부모들은 고령이 되면서 병원을 제집처럼 들락날락거리고 간병인을 써야 하는 등 힘든 일이 많았는데, 그 일들 대부분을 장남이 감당했습니다. 집안 사정이 이러하니 제가 집안에서 부모의 장례식을 개혁적으로 바꾼다는 건 물 건너간 일이었습니다. 저의 부모장례식도 다른 사람 하는 대로 아는 사람들한테 죄다 연락하고 화환도 들어오는 대로 받고 절차의 진행도 상조회사가 시키는 대로 따랐습니다. 제가 바꿀 수 있는 일은 거의 없었습니다.

하지만 제가 보기에 지금 한국인들이 하는 장례식은 그 규모를 절반 이상은 줄일 수 있습니다. 그렇지 않습니까? 유족들이 죄인도 아닌데 2박 3일 동안 하루 종일 문상객들 받고 음식 대접하느라 장례 한 번 치르면 파김치가 됩니다. 아니, 왜 장례식은 결혼식처럼 하루 날 잡아 한 시간 정도로 끝낼 수 없는 걸까요? 고인을 추모하고 싶은 사람들만 모여 오로지 고인만 생각하면서 엄숙하게 식을 할 수 없을까요? 그렇게 하면 장례식은 식대로 살고 유족들도 공연히 힘들어 하지 않을 수 있는데 말입니다. 또한 그래야만 한 사람의 인생을 의미 있게 끝낼 수 있지 않겠습니까? 도대체 한국인들의 장례 문화는 언제쯤 바뀔까요?

어떻든 저는 몇 해 전 부친 장례식을 맞아 큰 무력감을 느꼈습니다. 내 뜻대로 할 수 있는 일이 거의 없었기 때문입니다. 그러나 가만히 생각해 보니 제가 할 수 있는 일이 없는 것도 아니었습니다. 적어도 나와 관계되는 사람들에게 부친의 부고를 전하지 않을 수 있었습니다. 이것은 제 소관이니 다른 형제들도 간섭할 수 없는 것이지요. 저는 이런 식으로라도 부친의 장례식을 간소하게 할 수 있다고 생각했습니다.

사실 지인의 부고 소식을 들으면 귀찮을 때가 많습니다. 그러나 일단 연락이 오면 문상을 안 가기도 어렵지요. 물론 그 지인과 제가 진짜 친하고 고인도 잘 알면 그런 장례식에는 저도 꼭 갑니다. 그러나 그 이외의 장례식장에는 거의 가지 않습니다. 서로 쓸데없는 왕래는 하지 말자는 생각 때문이지요. 그래서 저도 이 다짐을 실천해 보고자 만일 내가 부모상을 당하면 주위 사람들에게 알리지 않겠다고 굳게 맹세했습니다.

이 대목에서 혹시 오해가 있을 듯싶어 이야기합니다. 내가 꼭 가서 유족들을 위로해야 한다고 생각하는 장례식에는 가는 게 좋겠지요. 그런데 요즘은 그런 장례가 자꾸 줄어듭니다. 현대에 들어와서는 사람들이 수명이 길어져서 오래 살다 세상을 떠나니 그렇습니다. 그래서 유족들도 그렇게 위로를 받을 일이 없습니다. 울음이 사라진 장례식장도 많습니다. 이전에는 빈소에 오면 곡부터 해야 했는데, 지금 그렇게 하는 장례식은 눈에 잘 안 띕니다. 제 부모 장례가 꼭 그랬습니다. 두 분 모두 90세 이상을 살았고 마지막에 몸을 벗느라고 너무 힘들었기 때문에 이승을 떠난 것이 전혀 슬픈 일이 아니었습니다. 특히 제 부친은 마지막 5~6개월을 거의 식물인간 같은 상태로 병원에서 갖은 고생을 하다가 타계했기에 슬플 일이 없었습니다. 외려 이 아프고 지긋지긋한 몸을 벗었으니 축하해야 했습니다. 그때 저는 주위 사람들에게 이렇게 말했죠. 아버지가 돌아가신 게 아니라 몸을 벗고 해방을 맞았다고 말입니다. 그러니 그다지 슬퍼할 일이 없었습니다.

사정이 이러하니 저는 주위 사람들을 공연히 장례식장에 부를 필요가 없었습니다. 그래서 제가 봉직하고 있는 이화여대에는 전혀 알리지 않았습니다. 알리면 또 아는 교수들이 찾아오려고 할 것이고 학교에서는 쓸데없이 조화를 보내 아까운 돈을 낭비할 테니 말입니다. 그런데 어찌어찌하여 정보가 새어 나가서 뒤늦게 같은 과 교수들이 문상을 왔습니다. 저는 그들에게 아주 미안한 감정을 갖지 않을 수 없었습니다. 고등학교 동창회도 마찬가지였습니다. 제 나름대로는 치밀하게 부고를 차단했지만, 동창회 연락망에 소식이 올라왔습니다. 난감하더군요. 그래서 동창 십여 명이 먼 길 마다않고 찾아왔습니다. 굳이 안 와도 될 곳에 발걸음을 했으니 미안하기도 하고 고맙기도 하더군요. 그런데 문상 온 동창들 가운데 제 부친을 생전에 본 친구는 하나도 없었습니다.

이렇게 해서 부친 장례 때에는 부분적인 성공밖에 거두지 못했는데, 그로부터 얼마 후에 이번에는 모친이 타계했습니다. 두 분 다 90세가 넘은 나이라 운명이 언제가 될까 항상 조바심 내고 있었는데 결국 비슷한 시기에 같이 가시더군요. 어떻든 이번에는 제가 생각하는 것을 관철시키기 위해서 부친 장례 때보다 더 용의주도해야 했습니다.

장례식장 측에서 임의로 제 모친의 부고 소식을 신문사에 보냈지만, 이화여대 측에는 제가 공식적으로 말하지 않았기에 그냥 잘 지나갔습니다. 문제는 역시 고등학교 동창회였습니다. 가만있으면 또 어디선가 정보가 샐 가능성이 있다고 생각한 저는 이번에는 제가 먼저 동창회 총무에게 소식을 전했습니다. '내가 모친상을 당했는데 가족회의를 해서 가족장으로 조촐하게 할 예정이니 동창들에게 알리지 말아 달라'고 말입니다. 사실은 거짓말이지만 그렇게라도 안 하면 안 될 것 같았습니다. 간곡히 부탁해서 동창회 조기弔旗도 보내지 말라고 했습니다. 사실 이것 또한 소용없는 물건 아닙니까? 조기를 장례식장에 쭉 진열해서 왜 그렇게 서로 생색을 내는지 알 수 없습니다. 그냥 조용하게 장례를 치르면 정말 안 되는 걸까요?

그 밖에 제자들이나 주변 사람들에게도 일절 알리지 않았고, 혹 어떤 경로로든 소식을 접했다 하더라도 오지 않게끔 한두 사람에게 강력히 전언을 해두었습니다. 어떻든 이렇게 해서 모친 장례식 때는 저의 입장에서는 간소화하는 데에 꽤 성공을 거두었습니다.

제 개인적인 이야기를 다소 장황하게 적은 것은 앞으로 우리의 사회문화를 이처럼 작지만 곳곳에서 개혁하길 바라는 마음에서입니다. 자기가 할 수 있는 범위 내에서 아주 작은 것이라도 좋으니 조금씩 바꿔 나가자는 것이지요. 제 모친 장례식의 전부를 제 뜻대로 이끌지는 못했지만 적어도 제가 할 수 있는 범위와 수준에서는 상당한 성과를 거두었다고 생각합니다. 불행의 문화에 맞서는 데 거창하거나 비장할 필요도 없습니다. 남 눈치 보지 않고 자기의 자존감에 충실하면서 자기식대로 하면 됩니다.

전혀 즐겁지도 않고 행복하기는커녕 불행하게 만드는 일들에 대해 남들이 하는 걸 답습하지 않는 작은 시도들이 처음에는 별 여파나 영향력이 없을 겁니다. 그러나 사회 곳곳에서 일어나는 작은 반란들이 쌓이고 쌓여 임계점을 넘어서면 서서히 사회를 움직이기 시작합니다. 그러다가 그 반란들이 전 국민이 지니고 있는 집단적 에너지나 집단적 지성에 불을 붙이면 어느 누구도 걷잡을 수 없는 움직임이 일어나게 될 겁니다. 물론 여기까지 진화하는 게 절대로 쉬운 일은 아니겠지요. 하지만 문화를 바꾸고 선도하는 건 일개 위대한 영웅이나 정치인이 아니라 사회 구성원들 하나하나가 시나브로 축적한 집단 지성의 힘이란 걸 기억하고 또 기대해야 합니다. 그 작은 반란들이 스스로를 구원할 테니까요.

불행에 맞짱 뜨는 자존감의 탈환을 위하여

자, 이제 종착점에 왔습니다. 여러분들은 우리 사회가 지금 문화적으로 얼마나 피폐되어 있는가를 절감하셨는지 모르겠군요. 만일 제가 이 책에서 분석한 한국 사회의 모습에 동의하신다면 누누이 말한 대로 같이 진전하지 않으시겠습니까? 이것은 우리 개인의 행복을 위한 길이라 피할 수 없습니다. 사회문화가 형편없는데 개인만 행복할 수는 없습니다. 우리가 사회를 변화시키려는 것은 바로 내가 행복해지기 위함입니다.

여러분들은 억울하지 않습니까? 우리나라가 여기까지 오는데 얼마나 많은 땀과 피를 흘렸는데 기껏 이런 문화 속에서 나날이 불행하게 살고 있으니 말입니다. 우리 한국인이 경제 기적은 이루었는데 왜 문화 기적은 못 이루겠습니까? 저는 한국인들의 역량으로 분명히 문화 개혁을 할 수 있다고 생각합니다. 그러기 위해서는 개개인들이 작은 변화를 일으켜야 합니다. 우리 주위에 있는 불행을 주시하고 무엇이 문제인지 잘 생각해 보아야 합니다. 그리고 내 행복의 바로미터가 되는 자존감 회복을 위해서 노력해야 합니다. 남들이 다 관습적으로 살더라도 나는 내 자존감을 살려 내 식대로 살겠다는 이런 마음가짐이 필요합니다. 그렇다고 완전히 새 사람으로 금세 바뀔 수는 없겠지요. 이런 환골탈태는 여간해서 일어나는 일이 아닙니다. 그냥 자신이 할 수 있는 정도만 하면 됩니다.

이렇게 작은 변화를 가져오는 것도 말처럼 쉬운 일은 아닐 겁니다. 전 국민이 다 나서서 할 수도 없습니다. 또 그렇게 되지도 않습니다. 그러나 분명 제 의견에 동의하는 분들도 있을 테지요. 그런 분들이 먼저 움직이면 됩니다. 아주 미미하게라도 말입니다. 큰 강도 그 시원은 작은 샘입니다. 그 샘물이 흐르고 모여서 강과 바다를 만듭니다. 이 작은 샘이 없다면 강도 바다도 없습니다. 우리 모두가 작은 샘이 되어 조금씩만 우리 마음을 흘려보내면 분명히 어떤 변화든 가져올 수 있을 것입니다.

우리가 지금 당면하고 있는 사회문화는 모순으로 가득 차 있습니다. 그것을 한꺼번에 바꿀 수 있는 방법은 거의 없습니다. 그렇다고 그대로 내버려 둘 수도 없습니다. 비정상적이고 불행한 사회문화 속에서 자신만 행복하긴 어렵습니다.

하지만 남이 한다고 다 따라 하면 자신은 무엇입니까? 내 인생은 내가 디자인해 살아야지 왜 남을 따라 합니까? 이렇게 남들 흉내만 내면 나는 어디 있습니까? 그래서야 행복이 가능하겠습니까?

어떤 여자 연예인이 TV 방송에 나와 이런 말을 하더군요. 자신 스스로가 명품이기 때문에 몸에 명품을 휘감을 생각이 없다고 말이죠. 이런 생각, 얼마나 신선합니까? 그녀의 당당함은 타인의 시선을 아랑곳하지 않는 높은 자존감에서 나오는 것 아닐까요? 이런 사람이 바로 문화 영웅 아닐까요? 그리고 이처럼 자존감을 지키는 문화 영웅이 행복의 길을 걸을 수 있지 않을까요?

불행의 문화를 바꾸기 위해 내가 할 수 있는 일이 없다고 체념하는 사람도 있을 테지요. 하지만 제가 이 책에서 여러분들에게 한 이야기는 깃발 들고 나서서 구호 외치자는 이념적 선동이 아닙니다. 한국학을 공부하고 가르치고 있는 입장에서 제가 체득한 우리의 불행한 문화 면면을 여러분들과 함께 톺아보고, 아주 작게나마 변화를 꾀해 보자고 귀띔하는 것일 뿐입니다. 또한, 작지만 다채롭고 생기 있는 그 변화의 불꽃이 한국인들 일생에서 가장 중요한 의례들로부터 점화되길 바라는 마음이 진실로 가득합니다.

결혼식이나 장례식 등 남들이 하니까 나도 똑같이 따라 하는 폐유와 폐서에 차분하고 당당히 맞서길 바랍니다. 그래서 불행에 맞짱 뜨는 자존감을 탈환하시길 바랍니다. 견고한 신념으로 무장하여 비장하게 싸우자는 말이 아닙니다. 내가 행복한 것, 그것만이 삶의 오직 한 가지 근거임을 기억하면 좋겠습니다. 그리고 남의 시선에서 비켜난 자신만의 고집스러움, 그 모난 자존감을 쉽사리 꺾지 마시길 바랍니다. 스스로를 구원하는 작은 반란을 일으키는 당신이 바로 문화 영웅이며, 자기의 행복을 가능하게 하는 유일한 존재입니다.

자, 여러분, 마지막으로 다시 묻습니다.

행복은 가능할까요?

이 책은 제가 지금까지 낸 책 가운데 가장 많은 공이 들어갔습니다. 원고를 크게 바꾼 게 두 번이고 그 외에도 작은 수정이 꽤 있었습니다. 그리고 필자가 중심이 되어 쓴 원고가 아니라 철저하게 한국의 독자 입장에 맞추어 쓰려고 노력했습니다. 이 작업은 필자가 혼자 할 수 있는 게 아닙니다. 독자들의 요구는 누구보다도 출판사가 잘 알 테지요. 필자들은 독자나 이 시대가 요구하는 내용을 잘 안다고 생각하고 글을 쓰지만 그렇지 않은 경우가 많습니다. 초고를 완성하고 제 나름대로 잘 썼다고 생각했지만 출판사가 보기에는 모자란 면이 많았던 모양입니다. 그래서 출판사가 요구하는 대로 원고를 대폭 고쳤습니다. 이러한 과정은 이 책의 편집을 맡은 강주한 출판감독의 주도 아래 이루어졌습니다. 원고를 고치면서 보니 강 감독을 비롯해 출판사 측에서 이야기한 것이 맞는다고 생각하게 되었습니다. 이른바 출판사의 '촉'에 동의한 것이지요.

제가 원고를 고치고 있는 동안 출판사에서는 책의 완성도를 높이기 위해 두 가지 작업을 같이했습니다. 하나는 제가 그동안 썼던 책과 논문, 칼럼 등을 뒤져 원고와 연계시키는 일이었습니다. 이 작업 역시 강 감독이 했는데 그는 이 책의 주제와 관계가 될 만한 내 글들을 살펴서 원고에 반영할 수 있는 것들을 건져 냈습니다. 작업은 여기서 끝나지 않았습니다. 이번에는 출판사가 저자인 저와의 심도 있는 대화를 요구했습니다. 제가 쓴 글들에서도 잘 안 나타난 제 생각을 끄집어내기 위한 것이라고 했습니다. 그래서 출판사 측에서는 제가 발표한 책이나 논문들을 꼼꼼히 읽고 질문지를 만들었습니다. 대담에는 소나무 유재현 대표를 비롯해 강주한, 장만, 박수희 출판감독이 모두 참석했고, 장시간의 대화를 비디오카메라에 담았습니다. 이런 대담을 한 번만 한 게 아니라 두 번을 함께했으니 출판사의 노고가 실로 가상하다고 하지 않을 수 없습니다.

이 작업이 다 끝난 다음에 강주한 감독이 또다시 대폭 수정을 요구했습니다. 제가 애써 쓴 원고의 후반부를 왕창 들어내 버린 겁니다. 그러고는 원고지 200매 정도의 분량을 다시 써 달라고 요구했습니다. 책을 내본 사람은 알겠지만 출판사가 이런 요구를 할 때 얼마나 난감한지 모릅니다. 난감하다 못해 미운 마음까지 들지요. '글 쓰는 게 어디 쉬운 일인가? 그런데 새 원고를 200매나 더 써 달라니? 아니, 내가 글 쓰는 기계인가? 그동안 아는 것, 모르는 것, 죄다 빼내서 힘들게 썼더니 그걸 다 폐기하고 다시 쓰라니……' 이것은 탈수까지 마친 빨래에서 물을 더 짜라는 것과도 같습니다. 이럴 때는 금방 글을 못 씁니다. 사나흘은 뒷골 땅기는 심정으로 무겁게 지냅니다. 그런데 신기한 건 더 이상 쓸 말이 없을 것 같은데 일단 쓰기 시작하면 또 뭔가 나온다는 것이지요. 그래서 힘은 들었지만 신기하게 원고 후반부를 다 고쳤습니다. 아니, 아예 새 원고를 썼습니다. 그런데 지금 보니 이 역시 출판사의 요구가 맞는 것이었습니다(그래도 버린 원고는 여전히 아깝습니다).

이렇게 긴 시간과 다단한 과정을 거쳐 이 책이 나오게 되었습니다. 그러니 많은 판매를 기대하는 게 당연할 텐데, 막상 이렇게 하고 나니 그런 기대감이 사라졌습니다. 과정 자체에서 이미 많은 것을 배우고 얻었기 때문에 결과에 대해서는 그리 관심이 가지 않게 된 겁니다. 이런 감상도 제겐 처음입니다. 책을 낼 때마다 베스트셀러에 대한 헛된 꿈을 꾸곤 했는데, 마음을 모조리 비운 건 아니겠지만 이전 책들을 쓸 때보다는 훨씬 가볍고 투명한 느낌입니다. 그래서 마지막으로 이 작업을 1년 넘게 함께 해 준 소나무의 유재현 대표를 비롯한 출판감독들께 감사를 드립니다. 소나무와 같이 작업을 할 때마다 느끼는 것이지만 소나무 같은 출판사가 이 땅에 있는 게 신기하기만 합니다. 오로지 자존감으로 무장하여 30년가량 비틀거리며 걸어온 소나무출판사가 있는 것 자체가 감사합니다. 더 이상 쓰면 사족이겠지요.

2014년 겨울 초입에
지은이 삼가 씀